何伟俊 著

孟子的理想国

一位普通教师的《孟子》阅读笔记

广西师范大学出版社
· 桂林 ·

赖有斯人慰寂寥
（代序）

黄玉峰

“文革”之前，我没有读过《孟子》。只知道“四书”是封建主义的大毒草。至于里面说些什么，一点也不知道——这是我们这代人的悲哀！这悲哀还不在于少年时代没有接触过经典，更在于在没有读过的情况下，就认为它是大毒草。

直到“文革”后期，要批判“孔老二”了，我便去找来读。还记得，那是一个傍晚，外面下着雨，刮着风。我在灯下读《孟子》，当读到“庖有肥肉，厩有肥马，民有饥色，野有饿莩，是率兽而食人也”时，似乎有一种醍醐灌顶的感觉！原来“四书”并不是我们过去想象的那样可怕可恶，它充满了对底层百姓的同情！

时至今日，人们对传统文化的认识已经开始扭转，从事传统文化传播的人也多起来，坊间对于《论语》《孟子》进行解读的专著，也不断出版。然而，总体上说，能够胜任教学的教师还是比较缺乏的。尤其是在小学里，能做到深入浅出、生动有趣地解说传统经典的老师实在是凤毛麟角！

何老师长期以来扎根在小学语文教研这个领域，通过自己孜孜不倦的钻研，对传统文化有了自己的理解，通过各种形式与老师们分享其阅读心得。何老师认为阅读经典就是接触一个人，了解一个人，感受一个人，走进一个人的世界。他的《论语里住着的孔子》一书（广西师范大学出版社，2015 年 2 月），读出了一个富有生活情趣和人生智慧的活生生的孔子。此书刚一问世，就得到好评，被评为《中国教育报》2015 年教师喜欢的 100 本书之一。

他对《孟子》的阅读，同样如此。他的《孟子的理想国——一位普通教师的〈孟子〉阅读笔记》，还原了那个时代形象丰满的孟子。读何老师的书，孟子的志趣、性情、人格会渐渐清晰起来，孟子会渐渐走进你的心中。

孟子被尊为“亚圣”，作为孔子的继承人，孟子把传播“王道”“仁义”

作为自己的终身追求和志业。为了天下和平、百姓安康，孟子苦心孤诣，向君王宣讲“仁义之道”，向弟子们传授“仁义之道”，和当时墨家等流派辩论，以坚守“仁义之道”。为了探寻“仁义之道”的人性之本，孟子对“人性善”这一哲学命题进行了详尽的阐释。何老师依据文本语境，联系当下现实，着重从“仁义”和“人性善”两个方面，进行细细剖析，深度解读，揭示了传统文化的当代价值，给人以启示。

驭繁为简、深入浅出是本书的一个亮点。何老师把“仁义”理解为《孟子》全书的主旨和线索，把看似没有联系的十四卷 260 章连成了一个有机整体。

独立的思考，不从众，从文本、语境中找到依据，联系事实和生活体验，作出自己的判断，是本书的另一个亮点。何老师特别强调阅读经典要“慎思之、审问之、明辨之”。因为带着独立思考和判断去阅读，于是本书多有自己的创见。作者对一些流传千古的名句——“人皆可以为尧、舜”“万物皆备于我矣”“仁也者，人也”“尽信《书》，则不如无《书》”“知人论世”等，都有独到的理解，给人耳目一新之感。

何老师的书之所以能够驭繁为简、深入浅出，其中一个原因，是他的书都是在讲座的基础上加工整理而成的。凡是听过何老师讲座的都反映，对何老师讲的《孟子》感触颇深。一位老师说：“经何老师生动的解读，孟子的民本思想、性善之说，不断往我的内心注入一种坚定的力量。我忍不住相信，如果我能像孟子那样，心存善念，不忘初心，不断加强自我修炼，自信和快乐也一定会泉涌而出。我未来的人生，在经典的滋养下，会变得更加美好。”另一位老师表示：“‘仁义’之道，是《孟子》之魂。在传统文化活水与时代脉搏交汇的何老师的课堂里，我学会了如何做人，如何做事，如何为他人着想，如何与人相处，如何实现自己的人生价值，如何体验为人的真正快乐。在孟子智慧的滋养下，我的心渐渐细腻、温润，也渐渐坚强、澄明。”

当今之世，急功近利，唯利是驱，重视个人修养，增强家国情怀，值得弘扬和提倡。当年王安石有一首《孟子》的诗，感叹他在读《孟子》时的孤寂心情，玉峰常常将此诗抄赠友人，以表达求其友声的心情，今亦录于此：

沉魄浮魂不可招，
遗编一读想风标。
何妨举世嫌迂阔，
赖有斯人慰寂寥。

孟子乃古代哲人、教育家，其思想、智慧的光芒照耀千秋，惠及万代。愿何老师的书像一只小蜜蜂，可以成为经典阅读的向导，带着读者走进孟子思想的大花园。

2017 年 7 月 12 日

目 录

卷三　公孙丑章句上

——从“劝君、论政”到“养气、修身”

卷四　公孙丑章句下

——游齐轶事，去留之痛

卷五　滕文公章句上

——劳心、劳力，各尽其责、互通有无

卷六　滕文公章句下

——天地正道、人间沧桑

卷七　离娄章句上

——居仁由义，人间大道

卷八 离娄章句下

——以仁义存心，修身敬人

卷九 万章章句上

——先贤之德，万古流芳；民族楷模，亟待弘扬

卷十 万章章句下

——士人，如何安身立命、立身处世

卷十一 告子章句上

——千古探寻:“心性”的源头

卷十二 告子章句下

——多方应答,寓“仁”于事

卷十三 尽心章句上

——修“内”行“外”，唤醒“良知”

卷十四 尽心章句下

——照应开篇，重申“仁义”

前言　天地交响，孟子绝唱

当我们走进经典，我们真的就是在接触一个人，了解一个人，认识一个人，感受一个人。就像孟子说的“诵其诗，读其书，不知其人，可乎？”孟子作为中国文化源头的创始人之一，他能说会道，是语言大师，是辩论家，但他到底有哪些性情呢？他到底有什么追求呢？《孟子》这本书三万多字，其实就是说一个字“仁”，说两个字“仁义”。从开头（卷一、卷二）的推销“仁义”，到中途（卷三至卷六）的梦幻“仁政”，卷八、卷九以“为人之道”体现“仁义”，卷十以“交友、交往之道”体现“仁义”，卷十一至卷十四通过“人性善”的辩论和“存心养性”的阐述，探寻“仁义”的根源。“仁政思想”“仁义之道”贯穿《孟子》全书始终，“仁政”乃孟子的理想追求与终身志业，“仁义”是孟子思想的核心价值。

开篇孟子见梁惠王，梁惠王问他：“叟，不远千里而来，亦将有以利吾国乎？”孟子对曰：“王何必曰利？亦有仁义而已矣。”开门见山，把他的价值观和思想毫无遮挡地亮出来。他没有去讨好，也没有试探梁惠王的兴趣是什么，理想是什么，想听什么，而是直接地把自己“卖”出去了。在后面的内容中，孟子阐述“仁义”，或讲述尧、舜等正面榜样，或列举桀、纣等反面典型；或面对当下，提出自己的主张和策略，或引用上古案例；或面向国君，劝导他们“保民而王”，或针对大夫、士人，要求他们担负起责任，帮助国君走上“仁政”之路。不管是讲故事、回忆历史，还是打比方，孟子都是围绕着“仁义”，围绕着劝导君王行“仁政”，围绕着天下老百姓能够安身、养命。其著名的几个永不熄灭的“灯塔”——“浩然之气”“此之谓大丈夫”“仁义礼智，此四端”——都是以“仁义”作为其“塔基”。为了“仁义”“仁政”，孟子奔走呼号、孜孜以求，其天下民生情怀令人感佩。当今之时，正需要更多像孟子这样的人，为了众生直言抒怀、百折不挠。

在《孟子》里，仁、义常常放在同一个语境中阐述，这是和《论语》的不同之处。《孟子》一书中“仁义”一词共出现24次（其中“仁义忠信”“仁义礼智”不包括在内），成为孟子思想的核心概念之一。尽管孟子之前的老子、庄子、墨子等都提到过“仁义”的概念，但是都没有对其进行详细阐述。而孟子的贡献在于从不同的角度对“仁义”展开了多方面细致入微的论述。孟子常常仁、义并举，把仁、义联系在一起。“仁，人之安宅也；义，人之正路也。”（卷七《离娄章句上》第10章）“仁，人心也；义，人路也。”（卷十一《告子章句上》第11章）“居恶在，仁是也；路恶在，义是也。居仁由义，大人之事备矣。”（卷十三《尽心章句上》第33章）“人皆有所不忍，达之于其所忍，仁也；人皆有所不为，达之于其所为，义也。”（卷十四《尽心章句下》第31章）从孟子的论述来看，这里的仁、义既有从属关系，又是并列关系。在孟子看来，仁是人心，义是人路，“心”明白，方可行“路”；仁是安宅，义是正路，有安宅定居，行路才有可能。仁、义均内在于心，成为道德实践的内在原则和根据。综合起来看，孟子的“仁”包含了“义”，“义”是“仁”的具体行为和表现。“仁义”是孟子对士所“尚”之“志”的要求，居“仁”由“义”，成为孟子“仁义”思想的高度概括和凝练，类似于康德的“道德自律”。在和君王、弟子详细地讨论了“仁政”“仁义”之后，全书最后，孟子就“人性善”的问题和告子及其弟子作了充分的辩论，提出了“存其心养其性”“良知”“求其放心”等思想和主张。人性善，是孟子关于人的哲学命题，是支撑其政治、社会主张——仁政——的思想基础，是为其“仁政”“仁义”的理想和追求提供人性依据和理论支撑的。

其实，“人性善”的主张是有逻辑漏洞的，也与现实不完全相符。一开始对“人性善”我也不理解，现实中坏人坏事那么多，人性哪里善啊？我想不通。孟子打比方“人性之善也，犹水之就下也”，他的意思是说人性向善，就好像水向下流。可是，如果说成“人性之恶也，犹水之就下也”不也讲得通吗？哪有什么必然联系呢？很多人认为孟子讲的“人性善”不符合逻辑，也不符合事实。在当时，就有荀子的“人性恶”、告子的“人性之无分于善不善”的观点与之相抗衡。后世，对孟子“人性善”质疑的就更多。到了现代，脑科学、心理学等科学也不能证明“人性善”的绝对正确。随着阅读的深入，在慢慢的阅读思考中，我的想法改变了。孟子为什么强调人性善？第一，人性里面确实有善的成分，当然我们不排斥人性中也有恶的成分；第二，他是要把人性善的方面充分地彰显出来，放大出来，通过善把恶剔除掉；第三，孟子坚定不移地讲“人性善”，是希望我们人类社会走向美好善良，希望天下太平众生安宁。孟子为什么近乎“强词夺理”地始终坚持“人性善”呢？因为，没有“人性善”的基础，他的“仁政理想”和“仁义之道”就失去了根基，成了漂流的浮萍，没有了影响社会、人类的力量。《孟子》以“人性善”的讨论和辨析作为结尾，就是为了给“仁义之道”的“大树”“培土”“固本”。读了《孟子》之后，我还感到孟子是一个真正的理想主义者，是一个坚定的信仰者。不管遇到什么情况，不管遇到谁，他都要讲“仁义”“人性善”。为了“仁义”“人性善”，孟子奔走呼号，用自己的辩才和与之对立的言论、流派进行犀利的辩论，不惜戴上“好辩”“好为人师”的帽子。正如他自己所言：“我亦欲正人心，息邪说，距诐行，放淫辞，以承三圣者。岂好辩哉？”一片深情，溢于言表。孟子终身孜孜不倦追求的，就是构建一座以“人性善”为根基，以“仁义”为栋梁的“理想国”。在一般人心中，“理想国”在那遥远的古希腊。其实，我们身边的“理想国”至今尚未被人窥见。这座“理想国”的建造者就是孟子。人性善，是孟子理想国的根基，仁和义是孟子理想国的栋梁，民众安乐、天下太平是孟子理想国的风景。走进《孟子》，你会看到有别于古希腊的中华大地“理想国”的别样风景。这座“理想国”不是空想，是有待实现的“中国梦”，是全人类共同的向往。

很多年前，“仁义道德”常常遭人误解。尤其是 1960 年前后出生的人，听到“仁义道德”就认为是封建落后的东西，也是虚伪的、虚假的道德。如今把《孟子》读下来，我真的很感慨。1988 年联合国召开会议，75 位诺贝尔奖获得者一致认为，我们全球的人类，在 21 世纪想要走向更美好的未来，就要到中国的孔子那里去找智慧。读了《孟子》后，我对这句话的感触就更深了：他们要到孔子这里来找什么智慧啊？就是孔子的“仁”，孟子的“仁义”。“仁也者，人也”，你要把人当人看，就是仁；你要去关心人，帮助人，就是仁；你不要去害人，就是仁。如果不知道怎样对待人，算是什么人类呢？人类能幸福吗？能美好吗？能够生存下去吗？而这样一个最最简单，却是最根本的道理，我们人类社会几千年的文明，到现在还没有百分百地做到，我们只是朝着这个方向不断努力。孔子讲的“仁”，孟子讲的“仁义”可以说是我们人类的共同价值。在《理想国》里，苏格拉底跟他的弟子们以及城市的贵族交流时，讲来讲去也就是讲两个字“正义”，这和孔孟讲的“仁义”其实是一个道理。所以说古代的思想家，早就把我们人类生存的方向定下来了，不管你科技多么发达，不管你物质多么丰富，但是你生命的存在，那是改变不了的。而生命的存在离不开“仁义”。人类追求和平共处的未来，必须走孟子“居仁由义”的人间正道、大道。

我称孟子是唱响天地之歌、人类之歌的人，这个以“仁义”为主旋律的天地之歌、人类之歌永远回荡在天地之间。这是我们全球人类永远离不开的价值理念，孟子始终坚持，从不动摇，从不放弃，因为他心里装着的是天下众生。

让我们走进《孟子》，聆听孟子的绝唱——仁义之歌；感受孟子的交响——天地情怀。孟子构建的“理想国”正是人类美好的愿景。

导言　孟子其人,《孟子》其书

孟子（约前 372—约前 289），名轲，字子舆，战国时邹国（今山东邹城市）人。

《史记·孟子荀卿列传》中，司马迁这样介绍孟子：

“孟轲，邹人也。受业子思之门人。道既通，游事齐宣王，宣王不能用。适梁，梁惠王不果所言，则见以为迂远而阔于事情。当是之时，秦用商君，富国强兵；楚、魏用吴起，战胜弱敌；齐威王、宣王用孙子、田忌之徒，而诸侯东面朝齐。天下方务于合纵连横，以攻伐为贤，而孟轲乃述唐、虞、三代之德，是以所如者不合。退而与万章之徒序《诗》《书》，述仲尼之意，作《孟子》七篇。”

汉朝之前，孟子名声和影响不算大。司马迁对他的介绍只 140 字左右。但，正是司马迁的发现，为后人认识孟子、重视孟子起到了重要的作用。

司马迁说“受业子思之门人”，即孟子的老师是孔子孙子子思的弟子。孟子自己说：“予未得为孔子徒也，予私淑诸人也。”（卷八《离娄章句下》第 22 章）从语境看，他没有直接说以孔子为自己的老师，而是以孔子的诸弟子为师。其实在孟子心里，很想做孔子的学生，可惜生未逢时，深感遗憾。在《孟子》里，“述仲尼之意”的内容很多，阅读时不妨留心；多次表述“自生民以来，未有盛于孔子也”；孟子直白：“乃所愿，则学孔子也。”

值得注意的是，孟子的字“子舆”与曾参的字是相同的。孟子在曾参后近一百年出生，凭当时曾参的社会影响，他应该知道曾参这个人。他的字与曾参相同，是无意的巧合，还是有意取一个与名人相同的字呢？说“子舆”是他自己取的字，有没有依据呢？古代“男子二十冠而字”，男子的字到 20 岁行冠礼时而取。20 岁的孟子一定知道“子舆”是曾子的字，不管是他自己要求还是他人建议，都与已经成年人的他自己定下来分不开。我猜想，孟子取字“子舆”，一是对曾子的敬重和仰慕，二是与孔子重要的弟子同字也约等于穿越时空做了孔子的学生。

孟子的家世，司马迁并没有介绍，之前也未有文献记载。可以推测，孟子出生于普通家庭。据一些文字的记载和传说，孟子的母亲很杰出，“孟母三迁”“孟母断机”是大家耳熟能详的故事。在母亲的督促、引导之下，孟子发奋努力学业有成，40 岁前设教讲学，40—60 岁传食诸侯，60 岁后归老著书。孟子游说诸侯的时序：邹穆公，齐威王，宋偃王，滕文公，梁惠王（魏国），齐宣王。（谭贞默《孟子编年略》）

《孟子》全书 7 篇，篇名分别是：梁惠王、公孙丑、滕文公、离娄、万章、告子、尽心。前 6 篇皆取自篇首的人名（孟子除外），“尽心”取自篇首语。每篇分为上下，共 14 个部分。杨伯峻先生的《孟子译注》以卷一至卷十四标注。本人的《孟子》阅读笔记，以杨伯峻先生的《孟子译注》（中华书局 2014 年重印本）为读本。

《孟子》的作者是孟子本人和他的弟子。《论语》是孔子去世后，弟子及再传弟子编辑而成，所以不叫《孔子》。《老子》《庄子》《荀子》《韩非子》等，作者都是本人。书中对孟子的好几个弟子也以“子”相称，如：公都子、屋庐子、乐正子、徐子等；对君王用谥号相称，如：梁惠王、齐宣王等。可以推测，孟子在世时书稿已经大致完成，就是初稿已成。最后定稿是在他去世后由万章、公孙丑等弟子完成。

几点说明：1. 本书中引用的字源取自网络的“象形字典”。2. 本书字义来源《古汉语常用字字典》、杨伯峻《孟子译注》注释。3. 文本的翻译，参考杨伯峻《孟子译注》、金惠福之笑问苍天的博客。

卷一、卷二　梁惠王章句

——劝导君王，高歌仁义

《孟子》的卷一、卷二是《梁惠王章句》。章句是汉代经学家、训诂家把原本无章节的整体古代文本分析成若干相对独立的章节并标出句读，以便后人阅读理解。

《梁惠王章句上》共7章，《梁惠王章句下》共16章。这两卷的主要内容是，孟子在魏国、齐国时与梁惠王、齐宣王的对话。和梁惠王的对话5章，与齐宣王的对话12章，与邹穆公对话1章，与滕文公对话3章，与梁襄王对话1章。另有一章记载了，鲁平公因嬖人（君王身边受宠幸的人）臧仓的阻拦，取消了见孟子的计划。

孟子对话君王的核心价值是什么？一个字，仁；两个字，仁义或者仁政或者王道；四个字，保民安邦。孟子的“民本思想”“天下情怀”“人道主义”在这两卷全面、充分地表现出来。作为君王真诚而有方的劝导者，孟子高歌仁道，唱响了仁义之歌。纵观《孟子》全书，“民本思想”“仁政方略”是重点内容。除此之外，《孟子》的主要内容还有：孟子对“人性”“人性善”“良知”“存心养性”的阐述和辩论（这些与其“仁政”“仁义”思想密不可分，在《告子章句》《尽心章句》有详细解读），孟子对古人以及同时代人、事的评价，孟子讲为人、为学、为教的修养。

我曾经说过，一本书、一篇文章的阅读一定要注意首篇、首语。篇首往往呈大义。《论语》的首篇、首字是“学”，“学习哲学”应该是学习《论语》、研究孔子必须关注的，而这一点目前的研究尚不够。《论语》首篇三个“不亦”，指向的是个体的修身、个人的修养。《孟子》首篇讲“仁政”，表明孟子的追求在“治国平天下”。尽管孟子也讲修身，但是，天下太平、百姓安居乐业，是他的第一追求。孔子的天下情怀和孟子一样浓烈，但是，《论语》呈现出来的更多是以“君子”为特征的个体修养。两部经典的旨趣不完全一样。

回到《孟子》第一卷。“孟子见梁惠王”，为什么放在首篇？孟子游说诸侯的顺序是：邹穆公，齐威王，宋偃王，滕文公，梁惠王（魏国），齐宣王。《孟子》里的内容，显然不是按孟子见诸侯的时间顺序安排的。按照对话内容、次数，孟子与齐宣王最多。我们最熟悉的“齐桓晋文之事”章就是孟子与齐宣王的对话，是《孟子》里字数最多的一篇。孟子和梁惠王的对话5章，与齐宣王的对话12章。显然，也不是按照次数、内容多少安排的。那，这样安排考虑的是什么呢？

我们可以从文本中找到两个理由。一是，在这第一卷第1章中，孟子提出了自己最核心的思想——“仁义”。孟子对流行天下的“利”进行了剖析，指出了其严重的危害，提出“仁义”才是最大的“利”。“仁义”，是孟子对孔子“仁”的思想的继承和发挥。孔子讲“仁”，侧重于君子作为个体的修养和品行；孟子将个体的“仁”，推广为治国理政的“仁政”。孔子思想里，讲“义”不多，而孟子是“仁”“义”并举。

二是，梁惠王是第一个诚心、愿意听孟子讲“仁政”的君主。《梁惠王章句上》第4章开头为“梁惠王曰：‘寡人愿安承教。’”态度多么谦恭、真诚——愿意安下心来，接受教诲、教导。这对孜孜以求推销自己“仁政”思想的孟子，是多么自豪和兴奋的时刻。这种成就感，让孟子多么开心、自信。

因此，孟子在编排整本书顺序的时候，把自己人生的得意之作——与梁惠王、齐宣王的对话、交谈、劝导放在了开篇。事实证明，这样的开篇起到了引人注目的效果。它一下子就吸引了中华历史上另一个伟大人物——司马迁。请看《孟子荀卿列传》的开头——太史公曰：余读孟子书，至梁惠王问“何以利吾国”，未尝不废书而叹也。曰：嗟乎，利诚乱之始也！夫子罕言利者，常防其原也。故曰“放于利而行，多怨”。自天子至于庶人，好利之弊何以异哉！（“太史公曰”，是司马迁对人物、历史发表的议论，多数置于篇尾，也有少数放在篇头；还有的开头有小序，篇末仍有“太史公曰”。）司马迁翻看《孟子》，读了开篇就发出“好利之弊何以异哉”的感叹。难怪他的那句话成为流行语一直传到现在——“天下熙熙，皆为利来；天下攘攘，皆为利往”。

韩、赵、魏，是春秋时候从晋国分开的三国，即所谓“三家分晋”。其中，魏国最强。魏文侯（梁惠王的祖父）时，魏国达到鼎盛时期。梁惠王继位后的魏国，四面树敌，军事上屡屡遭挫，但是强国的声势还在。梁惠王于公元前 334 年，他执政后的第 35 年称王。为摆脱困境、重振雄风，他下令广招天下贤士。邹衍、淳于髡等名士来魏，孟子也是在这个时候来到魏国。孟子来魏国时 50 岁左右，在此前到过的诸侯国，他没能发挥出智慧和才干。此时的他经验更加丰富，思想更加成熟，游说也更有艺术。这次，他抱着极大的热情，希望一展宏图。梁惠王招天下贤才，也知道孟子是有备而来。从孟子和梁惠王的对话看，孟子这次思想推销是成功的。50 来岁，他的生命发出了璀璨的光辉。他崇拜的孔子也是在 50 岁才有机会施展才华，显露风采的。

1.1 初见梁惠王——布“仁义”之道

孟子见梁惠王。王曰：“叟！不远千里而来，亦将有以利吾国乎？”

孟子对曰：“王何必曰利？亦有仁义而已矣。王曰‘何以利吾国？’大夫曰‘何以利吾家？’士庶人曰‘何以利吾身？’上下交征利而国危矣。万乘之国，弑其君者，必千乘之家；千乘之国，弑其君者，必百乘之家。万取千焉，千取百焉，不为不多矣。苟为后义而先利，不夺不厌。未有仁而遗其亲者也，未有义而后其君者也。王亦曰仁义而已矣，何必曰利？”

甫一见面，梁惠王就说，老先生，你不远千里而来，一定有什么妙招给我的国家带来巨大利益吧。可见，梁惠王正为了国家的生存和发展而忧虑呢。

孟子面对梁惠王急迫的询问，沉着镇定，亮出了自己深思熟虑、积淀已久的思想法宝——“仁义”。自信而又诚恳。

接下来，孟子分析了“上下交征利”的巨大危害。最后以“王亦曰仁义而已矣，何必曰利？”轻柔的反问，再次强调“仁义”是治国强国的根本，“仁义”是国家最大的“利益”。这就是《大学》里的思想——“国不以利为利，以义为利”，“仁者以财发身，不仁者以身发财”。

“仁义”作为孔孟思想的核心，其价值到底有多大，我们无法做出准确的判断；但是，如何取得“利益”和“仁义”的平衡，是古今中外社会进程中不可回避的问题。孟子讲的“仁义”是对谁的“仁义”呢？其具体内涵是什么呢？简要地说就是以“仁”待“民”。针对这一点，接下来的章节，他做了具体回答和阐述。

1.2 开导梁惠王——“与民同乐”

孟子见梁惠王。王立于沼上，顾鸿雁麋鹿，曰：“贤者亦乐此乎？”

孟子对曰：“贤者而后乐此，不贤者虽有此，不乐也。《诗》云：‘经始灵台，经之营之，庶民攻之，不日成之。经始勿亟，庶民子来。王在灵囿，麀鹿攸伏，麀鹿濯濯，白鸟鹤鹤。王在灵沼，于牣鱼跃。’文王以民力为台为沼，而民欢乐之，谓其台曰灵台，谓其沼曰灵沼，乐其有麋鹿鱼鳖。古之人与民偕乐，故能乐也。《汤誓》曰：‘时日害丧？予及女偕亡。’民欲与之偕亡，虽有台池鸟兽，岂能独乐哉？”

在亮出了自己“仁义”的主张后，每次见到君王，无论是什么话题，孟子都是诚心、巧妙地引导他行“仁义”之道，走“仁政”之路。

这一章就是从“快乐”的角度，孟子开导梁惠王，说只有“与民同乐”，才能自己快乐，才能长久快乐。是的，在现代社会，“幸福指数”仍然是衡量社会文明程度的重要指标。老百姓快乐、幸福，应该成为社会管理的追求和政府最要紧的责任。

这一次孟子和梁惠王的对话发生在王家园林，天上有飞翔的大雁，地上有悠闲的麋鹿，林木茂盛苍翠，池水清澈荡漾。梁惠王享受着这样美好韵味的风景，怡然快乐，便问身边的孟子：你们贤德的君子也有这样观赏风景的快乐吗？

顺着梁惠王的游闲之乐，孟子引出了深层次的人之乐。孟子回答说，贤者在民众快乐之后才去享受这样的快乐；不贤者就是有这样的条件、资源，也不会有快乐。接着，孟子讲了周文王修筑灵台的故事：老百姓很愿意来为文王修筑园囿和沼池，而且是欢天喜地地来做这件事。修好了，老百姓把台叫“灵台”，把池叫“灵池”，可见老百姓对文王的拥护和爱戴。文王和老百姓为什么会这样其乐融融呢？就是因为文王讲“仁义”，爱民如子。

孟子得出结论：“古之人与民偕乐，故能乐也。”为了警醒梁惠王，最后，孟子又举了夏桀的反例：老百姓说，你这太阳（夏桀自比为太阳）啊，什么时候毁灭呢？我宁肯与你一起毁灭！像夏桀这样残暴、不讲仁义的君主，连百姓都要和他一同灭亡了，就是有美好的苑囿，又怎能独自享受呢？

1.3 向梁惠王阐述“仁政”措施——“安民”“养民”

梁惠王曰：“寡人之于国也，尽心焉耳矣。河内凶，则移其民于河东，移其粟于河内。河东凶亦然。察邻国之政，无如寡人之用心者。邻国之民不加少，寡人之民不加多，何也？”

孟子对曰：“王好战，请以战喻。填然鼓之，兵刃既接，弃甲曳兵而走。或百步而后止，或五十步而后止。以五十步笑百步，则何如？”

曰：“不可，直不百步耳，是亦走也。”

曰：“王如知此，则无望民之多于邻国也。

“不违农时，谷不可胜食也；数罟不入洿池，鱼鳖不可胜食也；斧斤以时入山林，材木不可胜用也。谷与鱼鳖不可胜食，材木不可胜用，是使民养生丧死无憾也。养生丧死无憾，王道之始也。

“五亩之宅，树之以桑，五十者可以衣帛矣；鸡豚狗彘之畜，无失其时，七十者可以食肉矣；百亩之田，勿夺其时，数口之家可以无饥矣；谨庠序之教，申之以孝悌之义，颁白者不负戴于道路矣。七十者衣帛食肉，黎民不饥不寒，然而不王者，未之有也。

“狗彘食人食而不知检，涂有饿莩而不知发；人死，则曰：‘非我也，岁也。’是何异于刺人而杀之，曰：‘非我也，兵也。’王无罪岁，斯天下之民至焉。”

第 1 章孟子对梁惠王说：“王何必曰利？亦有仁义而已矣。”第 2 章孟子开导梁惠王“与民偕乐”。梁惠王似乎有些委屈，他觉得自己对国家还是用心的。于是他对孟子说：我对国家，已经尽心了。河内遇到饥荒，就把那里的老百姓迁移到河东去，把河东的粮食转移到河内。河东遇到饥荒也是这样。看看邻国的政治，没有像我这样用心的。邻国的百姓没有减少，我的百姓没有更增多，这是为什么呢？

面对梁惠王的自我感觉和疑惑，孟子编出了一个小故事——五十步笑百步，暗示梁惠王暂时解决灾民问题只是少逃了五十步而已，在没有实施“仁政”这一治国的根本问题上，和其他国家是一样的。

接着，孟子讲述了实施“仁政”“王道”的措施，很具体、很务实。这些措施，孟子跟梁惠王讲了，也和齐宣王、滕文公等君主讲了，从中可以看出孟子的深思熟虑和民生情怀。这些措施的背后就是一个字：民——安民、养民、保民。“养生丧死无憾，王道之始也。”百姓对生养死葬没有什么不满，这是仁义治天下的“王道”的开端。“七十者衣帛食肉，黎民不饥不寒，然而不王者，未之有也。”70 岁的人能够穿上丝织品，吃上肉食，百姓没有挨饿受冻的，这样却还不能统一天下而称王，是不曾有过这样的事。

最后，孟子劝告梁惠王，不要借口年成不好推卸自己的责任，真正实行王道，天下的老百姓都会投奔而来。

1.4 对梁惠王讲——“为民父母”在“保民”

梁惠王曰：“寡人愿安承教。”

孟子对曰：“杀人以梃与刃，有以异乎？”

曰：“无以异也。”

“以刃与政，有以异乎？”

曰：“无以异也。”

曰：“庖有肥肉，厩有肥马，民有饥色，野有饿莩，此率兽而食人也。兽相食，且人恶之。为民父母，行政，不免于率兽而食人。恶在其为民父母也？仲尼曰：‘始作俑者，其无后乎！’为其象人而用之也。如之何其使斯民饥而死也？”

前面3章，孟子真心诚意地建议梁惠王实行“仁义”、与民同乐、实施“王道”，可谓推心置腹、谆谆教诲。梁惠王也被打动，对孟子说：我很愿意接受您的教导。孟子没有直接陈述为政之道，而是通过两番对话——用棍棒杀人和用刀子杀人有不同吗？用刀子杀人和用政治杀人有不同吗？——提醒梁惠王认识到“政治杀人”是最大的不“仁”，从反面强调“仁政”的意义。

在孟子看来，保证老百姓的温饱是“仁政”的底线。富贵者把粮食用于饲养家禽、家畜或者战马，百姓却受着饥饿，甚至因饥饿而死，这是在夺取百姓口中的粮食而用于饲养家禽、家畜、战马。君主这样做，就相当于率领着禽畜来吃人。面对这样的情况，君王怎能以“为民父母”自称呢？

1.5 请梁惠王相信——“仁者无敌”

梁惠王曰：“晋国，天下莫强焉，叟之所知也。及寡人之身，东败于齐，长子死焉；西丧地于秦七百里；南辱于楚。寡人耻之，愿比死者一洒之，如之何则可？”

孟子对曰：“地方百里，而可以王。王如施仁政于民，省刑罚，薄税敛，深耕易耨；壮者以暇日修其孝悌忠信，入以事其父兄，出以事其长上，可使制梃以挞秦楚之坚甲利兵矣。

“彼夺其民时，使不得耕耨以养其父母。父母冻饿，兄弟妻子离散。彼陷溺其民，王往而征之，夫谁与王敌？故曰：‘仁者无敌。’王请勿疑！”

面对梁惠王急于报仇雪恨的心态，孟子没有像其他纵横家那样逢迎取悦君主，鼓吹霸道以称霸天下，而是从长远出发，从根本考虑，劝导梁惠王“施仁政于民”。孟子的思路是“仁者无敌”（敌：相当，对手）。很可惜，真正这样去做的君王很少。即便有秦国称霸天下迅速而惨烈地灭亡的教训，中国历史上真正实行“仁政”的王朝还是很少。尽管如此，“仁政”作为人类的理想是千真万确和不可动摇的。孔子、孟子远见卓识的思想在那个时代太超前了，接受的人不多，实施的更是没有。现在，世界和平人士认为，人类要在21世纪生存下去，必须回到2 500年前中国的孔子那里去寻找智慧。孔子的智慧很丰富，从人类生存这个角度看，一个字就是“仁”，两个字就是“仁义”。关于这一点，后面的内容还有阐述。

1.6 仁者，不嗜杀人

孟子见梁襄王。出，语人曰：“望之不似人君，就之而不见所畏焉。卒然问曰：‘天下恶乎定？’

“吾对曰：‘定于一。’

“‘孰能一之？’

“对曰：‘不嗜杀人者能一之。’

“‘孰能与之？’

“对曰：‘天下莫不与也。王知夫苗乎？七八月之间旱，则苗槁矣。天油然作云，沛然下雨，则苗浡然兴之矣。其如是，孰能御之？今夫天下之人牧，未有不嗜杀人者也。如有不嗜杀人者，则天下之民皆引领而望之矣。诚如是也，民归之，由水之就下，沛然谁能御之？’”

梁惠王去世后，他的儿子梁襄王继位。孟子认为他能力、修养都不佳，非常失望。不久，孟子就离开了魏国。

虽然孟子对梁襄王很失望，还是耐心地和他讲“仁政”，劝他做“不嗜杀人者”。是的，人也有天生的好斗心理；如果具备了条件，会以斗杀为乐。掌握天下权力和资源的君王，如果是个“嗜杀人者”，那老百姓就陷入了水深火热之中。孟子把“仁政”比作“及时雨”，君王行仁政，老百姓的身体和精神就会像雨中沐浴的禾苗生机勃勃。孟子说的“不嗜杀人”，就是为了老百姓的安危，竭力去劝阻君王实行“仁政”，尽量减少老百姓遭受的灾难。如果君主真正做到“不嗜杀人”，“则天下之民皆引领而望之矣”。

1.7 引导齐宣王——“发政施仁，孰能御之？”

齐宣王问曰：“齐桓、晋文之事可得闻乎？”

孟子对曰：“仲尼之徒无道桓、文之事者，是以后世无传焉。臣未之闻也。无以，则王乎？”

曰：“德何如，则可以王矣？”

曰：“保民而王，莫之能御也。”

曰：“若寡人者，可以保民乎哉？”

曰：“可。”

曰：“何由知吾可也？”

曰：“臣闻之胡龁曰，王坐于堂上，有牵牛而过堂下者，王见之，曰：‘牛何之？’对曰：‘将以衅钟。’王曰：‘舍之！吾不忍其觳觫，若无罪而就死地。’对曰：‘然则废衅钟与？’曰：‘何可废也？以羊易之！’不识有诸？”

曰：“有之。”

曰：“是心足以王矣。百姓皆以王为爱也，臣固知王之不忍也。”

王曰：“然。诚有百姓者。齐国虽褊小，吾何爱一牛？即不忍其觳觫，若无罪而就死地，故以羊易之也。”

曰：“王无异于百姓之以王为爱也。以小易大，彼恶知之？王若隐其无罪而就死地，则牛羊何择焉？”

王笑曰：“是诚何心哉？我非爱其财而易之以羊也。宜乎百姓之谓我爱也。”

曰：“无伤也，是乃仁术也，见牛未见羊也。君子之于禽兽也，见其生，不忍见其死；闻其声，不忍食其肉。是以君子远庖厨也。”

王说曰：“《诗》云：‘他人有心，予忖度之。’夫子之谓也。夫我乃行之，反而求之，不得吾心。夫子言之，于我心有戚戚焉。此心之所以合于王者，何也？”

曰：“有复于王者曰：‘吾力足以举百钧，而不足以举一羽；明足以察秋毫之末，而不见舆薪。’则王许之乎？”

曰：“否。”

“今恩足以及禽兽，而功不至于百姓者，独何与？然则一羽之不举，为不用力焉；舆薪之不见，为不用明焉；百姓之不见保，为不用恩焉。故王之不王，不为也，非不能也。”

曰：“不为者与不能者之形何以异？”

曰：“挟太山以超北海，语人曰‘我不能’，是诚不能也。为长者折枝，语人曰‘我不能’，是不为也，非不能也。故王之不王，非挟太山以超北海之类也；王之不王，是折枝之类也。

“老吾老，以及人之老；幼吾幼，以及人之幼。天下可运于掌。《诗》云：‘刑于寡妻，至于兄弟，以御于家邦。’言举斯心加诸彼而已。故推恩足以保四海，不推恩无以保妻子。古之人所以大过人者，无他焉，善推其所为而已矣。今恩足以及禽兽，而功不至于百姓者，独何与？

“权，然后知轻重；度，然后知长短。物皆然，心为甚。王请度之！

“抑王兴甲兵，危士臣，构怨于诸侯，然后快于心与？”

王曰：“否。吾何快于是？将以求吾所大欲也。”

曰：“王之所大欲可得闻与？”

王笑而不言。

曰：“为肥甘不足于口与？轻暖不足于体与？抑为采色不足视于目与？声音不足听于耳与？便嬖不足使令于前与？王之诸臣皆足以供之，而王岂为是哉？”

曰：“否。吾不为是也。”

曰：“然则王之所大欲可知已，欲辟土地，朝秦楚，莅中国而抚四夷也。以若所为求若所欲，犹缘木而求鱼也。”

曰：“若是其甚与？”

曰：“殆有甚焉。缘木求鱼，虽不得鱼，无后灾。以若所为，求若所欲，尽心力而为之，后必有灾。”

曰：“可得闻与？”

曰：“邹人与楚人战，则王以为孰胜？”

曰：“楚人胜。”

曰：“然则小固不可以敌大，寡固不可以敌众，弱固不可以敌强。海内之地方千里者九，齐集有其一。以一服八，何以异于邹敌楚哉？盖亦反其本矣。今王发政施仁，使天下仕者皆欲立于王之朝，耕者皆欲耕于王之野，商贾皆欲藏于王之市，行旅皆欲出于王之涂，天下之欲疾其君者皆欲赴愬于王。其若是，孰能御之？”

王曰：“吾惛，不能进于是矣。愿夫子辅吾志，明以教我。我虽不敏，请尝试之。”

曰：“无恒产而有恒心者，惟士为能。若民，则无恒产，因无恒心。苟无恒心，放辟邪侈，无不为已。及陷于罪，然后从而刑之，是罔民也。焉有仁人在位，罔民而可为也？是故明君制民之产，必使仰足以事父母，俯足以畜妻子，乐岁终身饱，凶年免于死亡；然后驱而之善，故民之从之也轻。

“今也制民之产，仰不足以事父母，俯不足以畜妻子；乐岁终身苦，凶年不免于死亡。此惟救死而恐不赡，奚暇治礼义哉？

“王欲行之，则盍反其本矣：五亩之宅，树之以桑，五十者可以衣帛矣。鸡豚狗彘之畜，无失其时，七十者可以食肉矣。百亩之田，勿夺其时，八口之家可以无饥矣。谨庠序之教，申之以孝悌之义，颁白者不负戴于道路矣。老者衣帛食肉，黎民不饥不寒，然而不王者，未之有也。”

离开魏国，孟子来到齐国。此时，齐国的当政者是齐宣王。齐宣王是个性有点特别的君主。“滥竽充数”的故事，就发生在他身上。他听音乐，喜欢规模宏大，300 人一起演奏。

孟子来齐国，还有一个背景需要了解。稷下学宫，又称稷下之学，战国时期田齐的官办高等学府，位于齐国国都临淄（今山东淄博市）稷门附近，由田氏代齐后的第二代君主齐桓公田午创办。它作为当时蔚为壮观的百家学术汇聚的中心园地，有力地促成了天下学术争鸣局面的形成。齐威王、齐宣王时期，稷下学宫达到鼎盛。齐宣王时，“稷下先生多达千有余人”。《史记·田敬仲完世家》说：“宣王喜文学游说之士，自如驺衍、淳于髡、田骈、接予、慎到、环渊之徒七十六人，皆次列第，为上大夫，不治而议论，是以齐稷下学士复盛，且数百千人。”

在学者如云、名士聚集的稷下，孟子用什么宏论吸引了齐宣王呢？

还是“仁政”！因为有了游说梁惠王的经历，孟子对仁政的思考更加成熟。这一章围绕“发政施仁”“保民而王”这一中心论点步步深入地展开。孟子由齐宣王的不忍之心推出他有行王道的基础，进而论述不行王道是不为，而非不能。不为王道是因其心存霸欲，所以孟子又论说了霸道的不可行及其危害。最后，孟子展开仁政的蓝图，令齐宣王心动目眩，希望尝试王道。于是，孟子又向齐宣王说出了实行王道的具体措施。全文层层推进，一气呵成，气势磅礴，推理严密，是孟子作为语言大师和论辩高手的经典之作。其中“不忍”的“恻隐”之心和“老吾老”“幼吾幼”的“推恩”之道，为后面的“四心”（恻隐之心、羞恶之心、辞让之心、是非之心）以及“四心”的“扩而充之”留下了伏笔。

2.1 从“与民同乐”隐喻“仁政”

庄暴见孟子，曰：“暴见于王，王语暴以好乐，暴未有以对也。”曰：“好乐何如？”

孟子曰：“王之好乐甚，则齐国其庶几乎！”

他日，见于王曰：“王尝语庄子以好乐，有诸？”

王变乎色，曰：“寡人非能好先王之乐也，直好世俗之乐耳。”

曰：“王之好乐甚，则齐其庶几乎！今之乐犹古之乐也。”

曰：“可得闻与？”

曰：“独乐乐，与人乐乐，孰乐？”

曰：“不若与人。”

曰：“与少乐乐，与众乐乐，孰乐？”

曰：“不若与众。”

“臣请为王言乐：今王鼓乐于此，百姓闻王钟鼓之声，管籥之音，举疾首蹙頞而相告曰：‘吾王之好鼓乐，夫何使我至于此极也？父子不相见，兄弟妻子离散。’今王田猎于此，百姓闻王车马之音，见羽旄之美，举疾首蹙頞而相告曰：‘吾王之好田猎，夫何使我至于此极也？父子不相见，兄弟妻子离散。’此无他，不与民同乐也。

“今王鼓乐于此，百姓闻王钟鼓之声，管籥之音，举欣欣然有喜色而相告曰：‘吾王庶几无疾病与？何以能鼓乐也？’今王田猎于此，百姓闻王车马之音，见羽旄之美，举欣欣然有喜色而相告曰‘吾王庶几无疾病与？何以能田猎也？’此无他，与民同乐也。今王与百姓同乐，则王矣。”

前面提到齐宣王是个喜欢音乐的君王，尤其喜欢规模宏大的音乐盛会。在当时，他的喜好还挺时髦——他喜欢的不是古典音乐，而是流行音乐——用他自己的话说就是，“非能好先王之乐，直（只）好世俗之乐”。有一次，他把自己对音乐的喜爱与大臣庄暴分享。“语庄暴”，是和庄暴谈论，而不是单方面向庄暴讲述（古汉语里，“语”“言”是有区别的，和别人一起谈论叫“语”，主动对别人说话叫“言”）。齐宣王和庄暴讨论自己对音乐的喜爱，可以看出齐宣王对音乐喜爱的程度之深。而庄暴呢，没有去迎合，反而担心齐宣王沉迷于音乐而妨碍治国理政。于是，庄暴主动来见孟子，说出自己心中的隐忧：齐宣王这么喜欢音乐，究竟好不好？

有了思想的“根”，就能生长出无穷的“话语”。刻骨铭心、念念不忘的仁义思想牢牢植根于孟子的心灵深处。遇到特殊的情景，孟子自会生成特别的表达。这样的表达丰富多样，有故事，有引用，有比喻，有类推，有设想，等等，充分展示了孟子的语言天赋和才华。开篇第一卷中的“五十步笑百步”“率兽而食人”“沛然下雨”“缘木求鱼”等等，已经让我们领略到作为语言大师的孟子的风采和魅力。读《孟子》，欣赏其语言应该是阅读享受之一。而关于“仁义”之“根”生“仁义”“话语”，也是孟子自己的写照。在卷十三《尽心章句上》第 21 章，孟子说：“君子所性，仁义礼智根于心，其生色也睟然，见于面，盎于背，施于四体，四体不言而喻。”孟子在这里讲的是，具有了仁义礼智的内涵，则自然显现于人的外表气质。你看，他生动晓畅、扣人心弦的语言，其实就是从这个“根”上长出来的。

回到本章，孟子听了庄暴的话后，现场就产生了灵感——他回答庄暴：大王非常喜好音乐，那么齐国差不多就会治理得很不错了。经过几天的“备课”，孟子被齐宣王召见，开门见山说：大王曾经和庄暴谈论爱好音乐，有这回事吗？齐宣王猝不及防，突然间脸色都变了，不好意思地说：我并不能够喜好先王的音乐，只不过喜好当下世俗流行的音乐罢了。而孟子呢，并没有去讨论音乐的雅俗、品位的高低，而是借这个话题，引导齐王“与民同乐”。那两段话，是孟子设想出来的场景，画面感很强，经过他的描述，真的能打动人心。从反面说，君王自己享受音乐、打猎玩乐，而百姓困苦不堪，则老百姓必然愁眉苦脸、头痛不已；从正面说，如果老百姓安居乐业，君王自己享受音乐、打猎玩乐，老百姓则喜气洋洋为君王的身体健康而欢欣鼓舞。这样的言说，最起码在现场是能让人动心的。

我们比较一下这一章和前面孟子对梁惠王说的“与民偕乐”。前面，梁惠王享受皇家园林的快乐，孟子讲了文王的故事，引导梁惠王“与民偕乐”；这里，齐宣王喜好音乐，孟子正反比较，引导齐宣王“与民同乐”。在孟子眼里，君王的任何爱好，都能引导至“仁政”的路上来。后面的第3、5两章，齐宣王说自己“好勇”“好货”“好色”，孟子皆轻巧自然地把思路引导至“安民”“与百姓同之”的“仁政”上来。

读着这样的文字，不能不产生“有了思想的‘根’，就能生长出无穷的‘话语’”的感慨和敬佩！

与民同乐，才能得到老百姓的支持；有了老百姓的支持，江山政权才能稳固。当然，这还是王朝思维。用现代社会理念讲，关心百姓生活，是政府的本分，是公理，是没有条件的。

2.2 从“与民同之”隐喻“仁政”

齐宣王问曰：“文王之囿方七十里，有诸？”

孟子对曰：“于传有之。”

曰：“若是其大乎？”

曰：“民犹以为小也。”

曰：“寡人之囿方四十里，民犹以为大，何也？”

曰：“文王之囿方七十里，刍荛者往焉，雉兔者往焉，与民同之。民以为小，不亦宜乎？臣始至于境，问国之大禁，然后敢入。臣闻郊关之内有囿方四十里，杀其麋鹿者如杀人之罪。则是方四十里为阱于国中。民以为大，不亦宜乎？”

这一章的内容和上一章相似，表达的主题还是“与民同之”。作为君王，心中装着百姓，则得到百姓的支持。本次对话从齐宣王的疑问开始，听说历史上周文王的王家园林方圆 70 里，齐宣王认为过大了；而他自己的园林方圆 40 里，老百姓认为太大了，齐宣王不能理解。

孟子回答说：周文王的园林，老百姓可以自由进出，在里面割草打柴，打野鸡，捕野兔；而齐宣王你的园林，戒备森严，如果捕杀了里面的麋鹿就会以杀人之罪严加惩罚，这简直是在国内设计了坑人的陷阱啊。如此，老百姓当然认为太大了。

齐宣王从园林面积的大小看老百姓的反应，这只是表象。孟子为他指出了问题的实质——作为君王有没有“百姓思维”，考虑不考虑老百姓的需要。从孟子的分析可以看出，周文王的园林不仅仅是自己休闲娱乐的场所，更是老百姓获取生活资源的地方；而齐宣王把园林作为自己玩乐的场所，根本没有想到老百姓的需求和生存。在那个资源尚不丰富的时代，君王垄断过多的资源，对老百姓的正常生存是有影响的。

透过现象看到本质，就是孟子的智慧。这个本质就是“与民同之”的“仁政”之道。这里，孟子没有点明“仁政”“仁义”，但已蕴含其中。

2.3 君王之勇，以民为安

齐宣王问曰：“交邻国有道乎？”

孟子对曰：“有。惟仁者为能以大事小，是故汤事葛，文王事昆夷。惟智者为能以小事大，故太王事獯鬻，勾践事吴。以大事小者，乐天者也；以小事大者，畏天者也。乐天者保天下，畏天者保其国。《诗》云：‘畏天之威，于时保之。’”

王曰："大哉言矣！寡人有疾，寡人好勇。"

对曰："王请无好小勇。夫抚剑疾视曰，'彼恶敢当我哉！'此匹夫之勇，敌一人者也。王请大之！

"《诗》云：'王赫斯怒，爰整其旅，以遏徂莒，以笃周祜，以对于天下。'此文王之勇也。文王一怒而安天下之民。

"《书》曰：'天降下民，作之君，作之师，惟曰其助上帝宠之。四方有罪无罪惟我在，天下曷敢有越厥志？'一人衡行于天下，武王耻之。此武王之勇也。而武王亦一怒而安天下之民。今王亦一怒而安天下之民，民惟恐王之不好勇也。"

本章是齐宣王请教外交的策略。齐宣王问孟子：与邻国打交道有没有什么准则和路径？孟子引用"汤事葛""文王事昆夷"的故事说明，有仁德的大国可以与小国打交道；引用"太王事獯鬻""勾践事吴"的故事说明，有智慧的小国可以与大国相处。其背后的理念都是"畏天之威"——敬畏上天的威严。这里的上天就是"绝对道德律令"的象征（参读卷九《万章章句上》第5章），其内涵就是"仁义"。

齐宣王称赞孟子的回答高深伟大。可是，他并不认同其"仁""智"的策略，而是称自己"寡人有疾，寡人好勇"。这就是暗示孟子，他的外交理念是依靠武力而非"仁义"。

孟子顺着齐宣王的"好勇"，引出"小勇"和"大勇"。"小勇"乃"匹夫之勇"，"大勇"是像周文王、周武王那样"一怒而安天下之民"。还是回到"保民""安民"的"仁政"，孟子启发齐宣王——安天下之民，是为大勇。

2.4 王者之道：忧乐以天下

齐宣王见孟子于雪宫。王曰："贤者亦有此乐乎？"

孟子对曰："有。人不得，则非其上矣。不得而非其上者，非也；为民上而不与民同乐者，亦非也。乐民之乐者，民亦乐其乐；忧民之忧者，民亦忧其忧。乐以天下，忧以天下，然而不王者，未之有也。

"昔者齐景公问于晏子曰：'吾欲观于转附、朝儛，遵海而南，放于琅邪。吾何修而可以比于先王观也？'

"晏子对曰：'善哉问也！天子适诸侯曰巡狩。巡狩者，巡所守也。诸侯朝于天子曰述职。述职者，述所职也。无非事者。春省耕而补不足，秋省敛而助不给。夏谚曰："吾王不游，吾何以休？吾王不豫，吾何以助？一游一豫，为诸侯度。"今也不然：师行而粮食，饥者弗食，劳者弗息。睊睊胥谗，民乃作慝。方命虐民，饮食若流。流连荒亡，为诸侯忧。从流下而忘反谓之流，从流上而忘反谓之连，从兽无厌谓之荒，乐酒无厌谓之亡。先王无流连之乐，荒亡之行。惟君所行也。'

"景公悦，大戒于国，出舍于郊。于是始兴发补不足。召大师曰：'为我作君臣相说之乐！'盖《徵招》《角招》是也。其诗曰：'畜君何尤？'畜君者，好君也。"

像梁惠王一样，齐宣王在自己享乐的同时也想到"贤者亦有此乐乎"。在他们看来，贤者好像都一本正经，缺乏享受生活的雅趣。这一次，齐宣王在雪宫（齐宣王的离宫，古代帝王在正宫以外临时居住的宫室，相当于现在的别墅）休闲时召见孟子。我猜想，齐宣王为了避免每次见面都谈论治国理政、仁义道德等严肃问题，在休闲的场所提出轻松的话题以转移孟子的视线。可是，"仁义"对孟子而言可谓刻骨铭心，他时时刻刻不会忘记自己的使命——推销"仁义之道"。

这一次，孟子先退后进，先指出有人得不到快乐就埋怨君王是不对的；接着，话锋一转指出一国之君不与民同乐，也是不对的。他顺势推出其一贯的"为民"的"王道"路径——"乐民之乐者，民亦乐其乐；忧民之忧者，民亦忧其忧。乐以天下，忧以天下，然而不王者，未之有也"。值得注意的是，与和梁惠王讨论“与民同乐”不同的是，孟子在这里提出了“乐”的反面“忧”，不仅要“与民同乐”，还要“与民同忧”。这样的同甘共苦，就把君王和百姓的关系从正反两个方面说完整了。“乐以天下，忧以天下”就是范仲淹名言“先天下之忧而忧，后天下之乐而乐”的源头。现在党和政府提出“三为”：权为民所用，情为民所系，利为民所谋，其思想也和孟子相通，古今一脉相承。

为了阐述“乐以天下，忧以天下，然而不王者，未之有也”的观点，孟子又用故事来说话，而且故事里套着故事。直接的故事是孟子讲的。齐景公问晏子自己怎样出去巡游才能像古代的先王那样受到百姓的好评。晏子没有直接回答，也讲述了故事，这就是套在里面的故事，是晏子讲的。晏子讲述了古代天子“巡狩”而关注民生得到老百姓赞扬、拥护的情况，又从反面讲述了当今的君王不顾百姓饥劳，漫游享乐，穷奢极欲，致使老百姓怨声载道，从而为非作歹。晏子希望齐景公像古代先王那样不要“流连荒亡”，置民生于不顾。

回到直接的故事，孟子接着说，齐景公听了晏子的话非常高兴，先在国都内作了充分的准备，然后出城在郊外驻扎，拿出钱粮赈济贫困的人。又召集乐官说：给我创作君臣同乐的乐曲！这就是《徵招》《角招》。其中的歌词说，培养君主有什么不对呢？培养君主，为的是使君主成为好的君主。

齐景公是齐国的先主，孟子希望齐宣王以先主为榜样，奉行“仁政”，“乐以天下，忧以天下”，关爱百姓，成为造福天下的王者。

2.5 仁政之途，与民同之

齐宣王问曰：“人皆谓我毁明堂。毁诸？已乎？”

孟子对曰：“夫明堂者，王者之堂也。王欲行王政，则勿毁之矣。”

王曰：“王政可得闻与？”

对曰：“昔者文王之治岐也，耕者九一，仕者世禄，关市讥而不征，泽梁无禁，罪人不孥。老而无妻曰鳏，老而无夫曰寡，老而无子曰独，幼而无父曰孤。此四者，天下之穷民而无告者。文王发政施仁，必先斯四者。《诗》云：‘哿矣富人，哀此茕独。’”

王曰：“善哉言乎！”

曰：“王如善之，则何为不行？”

王曰：“寡人有疾，寡人好货。”

对曰：“昔者公刘好货，《诗》云：‘乃积乃仓，乃裹餱粮，于橐于囊。思戢用光。弓矢斯张，干戈戚扬，爰方启行。’故居者有积仓，行者有裹囊也，然后可以‘爰方启行’。王如好货，与百姓同之，于王何有？”

王曰：“寡人有疾，寡人好色。”

对曰：“昔者太王好色，爱厥妃。《诗》云：‘古公亶父，来朝走马，率西水浒，至于岐下。爰及姜女，聿来胥宇。’当是时也，内无怨女，外无旷夫。王如好色，与百姓同之，于王何有？”

这一次对话从“明堂”是毁还是存开始。明堂，是天子接见诸侯而建的宫室。这里是指齐国境内泰山明堂，是为周天子东巡而建的。春秋时期，周天子权威几乎丧失殆尽了，巡狩天下的责任担当不起来了。有人提议毁掉明堂，大概就是周天子不会再前来巡察了，而诸侯又没有资格居住。齐宣王拿不定主意，向孟子询问。

似乎每个话题都能触发孟子内心深处“仁政”“王道”的神经。他回答道，明堂是行仁政一统天下的君王的殿堂。大王如果想施行王政，就不要拆毁它吧。孟子又一次抓住了推销“王道”的机会，向齐宣王介绍文王管理岐山（周朝初期的发源地）的“仁政”措施，无非是处处替百姓着想，让百姓生活好。其中特别提到文王对“鳏寡孤独”四种弱势群体的关心——“文王发政施仁，必先斯四者”——文王实行仁政，一定首先考虑、照顾这四种人。看到这样的话，作为当代人，我们感到那样的亲切。因为，关心、救助弱势群体已经成为现代文明的共识。濮存昕、蒋雯丽等人，对艾滋病患者的同情和帮助，让人感动，唤起人们心中的生命关怀和“性善”“良知”。从联合国到各个国家，都有帮助、保护弱势群体的法律规定和具体措施，而孟子在两千多年前就敏锐地关注到了这个社会群体，经典穿越时空才成为真正的经典，人性的根本古今相通。

孟子的回答，让齐宣王也有了感慨，说：您说得真好啊！孟子暗喜，今天劝王行仁政的希望更大了，便反问：您如果认为这番话好，那么为什么不去做呢?

齐宣王也许是说出了心里话，也许是逗着孟子玩。他回答孟子：我有个毛病，贪财好货，是个吝啬鬼。意思是：你要我去帮助“鳏寡孤独”者，我舍不得啊。孟子不慌不忙，没有受他的干扰，顺着他“好货”的话头，引用《诗经》讲述周朝鼻祖公刘“好货”的故事，得出结论——“王如好货，与百姓同之，于王何有”——大王如果喜爱钱财，但是能够和百姓一起享用，那么对施行王政有什么困难呢？其实，齐宣王说的“好货”为的是自己个人，至多是其家族团体的利益，而孟子讲述的公刘的“好货”为的是天下所有百姓的利益。孟子不是不知道其中的区别，但是，为了劝导这些昏睡的君主，他心灵的“巨臂”总是想着把他们往“仁善”的、为老百姓的路上推引。

齐宣王继续撩拨孟子——“寡人有疾，寡人好色”——我还有个毛病，喜欢美女。孟子不动声色，又引用《诗经》讲了周王朝的另一位始祖古公亶父（周文王的祖父）“好色”的故事，得出同样的结论——“王如好色，与百姓同之，于王何有”。古公亶父因为喜欢自己的妃子太姜，推己及人，“妻吾妻以及人之妻”，喜爱自己妻子因而想到天下人都要有自己的妻子。因为古公亶父的关心，那个时候“内无怨女，外无旷夫”，也就是没有现在所说的“剩男剩女”。

孟子描述的是多么美好安详的社会图景，我们现在还在努力和追求啊。

这里，不禁联想到后面卷八《离娄章句下》第 14 章，孟子说的“资之深，则取之左右逢其原”。孟子讲历史故事也好，引用《诗经》《易经》等也好，编寓言故事也好，比喻也好，在特定的现场，是那样地信手拈来、自在随心。由此看出，他的“资深”，也就是积累、积淀的丰厚、扎实。和孔子一样，孟子同样是勤学、好学、乐学的典范，是中国古代的“学霸”。

和前后诸章一样，孟子孜孜矻矻、梦寐以求、千言万语、循循善诱，为的是仁政施行，百姓安身，天下太平。

2.6 国君的责任和担当：四境之内治

孟子谓齐宣王曰：“王之臣有托其妻子于其友而之楚游者，比其反也，则冻馁其妻子，则如之何？”

王曰：“弃之。”

曰：“士师不能治士，则如之何？”

王曰：“已之。”

曰：“四境之内不治，则如之何？”

王顾左右而言他。

孟子在齐国与齐宣王相处的时间不短了，和齐宣王讨论“仁政”“王道”的次数也不少。齐宣王对孟子的“仁义”思想、“民本”理念，听得进去，也表示赞同。可是，在付诸实施上并不尽如孟子之意。看着齐国社会的不良现象和老百姓生活的艰难，孟子心里十分着急。要知道，他是真正为老百姓安宁着想的人，而不是那些讨君王欢心的纵横家和说客。

孟子不好直接指责齐宣王的行为和失职，只能发挥他的语言天才，引导齐宣王扪心自问、自我反省。请看孟子的言说艺术。

先从齐宣王身边的大臣说起。孟子假设一个情景，请齐宣王作出判断：大王，您的臣子中有一个人把妻子儿女托付给他的朋友，自己出游到楚国去了。等他回来的时候，他的妻子儿女却在受冻挨饿。对待这样的朋友，应该怎么办？齐宣王不假思索地回答，“弃之”，再见，不和他玩了。齐宣王以为孟子在和他拉家常随意聊天，并不知道孟子问他的真正意图。这就是孟子的说话艺术，所谓不让人感到在受教育才是真正的教育。

孟子接着问，司法官不能管理好他的下属，那应该怎么办？齐宣王还是脱口而出，“已之”，罢免他。有了这两次铺垫，孟子才说出早就埋在心里不得不说的话——“四境之内不治，则如之何？”——一个国家治理不力，不能够安定太平，那又该怎么办呢？从刚才指向“大臣”“士师”，转而直指齐宣王本人。孟子知道这样会让齐宣王不高兴，可能还会激怒他，但是，为了天下众生，他不惜说出得罪君王的话，哪怕因此而离开。这就是中国古代人品刚正的士大夫、后来的谏官应有的品行和担当。齐宣王还算大度，没有责怪孟子，只是“顾左右而言他”——左右张望，去扯其他的话题了。

这章简短的对话，验证了孟子自己的话“言近而指远者，善言也”。受朋友之托，官员尽岗位职责，君王管理好自己的国家，不可谓不“言近”，其中的含意却深远。一是，每个人、每个岗位都有相应的责任和担当，不在乎地位的高低、角色的大小，做好自己应该做的事，就是遵循了“仁义之道”。二是，人责备他人容易，自我反省难。人们常常只见别人的过错，而不见自身的过错。对于别人的过错，知道如何处理；而面对自身的失职，却不肯承认，不知自责。齐宣王知道，如果有人辜负了朋友的嘱托，就与这样的朋友断交；如果司法官不能尽职，就要罢免这样的官员。但是，作为国君，国家不安定，百姓不安宁，怎么办呢？齐宣王对此却不愿承认、不敢自责、不能担当。难怪孟子感叹：“子路，人告之以有过，则喜；禹闻善言，则拜。”

为了君王能从“霸道”“虐政”的邪路上迷途知返，走上“仁政”的光明大道，孟子真是苦心孤诣，想尽了一切办法。他从身边的小事入手，由近及远，层层设问，步步深入，促使齐宣王反思，提醒他尽忠职守，担负起国君的责任和担当——治四境之内，以平安天下，惠及众生。

2.7 听取民意，任人唯贤

孟子见齐宣王曰：“所谓故国者，非谓有乔木之谓也，有世臣之谓也。王无亲臣矣，昔者所进，今日不知其亡也。”

王曰：“吾何以识其不才而舍之？”

曰：“国君进贤，如不得已，将使卑逾尊，疏逾戚，可不慎与？左右皆曰贤，未可也；诸大夫皆曰贤，未可也；国人皆曰贤，然后察之；见贤焉，然后用之。左右皆曰不可，勿听；诸大夫皆曰不可，勿听；国人皆曰不可，然后察之；见不可焉，然后去之。左右皆曰可杀，勿听；诸大夫皆曰可杀，勿听；国人皆曰可杀，然后察之；见可杀焉，然后杀之。故曰，国人杀之也。如此，然后可以为民父母。”

这是孟子从用人的角度和齐宣王谈“仁政”之道。孟子看到齐王身边没有亲密的可以信任的大臣，便对齐宣王说：人们所说的历史悠久的国家，并不是说那个国家（时间长了）有高大的树木，而是说它有世代建立功勋的老臣。您身边没有亲信的大臣，您过去提拔任用的人，现在不知怎么都离职了。而齐宣王的回答则是说，怎样识别没有才能的人而放弃？齐宣王看重的是“才”，下面孟子的回答是“进贤”，看重的是“德”。“德才兼备”“德才孰轻孰重”，从古至今都是个用人的难题。

最后，孟子讲了“进贤”退“不贤”以及“用刑”的标准和方法。其核心是，兼听则明，广泛听取诸大夫的意见，最终听取广大民众的意见，决定取舍。孟子心中始终装着的是老百姓，他指点齐宣王，任人唯贤，听取民众的意见就是为了维护老百姓的利益，这样才能得到老百姓的拥护。

2.8 残仁害义，罪有应得

齐宣王问曰：“汤放桀，武王伐纣，有诸？”

孟子对曰：“于传有之。”

曰：“臣弑其君，可乎？”

曰：“贼仁者谓之‘贼’，贼义者谓之‘残’，残贼之人谓之‘一夫’。

闻诛一夫纣矣，未闻弑君也。”

这是孟子对历史的判定，以正后人之视听。

在齐宣王看来，当时的商汤、武王作为臣下放逐夏桀、讨伐商纣好像不符合君臣之道，他问孟子有没有这回事。孟子没有回避，说，传记上有记载。齐宣王接着问，作为大臣杀了君主，可以吗？齐宣王作为君王，需要维护自己的绝对权威和安全，可能也担心自己遭到噩运。

孟子的回答很坚决，且充满了对不仁者的痛恨。他说：践踏仁爱的人叫作“贼”（残害人的人），践踏道义的人叫作“残”（凶暴残忍的人），“残”“贼”这样的人叫作“独夫”。我只听说周武王诛杀独夫纣，没听说他杀了君王啊。在孟子看来，不仁不义，不顾百姓生死的君王遭到杀害是罪有应得。

孟子最后的回答情感相当浓烈，其中几个感情色彩强烈的词我们要去感受和体会。一是“残贼”，孟子念念不忘的是“仁义之道”行天下，“仁义之道”惠泽众生，而像夏桀、商纣这样的暴君却“残仁害义”，这是孟子绝对不能容忍的，他把这样的“残贼之人”永远钉在历史的耻辱柱上。二是“弑”“诛”，古代称臣杀君、子杀父为弑，是不义的行为；诛，指合乎正义讨伐罪犯。在孟子看来，“贼仁害义”的桀、纣已经不是君王了，而是罪犯。这样的罪犯，孟子称为“一夫”，就是后来的独裁者，失去了老百姓的拥护，成了真正的“孤家寡人”。这样的人，心中只有自己个人的享乐，不把老百姓放在眼里、心上，最终也就成了“个”人。

孟子纠正齐宣王的看法——不仁不义不为“君”，是为“残贼”。我想，听了孟子的话，齐宣王大概会不寒而栗，对自己过于伤害百姓的行为要有所收敛吧。

2.9 治国理政，尊贤任能

孟子见齐宣王，曰：“为巨室，则必使工师求大木。工师得大木，则王喜，以为能胜其任也。匠人斫而小之，则王怒，以为不胜其任矣。夫人幼而学之，壮而欲行之，王曰：'姑舍女所学而从我。'则何如？今有璞玉于此，虽万镒，必使玉人雕琢之。至于治国家，则曰：'姑舍女所学而从我。'则何以异于教玉人雕琢玉哉？"

本章呼应卷三《公孙丑章句上》第5章的"尊贤使能，俊杰在位"，孟子忠告齐宣王尊重贤能，尊重专业能力，重用专门人才来治理好国家。为了建造大房子，主管部门收集来大木头作为原料，国王很高兴，认为他们能胜任工作。作为原料的木材，要做成各不相同的部件，经过砍削，木材变小了。看着变小的木材，国王很气愤，认为他们不能胜任这样的工作。其实他不知道作为原料的大木要做成房屋不同的部件，需要经过锯、砍、凿、削等步骤，这些作为房屋零件的"木"肯定比原料要小一些。像这样不懂基本建筑常识的国王也许有，但肯定是极个别的。其实，这是孟子在创编寓言，就像《孟子》里的另一则寓言故事"揠苗助长"，现实生活中有不知道拔起秧苗它就死了的人吗？寓言故事都是假的，但其中蕴含的道理是真的。这里"斫木小之则怒"里"寓"着什么"言"呢？不懂专业技术，没有专业才能的人，只能看到事情的表象，从而作出错误甚至荒唐的判断，也就是用非专业的标准，凭自己的喜好去评价专业行为。接下来，国王对来到他身边做事的人的行为就是上面寓言的具体验证。来帮助国王做事的人，从小学习做人做事的本领，长大了希望运用实践。可是，国王却说：暂且放弃你所学的本领听从我的指示。这就像不尊重匠人一样，不尊重作为管理社会、国家者的专业才能。孟子和很多贤能之人都会为此苦恼，他们有理想、有能力，却不得不服从国王的旨意违心地去做事。就像匠人一样，他们根据建房的需要把大木做小了，却惹怒了不懂专业的国王。这种现象在当今社会依然存在，有些人走上了某个岗位，就以为自己是这个地方或领域的权威，方方面面的事情都要指挥、干预，缺乏对专业的尊重，好像他是个无所不知、无所不晓的全才。其后果是，资源浪费和决策失误。难怪改革开放之初，邓小平要强调

"尊重知识，尊重人才"。

为了劝说国王尊贤任能，孟子继续打比方。有一块璞玉，虽然贵重，一定用玉匠来雕琢（才能成为精美的玉器）。至于治理国家，就说：暂且放弃你所学的本领听从我的指示。那么，这和非要玉匠按您的办法去雕琢玉石，有什么不同呢？（而雕琢玉石的事您是不会干预的。）国家比玉石更重要，治理国家同样需要专业人才。既然雕琢玉石使用专家，那么治国理政更要尊重、使用专业人才。既然您不会"教玉人雕琢玉"，那么就不要说"姑舍女所学而从我"。

这里还有个微妙之处。琢玉专业性更强，大王根本不懂，也就交给专业人员了，他不会，也不能干涉。大木斫成小木，似乎人人都懂。在似懂非懂的事情或行业上，权力对专业的干预更多、更强烈。

当然，在尊重专业的同时，还要有对全局、整体的考虑，从整个社会的视域来看待专业；专业和专业之间也需要互动和交流，让各个专业的功能充分发挥，服务于社会大众。

2.10－2.11 民悦则可取，暴政则乱天下

2.10 齐人伐燕，胜之。宣王问曰："或谓寡人勿取，或谓寡人取之。以万乘之国伐万乘之国，五旬而举之，人力不至于此。不取，必有天殃。取之，何如？"

孟子对曰："取之而燕民悦，则取之。古之人有行之者，武王是也。取之而燕民不悦，则勿取。古之人有行之者，文王是也。以万乘之国伐万乘之国，箪食壶浆，以迎王师。岂有他哉？避水火也。如水益深，如火益热，亦运而已矣。"

2.11 齐人伐燕，取之。诸侯将谋救燕。宣王曰："诸侯多谋伐寡人者，何以待之？"

孟子对曰："臣闻七十里为政于天下者，汤是也。未闻以千里畏人者也。

《书》曰：'汤一征，自葛始。'天下信之，东面而征，西夷怨；南面而征，北狄怨，曰：'奚为后我？'民望之，若大旱之望云霓也。归市者不止，耕者不变，诛其君而吊其民，若时雨降。民大悦。《书》曰：'徯我后，后来其苏。'今燕虐其民，王往而征之，民以为将拯己于水火之中也，箪食壶浆以迎王师。若杀其父兄，系累其子弟，毁其宗庙，迁其重器，如之何其可也？天下固畏齐之强也，今又倍地而不行仁政，是动天下之兵也。王速出令，反其旄倪，止其重器，谋于燕众，置君而后去之，则犹可及止也。"

"齐人伐燕，胜之"的简要背景是，当时，燕王哙（音"快"）把国君的位置让给了他的国相子之，导致燕国大乱。在燕国大乱的时候，齐国趁机攻打燕国，燕国的士卒不参与交战，城门不关闭，于是只用了 50 天时间齐国就轻易取胜了。齐宣王征求孟子的意见：是进驻燕国还是放弃吞并？其实，齐宣王占领燕国的主意已定，只是摆出个姿态，尊重一下孟子。毕竟，诸侯国相互吞并是违反道义的。为了得到孟子的同意和支持，齐宣王还找了个借口——"不取，必有天殃"——他认为这么快拿下燕国是天意，不吞并的话是违反天意，上天会降下灾祸。

孟子没有直接回答取与舍，而是建议齐宣王以民意决定取舍——"取之而燕民悦，则取之。取之而燕民不悦，则勿取"。老百姓高兴是由于"王"师到了，把他们从"水深火热"的灾难中拯救出来。如果不行"仁政"，他们的灾难更加深了，那只是国君换了人而已，老百姓不会拥护和支持。

孟子的话不幸言中。接着的第 11 章就讲了，因为齐国占领了燕国，引起了其他诸侯国的不满，计划攻打齐国救助燕国。齐宣王慌了神，又来问孟子怎么办。孟子心里暗暗地笑话他：商汤凭着方圆 70 里的地方而统一天下，齐国国土面积千里，怎么会害怕别的国家呢？平时，和你讲"仁政""王道"你不去做，现在祸患终于来了。同时，又抓住了机会再次耐心地跟他讲历史、讲"王道"。商汤开始征伐，从葛国开始。为什么这没有引起葛国之外的其他国家的不满和攻击，天下反而信赖商汤呢？因为商汤是为了救助葛国百姓，所以，其他国家的百姓都盼望商汤前来，甚至抱怨商汤来得太晚了。商汤是怎么做的？市场上做买卖的人没有因为商汤到来而被迫停止交易，耕田的人照样安心耕田，惩罚残暴的君主而慰问百姓，这些都是为百姓着想。商汤行的是“仁道”，是为了解救百姓而“诛其君”，老百姓盼望他到来就像大旱时盼望云雨一样；而齐国进了燕国后，“杀其父兄，系累其子弟，毁其宗庙，迁其重器”（系累，捆绑）。这样“不行仁政”又扩大了一倍的地盘，天下的诸侯国当然不满，要联合攻齐。

最后，孟子建议齐宣王：大王您赶快发出命令，放回燕国老老小小的俘虏（旄倪：旄通“耄”，指老年人；倪：小孩子），停止搬运燕国的宝器，再和燕国的各方面人士商议，为他们选立一位国君，然后离开燕国。这样做，还来得及让各国停止发动攻打齐国的战争。幸好，齐宣王听取了孟子的建议，老百姓避免了又一次的战争伤害。

2.12 出尔反尔：爱人者，人恒爱之

邹与鲁哄。穆公问曰：“吾有司死者三十三人，而民莫之死也。诛之，则不可胜诛；不诛，则疾视其长上之死而不救，如之何则可也？”

孟子对曰：“凶年饥岁，君之民老弱转乎沟壑，壮者散而之四方者，几千人矣；而君之仓廪实，府库充，有司莫以告，是上慢而残下也。曾子曰：‘戒之戒之！出乎尔者，反乎尔者也。’夫民今而后得反之也。君无尤焉。君行仁政，斯民亲其上，死其长矣。”

邹国是鲁国的附属国，他们之间的争斗叫作“哄”（古汉语里“哄”和“鬨”是两个不同的字，这里的“哄”古代写作“鬨”）。在这次的冲突中，邹国死了 33 个官吏，而没有一个老百姓为了去救他们而死的。邹穆公非常郁闷，想诛杀这些百姓，但是人太多了杀不尽；如果不杀吧，又痛恨他们看着长官死而不去救，便问正在邹国的孟子：你说这样情况应该怎么办才好？

孟子没有直接回答邹穆公的问题，而是借机劝导他关爱百姓、施行仁政。孟子说：灾荒年岁，您的百姓，年老体弱的弃尸于山沟，年轻力壮的离散逃往其他国家，这样的人几乎上千（这里的“几”，第一声，几乎的意思）。但是，您的粮仓里堆满粮食，货库里装满财宝，官吏们没有把百姓的灾难报告给你，这是处在上位的他们的懈怠，并且残害了百姓。曾子说过：“警戒啊，警戒啊！你怎样对待别人，别人将会怎样对待你。”现在就是老百姓在得到他们的对待后也这样对待他们了。您不要责怪老百姓吧，您施行仁政，老百姓自然就会爱护他们的上级，愿意为他们的长官献身。

这是孟子对邹穆公抱怨老百姓袖手旁观、不赴国难的回应，其主张与前面诸章节一脉相承——行仁政方能得民心，得民心者得天下。邹国是孟子的老家，邹穆公是孟子游访的第一个诸侯。在此后游说各国诸侯的过程中，孟子“仁政”的政治主张始终不变、毫不动摇。

孟子引用曾子的“出尔反尔”思维，要说的是人应该如何处理好与他人的关系，只有相互尊敬、相互帮助，才能和睦共处、互利互惠。邹穆公讲给孟子听的这个案例，大概永远留在了孟子的心里，且不断反思琢磨。于是，有了后来向齐宣王关于君臣关系的惊悚表述——“君之视臣如手足，则臣视君如腹心；君之视臣如犬马，则臣视君如国人；君之视臣如土芥，则臣视君如寇雠”（卷八《离娄章句下》第 3 章）。又有了人与人直接相互敬爱的表述——“爱人者，人恒爱之；敬人者，人恒敬之”。而这样的人与人的关系，归结到一点，其源头就是一个字“仁”——“仁也者，人也。合而言之，道也”。“仁”是什么？没那么高深，就是把别“人”当“人”看，关爱别人、帮助别人，如此而已，也就是耶稣说的“你们都是兄弟”。每个人都把别人当人看了，就是人间正道。邹国的百姓不愿意为官吏而死，是因为官吏没有把他们当“人”看；人们拥戴商汤、周文王，是因为他们把老百姓当“人”看。一部人类的文明史，就是不断地把“人”当“人”看的历史。

2.13－2.15 保国为保民，保民方保国

2.13 滕文公问曰："滕，小国也，间于齐、楚。事齐乎？事楚乎？"

孟子对曰："是谋非吾所能及也。无已，则有一焉：凿斯池也，筑斯城也，与民守之，效死而民弗去，则是可为也。"

2.14 滕文公问曰："齐人将筑薛，吾甚恐。如之何则可？"

孟子对曰："昔者大王居邠，狄人侵之，去之岐山之下居焉。非择而取之，不得已也。苟为善，后世子孙必有王者矣。君子创业垂统，为可继也。若夫成功，则天也。君如彼何哉？强为善而已矣。"

2.15 滕文公问曰："滕，小国也；竭力以事大国，则不得免焉。如之何则可？"

孟子对曰："昔者大王居邠，狄人侵之。事之以皮币，不得免焉；事之以犬马，不得免焉；事之以珠玉，不得免焉。乃属其耆老而告之曰：'狄人之所欲者，吾土地也。吾闻之也：君子不以其所以养人者害人。二三子何患乎无君？我将去之。'去邠，逾梁山，邑于岐山之下居焉。邠人曰：'仁人也，不可失也。'从之者如归市。

"或曰：'世守也，非身之所能为也。效死勿去。'

"君请择于斯二者。"

这3章都是滕文公问政于孟子。滕文公还是太子的时候，前往楚国经过宋国时就去见过孟子，孟子以尧、舜为典范向他传播"人性善"的道理。后来，他的父亲滕定公去世，为了办好丧事，派人两次去邹国请教孟子。再后来，他继承了君位，向孟子请教治国之道。以上滕文公与孟子的交往见卷五《滕文公章句上》第1、2、3章。

作为战国时代的小国，滕国常常受到大国的威胁。第一，滕国处在齐、楚两个大国之间，是事奉齐国还是楚国，滕文公拿不定主意。第二，齐国已

经侵占了薛地，并且在那里高筑城墙，薛地距离滕国很近，下一步恐怕就要侵占滕国了，滕文公正面临威胁。第三，在滕文公看来，就是竭尽全力服侍大国，也免不了灾祸的降临，滕文公感到恐惧。小国的国君感觉朝不保夕、如坐针毡，还真不好当。焦虑的滕文公只好向孟子求教。

这3章滕国面对的问题其实就是，如何处于大国之间而自立、自保，如何面对大国的威胁，防止大国的入侵。孟子第一次的应答很坦诚，说：这个谋略是我力所不能及的。不得已，只有一个办法：挖深护城河，筑牢城墙，与老百姓一起坚守，百姓宁可献出生命也不逃离，那么这样可以坚守下去。

孟子的回答里暗含一个前提：老百姓怎样才会和君主同生共死呢？只有君主善待百姓，行“仁政”而爱民，才能得到老百姓的支持和拥戴。

第二、三次回答，孟子讲述了周朝始祖周太王如何面对外敌入侵的故事。过去周太王居住在邠地，狄地的人来侵犯。太王送裘皮和丝绸等礼物给他们，狄人没有停止侵犯；送狗和马等物资给他们，狄人也没有停止侵犯；送珠宝玉器等宝物给他们，狄人仍然没有停止侵犯。太王便召集邠地的长老，告诉他们说：狄地的人所想要的，是我们的土地。我听说过，君子不会因为那些用来养活人的东西而使人遭到祸害。（太王的意思是，我不会因为固守邠的土地，从而使你们受到伤害。）你们何必担心没有君主呢？（狄人也可以做你们的君主。）我将要离开邠地。太王离开邠地，越过梁山，在岐山脚下重新建造城邑居住下来。邠地的老百姓说：这是仁德之人，我们不能失去他。因此，跟随太王而去的人就像赶集的人一样多。

周太王种下了“善”根，其回报是“后世子孙必有王者矣”。因此，才有了后面的古公亶父、季历、文王、武王、周公，周朝日益壮大，最终存在将近800年。孟子的“仁者无敌”肯定是长远之计，投机取巧、铤而走险，只能获得眼前短期的效果。苏秦用六国合纵之计，维持了数十年，最终六国仍然还是被灭了；秦始皇用张仪连横之策，虽然能够速成，但得天下后迅速消亡。

孟子建议滕文公，可以像周太王那样行仁政，哪怕带领老百姓离开故土。还有人提议，坚决守住自己的国土，哪怕献出生命也不离开。

孟子没有一定要滕文公学习周太王，而是由滕文公在两者中选择。

2.16 鲁平公不见孟子——不怨天，不尤人

鲁平公将出，嬖人臧仓者请曰：“他日君出，则必命有司所之。今乘舆已驾矣，有司未知所之。敢请。”

公曰：“将见孟子。”

曰：“何哉？君所为轻身以先于匹夫者？以为贤乎？礼义由贤者出，而孟子之后丧逾前丧。君无见焉！”

公曰：“诺。”

乐正子入见，曰：“君奚为不见孟轲也？”

曰：“或告寡人曰：‘孟子之后丧逾前丧。’是以不往见也。”

曰：“何哉，君所谓逾者？前以士，后以大夫；前以三鼎，而后以五鼎与？”

曰：“否；谓棺椁衣衾之美也。”

曰：“非所谓逾也，贫富不同也。”

乐正子见孟子，曰：“克告于君，君为来见也。嬖人有臧仓者沮君，君是以不果来也。”

曰：“行，或使之；止，或尼之。行止，非人所能也。吾之不遇鲁侯，天也。臧氏之子焉能使予不遇哉？”

在孟子看来，鲁平公不见他表面上是臧仓从中作梗了，其实，是鲁平公本人无主见，听信他人之言。这样的国君不见也罢。

这里有一个相反的故事——摩洛哥王子西迪·穆罕默德，为了娶拉拉·萨尔玛为妻，不惜修改宪法，废除了一夫多妻制，改写了整个国家的历史！

当年，已经登基为国王的穆罕默德开口向萨尔玛求婚，萨尔玛却没有马

上答应。她表示：自己只能接受一夫一妻制，如果穆罕默德要娶她，就要废除摩洛哥王室过去“三宫六院”的习俗。

穆罕默德排除重臣和家族的阻力，让后宫中父亲的嫔妃搬出王宫，并向全国颁布法令，修改宪法，令整个摩洛哥实行一夫一妻制。

穆罕默德答应萨尔玛的要求废除一夫多妻制，固然是满足了萨尔玛的心愿；但是，我们更能看到，他是带着尊重妇女、解放妇女的真心去做决定的。

第一、二两卷共 23 章，其中直接提到“民”“百姓”的有 14 章。其他章节，凡谈论为政之道，必讲到对老百姓的关心。孟子的民本思想、天下情怀、人道主义精神，在这里得到充分体现。所以，这一篇的内容可以用四个字概括——待“民”以“仁”。为了打动君王固化、僵硬的心，让仁义之道唤醒他们的良知，作为“语言大师、修辞达人”的孟子，可谓绞尽脑汁，苦心孤诣，运用了各种表达方式：善比喻，委婉贴切，如“五十步笑百步”的比喻，委婉地告诉梁惠王其所谓“尽心”并没有解决民生的温饱问题；善排比，气势浩然，如“为肥甘不足于口与？轻暖不足于体与？抑为采色不足视于目与？声音不足听于耳与？便嬖不足使令于前与？王之诸臣皆足以供之，而王岂为是哉？”；善诱导，悄然无痕，如由“好货”“好色”引到“王如好货，与百姓同之”“王如好色，与百姓同之”；善对比，泾渭分明，如把不与民同乐的后果和与民同乐的结果，进行比较，自然得出结论——“今王与百姓同乐，则王矣”；善发问，余音绕梁，孟子的应对、说理、辩论等，在结尾处多用设问、反问，其目的是强调的少，更多是为了意不言尽，引发思考，达到余音绕梁三日不去，让对方自我领悟的效果，如“王亦曰仁义而已矣，何必曰利？”“民欲与之偕亡，虽有台池鸟兽，岂能独乐哉？”“如之何其使斯民饥而死也？”“齐桓、晋文之事”文内结尾处问句共 9 处；善引用，天衣无缝，为了证明“仁政”和“王道”的可行，孟子大量引用《诗经》《尚书》等，用历史说话，用事实说话。

孟子出来游说诸侯，殚精竭虑劝说君王，挖空心思讲究说话的艺术以打动他们，仅仅是为了生计，为了展示自己的才华和口才吗？可能有。但是，我认为孟子出游劝君，主要为的是天下安宁和老百姓安康。从第一、二卷内容的解读不难看出这一点。孟子是要实现自己的政治抱负，希望得到君主的重用。君主对他的主张更多的是听听而已，用司马迁的话说“适梁，梁惠王不果所言，则见以为迂远而阔于事情”。但是，孟子没有见风使舵，没有忽悠君主，不像纵横家苏秦、张仪他们完全为了自己的利益往返奔波，而是坚持自己一贯主张：行仁政，安百姓，平天下。孟子讲的不是雕虫小技，而是天下大道。这样的天下情怀、赤诚之心，令人敬佩。孟子真正做到了曾子追求的——“士不可以不弘毅，任重而道远。仁以为己任，不亦重乎。死而后已，不亦远乎”。难怪，他把自己的字取得和曾子一样。北宋张载的“四为”句——为天地立心，为生民立命，为往圣继绝学，为万世开太平——怎么来的？就是从过往先贤的行为、品质中感受到的。这就是中华民族以天下为己任的“士精神”的优良传统。

卷三　公孙丑章句上

——从“劝君、论政”到“养气、修身”

《孟子》卷一、卷二，记述了孟子游访诸侯，推广自己政治理想——“仁政”“王道”的历程。他言说的对象主要是两个人，一位是“梁惠王”，一位是“齐宣王”。从对话君王、传播思想这件事来讲，孟子是成功的，心中获得了满满的成就感。梁惠王在和孟子对话了三次后，竟如学生般说出这样的话“寡人愿安承教”，多么地谦逊有礼。齐宣王和孟子讨论齐桓公、晋文公称霸诸侯的事。孟子从齐宣王的恻隐之心出发，循循诱导，两人近乎心心相印、心有灵犀。齐宣王说：“‘他人有心，予忖度之。’夫子之谓也……夫子言之，于我心有戚戚焉。”

可以看出，这两位战国时期重要的君王很尊重孟子，对孟子的“仁政”主张也很认同，但是并未在行动上落实。说到论辩的能力、说话的水平，孟子可谓当时天下第一，乃至招人嫉妒说他“好辩”“好为人师”。可惜，语言的力量有时也只能抵达心灵，无法到达“手脚”。孟子与诸侯交往、对话，劝导他们施行“仁政”，但是，没有一个真正去做的。孟子的“布道”在现实中没有成功，只能与弟子们在虚幻的构想中继续“仁政”理想的“飞翔”。在念念不忘他的“仁政”理想的同时，孟子像晚年的孔子一样，读书，讲学，教诲弟子。

3.1　“仁政”的梦幻之旅

公孙丑问曰：“夫子当路于齐，管仲、晏子之功，可复许乎？”

孟子曰：“子诚齐人也，知管仲、晏子而已矣。或问乎曾西曰：‘吾子与子路孰贤？’曾西蹴然曰：‘吾先子之所畏也。’曰：‘然则吾子与管仲孰贤？'曾西艴然不悦，曰：'尔何曾比予于管仲？管仲得君如彼其专也，行乎国政如彼其久也，功烈如彼其卑也；尔何曾比予于是？'"曰："管仲，曾西之所不为也，而子为我愿之乎？"

曰："管仲以其君霸，晏子以其君显。管仲、晏子犹不足为与？"

曰："以齐王，由反手也。"

曰："若是，则弟子之惑滋甚。且以文王之德，百年而后崩，犹未洽于天下；武王、周公继之，然后大行。今言王若易然，则文王不足法与？"

曰："文王何可当也？由汤至于武丁，贤圣之君六七作。天下归殷久矣，久则难变也。武丁朝诸侯，有天下，犹运之掌也。纣之去武丁未久也，其故家遗俗，流风善政，犹有存者；又有微子、微仲、王子比干、箕子、胶鬲——皆贤人也——相与辅相之，故久而后失之也。尺地，莫非其有也；一民，莫非其臣也；然而文王犹方百里起，是以难也。齐人有言曰：'虽有智慧，不如乘势；虽有镃基，不如待时。'今时则易然也：夏后、殷、周之盛，地未有过千里者也，而齐有其地矣；鸡鸣狗吠相闻，而达乎四境，而齐有其民矣。地不改辟矣，民不改聚矣，行仁政而王，莫之能御也。且王者之不作，未有疏于此时者也；民之憔悴于虐政，未有甚于此时者也。饥者易为食，渴者易为饮。孔子曰：'德之流行，速于置邮而传命。'当今之时，万乘之国行仁政，民之悦之，犹解倒悬也。故事半古之人，功必倍之，惟此时为然。"

公孙丑，齐国人，是孟子重要的出色的弟子之一。卷一、卷二，是孟子与梁惠王、齐宣王等君王对话。接下来的卷三，就是孟子与公孙丑的对话，可见其在弟子中地位很高。

好的对话，是一种非常有效的学习，双方都能得益。对话，可以激活思维，激发表达，即如现在的"头脑风暴"。好的话题，能引出意想不到的精彩情思、创意表达。孔子、苏格拉底、孟子等优秀教育家的教育，大多是在和弟子们的问答、对话中进行的。在对话中，语言、思想的智慧喷薄而出、肆意飞扬。由此，说几句题外话。读书人，要重视和书友的对话、交流、讨论、分享；教师，要重视学生提出的问题，可即时应对，亦可事后解答。我们要感谢向我们提出问题、指出问题的人，他人的提问、质疑，能引发我们的思考和推敲，深化、拓展我们的思维和理解。

请看公孙丑的提问：如果老师你在齐国掌权当政，管仲、晏子的功绩可以再一次兴起吗？这是公孙丑的假设，也许他知道孟子不被诸侯重用十分失落，用这种近乎“意淫”的方式，在梦幻中帮老师解闷。

公孙丑拿给老师做参照的是齐国历史上赫赫有名的两位重臣：管仲、晏子。谁知，孟子根本看不上。孟子的回答让公孙丑非常疑惑，心想，老师是不是受到的打击太大，心理有毛病啦。孟子说了什么呢？孟子说，以齐国统一天下，易如反掌。真有点不知天高地厚！

孟子这样说的理由是什么呢——“夏后、殷、周之盛，地未有过千里者也，而齐有其地矣；鸡鸣狗吠相闻，而达乎四境，而齐有其民矣”。这是物质条件。“行仁政而王，莫之能御也。”这是主观条件。“且王者之不作，未有疏于此时者也；民之憔悴于虐政，未有甚于此时者也。”这是当时的形势所趋。由此，孟子得出结论：“当今之时，万乘之国行仁政，民之悦之，犹解倒悬也。故事半古之人，功必倍之，惟此时为然。”这是成语“事半功倍”的出处，当外在的有利条件具备了，顺势而为，就可以取得“事半功倍”的效果。

孟子讲得有理有据，可就是不能实现，这是谁的悲哀？！

孟子在梁惠王、齐宣王面前不厌其烦地“推销”他的“仁政”理想和“王道”主张，没有成功。可是，他的那颗“仁政安民”之心不死，哪怕是与弟子“纸上谈兵”，也要稍稍慰藉一下自己忧伤的心。这样看，孟子的天下情怀令人感动、敬佩。同时，孟子是不是也有一些“唐·吉诃德”式的悲哀呢？

3.2 由“梦幻仁政”喷发出“浩然之气”

公孙丑问曰：“夫子加齐之卿相，得行道焉，虽由此霸王，不异矣。如此，则动心否乎？”

孟子曰："否。我四十不动心。"

曰："若是，则夫子过孟贲远矣。"

曰："是不难，告子先我不动心。"

曰："不动心有道乎？"

曰："有。北宫黝之养勇也：不肤桡，不目逃；思以一豪挫于人，若挞之于市朝；不受于褐宽博，亦不受于万乘之君；视刺万乘之君，若刺褐夫。无严诸侯，恶声至，必反之。孟施舍之所养勇也：曰：'视不胜犹胜也；量敌而后进，虑胜而后会，是畏三军者也。舍岂能为必胜哉？能无惧而已矣。'孟施舍似曾子，北宫黝似子夏。夫二子之勇，未知其孰贤，然而孟施舍守约也。昔者曾子谓子襄曰：'子好勇乎？吾尝闻大勇于夫子矣：自反而不缩，虽褐宽博，吾不惴焉；自反而缩，虽千万人，吾往矣。'孟施舍之守气，又不如曾子之守约也。"

曰："敢问夫子之不动心，与告子之不动心，可得闻与？"

"告子曰：'不得于言，勿求于心；不得于心，勿求于气。'不得于心，勿求于气，可；不得于言，勿求于心，不可。夫志，气之帅也；气，体之充也。夫志至焉，气次焉。故曰：'持其志，无暴其气。'"

"既曰'志至焉，气次焉'，又曰'持其志无暴其气'者，何也？"

曰："志壹则动气，气壹则动志也。今夫蹶者趋者，是气也，而反动其心。"

"敢问夫子恶乎长？"

曰："我知言，我善养吾浩然之气。"

"敢问何谓浩然之气？"

曰："难言也。其为气也，至大至刚，以直养而无害，则塞于天地之间。其为气也，配义与道；无是，馁也。是集义所生者，非义袭而取之也。行有不慊于心，则馁矣。我故曰，告子未尝知义，以其外之也。必有事焉，而勿正，心勿忘，勿助长也。无若宋人然：宋人有闵其苗之不长而揠之者，芒芒然归，谓其人曰：'今日病矣，予助苗长矣。'其子趋而往视之，苗则槁矣。

天下之不助苗长者寡矣。以为无益而舍之者，不耘苗者也；助之长者，揠苗者也。非徒无益，而又害之。”

“何谓知言？”

曰：“诐辞知其所蔽，淫辞知其所陷，邪辞知其所离，遁辞知其所穷。生于其心，害于其政；发于其政，害于其事。圣人复起，必从吾言矣。”

“宰我、子贡善为说辞，冉牛、闵子、颜渊善言德行。孔子兼之，曰：‘我于辞命，则不能也。’然则夫子既圣矣乎？”

曰：“恶！是何言也？昔者子贡问于孔子曰：‘夫子圣矣乎？’孔子曰：‘圣则吾不能，我学不厌而教不倦也。’子贡曰：‘学不厌，智也；教不倦，仁也。仁且智，夫子既圣矣！’夫圣，孔子不居。是何言也？”

“昔者窃闻之：子夏、子游、子张皆有圣人之一体，冉牛、闵子、颜渊则具体而微。敢问所安？”

曰：“姑舍是。”

曰：“伯夷、伊尹何如？”

曰：“不同道。非其君不事，非其民不使；治则进，乱则退，伯夷也。何事非君，何使非民；治亦进，乱亦进，伊尹也。可以仕则仕，可以止则止，可以久则久，可以速则速，孔子也。皆古圣人也，吾未能有行焉；乃所愿，则学孔子也。”

“伯夷、伊尹于孔子，若是班乎？”

曰：“否。自有生民以来，未有孔子也。”

曰：“然则有同与？”

曰：“有。得百里之地而君之，皆能以朝诸侯，有天下。行一不义，杀一不辜，而得天下，皆不为也。是则同。”

曰：“敢问其所以异？”

曰：“宰我、子贡、有若，智足以知圣人，污不至阿其所好。宰我曰：‘以予观于夫子，贤于尧、舜远矣。’子贡曰：‘见其礼而知其政，闻其乐而知其德。由百世之后，等百世之王，莫之能违也。自生民以来，未有夫子也。'有若曰：'岂惟民哉？麒麟之于走兽，凤凰之于飞鸟，太山之于丘垤，河海之于行潦，类也。圣人之于民，亦类也。出于其类，拔乎其萃，自生民以来，未有盛于孔子也。'"

公孙丑还想让老师接着"梦游"。第一次梦游之后，没过几天，公孙丑又问老师：如果老师做了齐国的国相，得以施展自己的理想抱负，由此成就霸业王业，也没有什么奇怪的。如果真这样，你动心吗？

这一次，孟子冷静了、理性了。他说，不，我40岁就不动心了。孟子的回答好像对应孔子的"四十而不惑"，但似乎不合实情。谭贞默《孟子编年略》记载："孟子四十前讲学设教，六十后归老著书。其传食诸侯，当在四十以外。"40岁，正是他意气风发，梦想着大展宏图的时候，怎么会"不动心"呢？这个问题，姑且置而不论。

下面来欣赏这篇特别的师生对话——对话往来回合最多，篇幅最长，内容最丰富。

回合一，即刚才的开篇。公孙丑假设孟子做齐国国相，问其是否动心。孟子回答，不动心。

下面的内容，都是从"不动心"这个话头抽引出来的，由"不动心"到"养勇"到"养气"到"知言"到"评价孔子"。好的话头，仿佛长江、黄河的源头，虽然细小，却源源不断，流淌出滔滔不绝的江河。我的解读，两条线索合并同行：一条线索是师生对话的回合，另一条线索是他们对话的内容，也就是从"不动心"开始到"评价孔子"结束。

回合二，接着孟子的不动心，公孙丑继续说："若是，则夫子过孟贲远矣。"孟贲，战国时期的勇士，水行不避蛟龙，陆行不怕虎狼；徒手降伏双牛，生拔牛角，吼声震天。

孟子回答："不动心"并不难，告子的"不动心"比我还早呢。告子，战国时期名人，善于思辨，传说是墨子的学生。关于人性的问题，告子和孟子有过对话、争辩（参读卷十一、十二《告子章句上下》）。

孟子的意思是：连告子都能做到，我自然不在话下。孟子把自己看得比告子高些，也看出告子在当时非等闲之辈。否则，孟子不会拿自己和他比较。

回合三，公孙丑本来以为“不动心”需要具备威猛的力气和勇敢的精神，所以他前面说“夫子过孟贲远矣”，而孟子则轻描淡写地回答他“是不难”。这就让他改变思维的方向，“不动心”后面到底是一座坚不可摧的山峰呢，还是其他什么？于是，他试探着问老师：“不动心有道乎？”公孙丑的关键一问，引发了孟子的思维“风暴”，“我善养吾浩然之气”这一千古名言由此迸发。这就是“教学相长”，学生也可以成就老师啊。

然而，接着的回答，孟子并未直言“浩然之气”，而是从“养勇”开始，蓄势待发，以形成澎湃汹涌不可阻挡之势。这也是孟子论辩、言说的主要特征和风格。他的有些话，细细分析，逻辑可能不那么严密，却气势逼人，如飓风骤至，扑面而来，势不可当，让人无暇思索，只能接受。这是一种阅读的快感和享受，同时让你进入了思维的迷宫。因此，读孟子，既要享受他语言的魅力和雄浑之美，又要冷静下来，辨别其中思想或逻辑推理是否正确。

孟子讲“养勇”，举了两个例子。一个是北宫黝，被别人攻击了，不惧怕，不逃跑，手脚不会颤抖，眼光不会回避，面无惧色。这是外在的“不动心”，个体的勇敢。另一个是孟施舍，他带领军队，看待不能战胜的敌人和能战胜的敌人是一样的，都不害怕。这是内在的“不动心”，团队的勇敢。孟子认为，这两个人、这两种“养勇”，他分不出高下（“未知其孰贤”）。由此，他引出了孔子对“大勇”的论述。

曾子谓子襄曰：“子好勇乎？吾尝闻大勇于夫子矣：自反而不缩，虽褐宽博，吾不惴焉；自反而缩，虽千万人，吾往矣。”缩，这里是“正直”的意思。孔子的意思是：自我反省，正义不在我，就是普通老百姓，我也不去恐吓他；自我反省，正义在我，就是千军万马阻挡着，我也无所畏惧、勇往直前。这和《论语》里孔子说的“三军可夺帅也，匹夫不可夺志也”是一致的。

孟子认同的“勇”是这样的“大勇”，是以正义作为价值的坚定行为。

回合四，由两番对话组成，从上面的“养勇”“大勇”进一步说到“志”和“气”的关系。

第三回合，孟子宕开一笔，未直接回答“不动心有道乎”的问题，而是讲了“养勇”和“大勇”。公孙丑没有被老师的“风暴”吹晕了头，他咬着自己的问题，接着问孟子：你的“不动心”和告子的“不动心”，到底是怎么回事？

孟子对告子的四句话作了分析、评价，亮出了自己的观点，阐述了“志”和“气”的关系。至此，“浩然之气”呼之欲出。

告子怎么说的呢？孟子引用告子的话“不得于言，勿求于心；不得于心，勿求于气”。然后，对这两句话作了判断——“不得于心，勿求于气，可；不得于言，勿求于心，不可”。最后，亮出自己的观点：“夫志，气之帅也；气，体之充也。夫志至焉，气次焉，故曰：‘持其志，无暴其气。’”

孟子引用的告子的四句话，两千多年来，朱熹、陆九渊、黄宗羲等大家都有阐释，还有其他无数的解释，各执一词，没有一种解释是被基本认同的。杨伯峻先生解释为：假若不能在言语上得到胜利，便不必求助于思想；假若不能在思想上得到胜利，便不必求助于意气。这样的解释，似是而非，语言含混。“语言的胜利”与“思想”是这样的关系吗？他的理由是：“这几句都是讲养勇之事，故以胜负言。”这样说很勉强，前面孟子是讲了“养勇”，但是接着“养勇”，孟子引申至“大勇”了。况且，这时孟子回答公孙丑的问题是“你的不动心和告子的不动心，可以说给我听听吗？”

告子真不简单，四句话，像千古之谜，让所有的人陷入思维困境和心理纠结。大家可以尝试着自己去解读，就像玩一个语言的游戏。

我也尝试作出自己的解释，但是，我自己对其并不满意。因为，我的解释与公孙丑问的“不动心”联系不起来；或者，如果与“不动心”无关，孟子为什么要引用呢？我没有想明白。

得：得到，获得；求：寻找，寻求；气：侧重于生理的人的精神状态、情绪，如怒气、勇气等。

“不得于言，勿求于心”的意思是不懂得（不理解）别人的语言或者别人不懂得（不理解）你的语言，则不能寻求到（了解）别人的心思、心理。正常情况下，“言为心声”，我们自己用语言表达心声；理解他人则从理解语言入手，也就是孔子说的“不知言，无以知人也”。但是，也有“言不由衷”的情况。言与心的关系，是复杂而微妙的。

“不得于心，勿求于气”的意思是不了解别人的心，就不能寻求他外在意气的由来。有时候，我们会对一个人“无厘头的火气”莫名其妙，就是这种情况。因为，我们不知道他的心里想的什么，或者他想的超出了正常思维的范围。这是讲心与气的关系，也是幽微而曲折的。

从正面说，这两句话的意思是只有理解了语言，不管是常态的“言为心声”还是非常态的“言不由衷”甚至“指鹿为马”，才能寻找到“言”背后那颗真正的“心”。只有“看到”了那颗深藏不露的“心”，理解了人的“心思”，才能找到表现出来的“气”的由来。在这个意义上，告子的“不动心”似乎是“心在深处，藏而不露”。

我还有第二种解释。你自己找不到表达的语言，不要去心里寻找；自己心里不能解释的行为（现象），不要在意气里寻找。这样解释，语言就成了本源，这是现代西方语言哲学的观点。海德格尔说过，不是你在说“话”，而是“话”在说你。这跟孟子的观点，是不一样的思路。孟子说：“心之官则思，思则得之，不思则不得也。”语言、心理、意气，三者深奥而复杂的关系，其实是人性复杂的体现。心理学认为人的大脑是个“黑箱”，作为整体的人、人性比“黑箱”更加幽冥深沉。就是我们自己，有时候都不能认识自己。

孟子对告子的这四句话没有解释，而是作出了判断：“不得于心，勿求于气，可；不得于言，勿求于心，不可。”孟子的侧重点放在了“勿求”两句上。那个“气”的由来，可以不去寻找；但是，“心”不能不去寻求。也就是说，在孟子看来，相比较而言，“气”不一定重要，“心”才是根本。这就引出了下面他对“心”与“气”关系的阐述，只是，“心”被他转换成了“志”。对于“志”和“气”的关系，孟子是怎样阐述的呢？

“夫志，气之帅也；气，体之充也。夫志至焉，气次焉，故曰：‘持其志，无暴其气。’”

志：本义，参见其字源可知，它是在“心”字上面加“之”字，意谓“心之所往”，心意。

气：侧重于生理的人的精神状态、情绪，如怒气、勇气等。

志，相对比较恒定；气，具有即时性、突发性。用现在的话说，志，侧重于理性；气，侧重于感性。

在孟子看来，“志”是舵手、最高统帅，控制、左右“气”，或者“志”应该控制、左右“气”。但是，现实中，也有“气”毁了“志”。孟子的“夫志，气之帅也”，和《中庸》的“喜怒哀乐之未发，谓之中。发而皆中节，谓之和”是相通的。“志”帅“气”，就是“中和”的状态。但是，“志”和“气”又是分不开的。看不见的“志”，怎样行动？要靠“气”的力量。气，是充实身体的力量，是“志”转化为现实的物质基础。“志至”，也就是思想、意志到了，“气次”，就是“气”跟着来了（次，驻扎、舍止）。孟子得出的结论是“持其志，无暴其气”，就是说，守持住自己的心不要让自己的意气、情绪轻举妄动（暴：妄动）。因此，孟子的“不动心”就是“以志帅气”“持其志，无暴其气”。

上面说的是第四个回合的第一番话，是本章的重点之一，阐述“志”与“气”的关系。接下来的这个回合的第二番话，孟子解释了公孙丑的疑惑。公孙丑觉得老师讲的“志”与“气”的关系，似乎有点前后矛盾。于是又问道：你既然说“心意、思想到了哪里，意气、情绪也就到了”，为什么又说“要守住自己的心意、思想，不要让意气、情绪妄动”呢？

孟子回答道：思想意志专一于某一方面，情绪自然而然跟着行动起来；意气、情绪专注于某一方面，思想、意志也会跟着变动。这就好比，突然跌倒、奔跑，是情绪波动了、意气用事了。这时，你的心就动了。也就是说，要不动心，就是控制自己的情绪。其实，孟子的回答没有解决上述的矛盾。这里他说的“志壹则动气，气壹则动志也”，讲的是“志”和“气”是互相作用的，而前面说“夫志，气之帅也”，“志”是领导、统帅“气”的。

其实，对“气”（情绪）的控制，孔子已有精辟的论述。子曰：“君子有三戒：少之时，血气未定，戒之在色；及其壮也，血气方刚，戒之在斗；及其老也，血气既衰，戒之在得。”

“志”“气”的复杂关系，我们可以不断琢磨、玩味。

回合五，公孙丑没有再为难老师，立刻转换了话题。这就是第五个回合，也是两番话，引出本章的第二个重点“浩然之气”。

志（心）、气、言的关系微妙复杂，抽象地说难以说清。公孙丑，就以面前的老师为个案，这就从“天马行空”过渡到“脚踏实地”。于是，公孙丑问老师：你在哪方面更擅长呢？

孟子也被刚才自己的头脑风暴搞晕了，听到学生这样问，一下子清醒过来，回答很爽直很清晰——“我知言，我善养吾浩然之气”。这里，又有了一个微妙的“转弯”。前面孟子强调的是统帅“气”的“志”，而这里却未提“志”而言“气”，只是这里孟子的“气”不同于一般意义上的“气”，乃“浩然”之“气”。孟子的“转弯”，总给我们带来惊喜和期待。公孙丑和我们一样，不禁追问：“敢问何谓浩然之气？”这就是本回合的第二番对话。孟子回答：

“难言也。”可能，前面被公孙丑问得心力不足，这次回答前先放低调子，意思是：这个不好说，不一定说得清楚，你期望值不要太高。如果我说不清楚，你就自己想吧。虽然，孟子觉得“难言也”，可能自己也说不清楚，但是，学生面前，老师还得说呀。

孟子的“浩然之气”是以“正直”滋养而成，配以“义”与“道”。这个“浩然之气”就有别于一般意义上偏重于生理、情绪的“气”。而且，此“气”是“养”成的，不是“天然”的。“天然”的“气”，每个人都有；“养”成的“浩然之气”不是每个人都有，它的背后具有“理性、理智”和

"道德、价值"的追求，是"修炼"的结果。又且，此气的"养"需要长期、连贯的过程，切忌"揠苗助长"，既不能"放任自流"，又不可"急功近利"。这需要孔子"吾道一以贯之"的精神，也和曾子的"任重道远"相呼应。接下来，孟子为什么那么推崇孔子，下文中"自有生民以来，未有孔子也"这句话出现了三次。可以推想，孟子在很多场合、很多对话时，常常联想到《论语》的内容、孔子的思想，这就是"述仲尼之道"。

至此，可以理解孟子为何不言"志"而提出了自己的"浩然"之"气"。其实，"浩然之气"里已包含了"志"，是"志"与"气"的融合和妙配。"浩然之气"既有巍然雄伟的气势，又有仁义之道之内涵，是感性与理性的完美统一。再从词语解释的角度，辨析一下"心、志、气、浩然之气"四个概念。

心：心意所之，价值坚守，就是孟子后面讲到的"四端"之"心"。

志：道德判断基础上的道德实践取向。

气：侧重于生理的血气、情绪、态度，生理的生命力，"心""志"的物质基础。

浩然之气：融进价值内涵的道德义理之气，可简称"德气"，是一种生理基础上的情理融合的精神力量。

回合六，由"知言"引出"孔孟之比"。此回合由三番对话组成。

公孙丑得到老师阐述了"浩然之气"后，尚未满足。他还记得前面孟子回答他的提问——"敢问夫子恶乎长"——孟子的回答是"我知言，我善养吾浩然之气"。孟子只阐述了一点，而且是后一点。对"我知言"，却避而不谈。提问者一定要头脑清醒，不要遗漏了答问者没有回答的问题。公孙丑很清醒，接着追问："何谓知言？"这是这一回合的第一问。孟子回答：

"诐辞知其所蔽，淫辞知其所陷，邪辞知其所离，遁辞知其所穷。生于其心，害于其政；发于其事，害于其政；圣人复起，必从吾言矣。"

所谓"知言"，就是理解语言，辨别话语，能洞察语言背后的意思，不被语言的表象所迷惑。

诐（音“必”）辞：偏颇的话、偏激的话。淫辞：过分的话、夸炫的话。邪辞：歪曲的话、歪门邪说。遁辞：躲躲闪闪、暧昧隐晦的话。

孟子对这四种言辞都能敏锐地辨识。偏颇的话，知道它遮蔽了什么；过分的话，知道它的缺陷在哪里；歪曲的话，知道它与正道的分离在哪里；躲闪的话，知道它理亏在哪里。

接着，孟子指出了这四种言辞的害处。这些言辞，夸大、偏颇、躲闪之辞，都是从人（不正常）的心里产生的，对处理事情都是有害的；按照这样的邪辞淫说处理问题，对治理国家也是有害的。

孟子在分析了四种“怪话”及其危害之后，很自信地说：“圣人复起，必从吾言矣。”如果贤能之人再出现，一定相信我的话。

孟子这一番关于“知言”的阐述，引起了公孙丑的联想，随即生成了这个回合的第二个问题：

“宰我、子贡善为说辞，冉牛、闵子、颜渊善言德行。孔子兼之，曰：‘我于辞命，则不能也。’然则夫子既圣矣乎？”

我们在此了解一下孔门十哲。德行：颜渊、闵子骞、冉伯牛、仲弓；言语：宰我、子贡；政事：冉有、子路；文学：子游、子夏。

兼的金文：，一手持两株禾苗，表示同时具有。

公孙丑把自己的老师和孔子进行了比较，认为他的老师孟子既善于言辞，又能洞悉别人的言辞，还善养浩然之气，已经超过孔子了。于是，他“弱弱”地问孟子：“您已经是圣人了吗？”

孟子岂敢答应和认可，连忙答道：

“恶！是何言也？昔者子贡问于孔子曰：‘夫子圣矣乎？’孔子曰：‘圣则吾不能，我学不厌而教不倦也。’子贡曰：‘学不厌，智也；教不倦，仁也。仁且智，夫子既圣矣。’夫圣，孔子不居；是何言也？”

恶，读“乌”，表示惊讶，相当于现在的“啊”。孟子以孔子的“私淑弟子”自居。孔子尚且不敢承认自己是圣人，孟子岂敢？

既然孟子不敢承认自己是圣人，公孙丑继续本回合的第三次提问：

“昔者窃闻之：子夏、子游、子张皆有圣人之一体；冉牛、闵子、颜渊则具体而微。敢问所安？”

公孙丑问老师：你作为孔子隔几代的弟子，把自己放在什么位置？

孟子说，先不谈这个话题吧。孟子为什么避而不谈？可能他认为自己已经超过了孔子的所有弟子，但是又不好挑明。

回合七，也是本章最后一个回合。这个回合有四番对话。

还是公孙丑发问。他接着上面对先贤圣达的评价，继续问孟子：

“伯夷、伊尹何如？”

伯夷，商周时期孤竹国的公子。孤竹国是商朝边境的小国。伯夷和弟弟叔齐两人因不满商朝污秽腐败的政治，来到风清气正的周国，受到周文王的热情接待。但武王伐纣时，两人站在队伍前拉着马竭力劝阻，反对攻打商纣王。后周朝定国，两人不食周粟，饿死于首阳山。

伊尹，商朝丞相，辅助商汤灭夏朝，做了五代君主的国相，为商朝强盛立下汗马功劳。他曾“外放太甲”，促其“深刻反省”“悔过自新”。

伯夷、伊尹，都是古代贤德之人，伊尹还是帝王的老师，具有高超的治国理政才能。

孟子回答说，伯夷、伊尹“不同道”，他们的追求不同、道路不同。由伯夷、伊尹，孟子引出孔子对待仕途、从政的态度：

“可以仕则仕，可以止则止，可以久则久，可以速则速，孔子也。”孟子不仅尊敬孔子，私下以之为自己的老师，而且对孔子很了解。读过《论语》的都知道，孔子曾经对颜回说过，“用之则行，舍之则藏，唯我与尔有是夫”。孔子评价蘧伯玉说，“邦有道，则仕；邦无道，则可卷而怀之”。孔子开始周游列国，离开鲁国时，行动迟缓，不得不离开又舍不得离开。在齐国，齐景公委婉地说不能重用他，孔子立即离开。在卫国，卫灵公“问陈于孔子”。孔子对曰：“俎豆之事，则尝闻之矣。军旅之事，未之学也。”明日遂行。从中可以看出，孔子既有个性，又讲究权变。

孟子接着说：这三位都是古代的圣人，我没有做到他们的样子，达到他们的境界。至于我所希望的，是学习孔子。

公孙丑继续本回合的第二问：“伯夷、伊尹于孔子，若是班乎？”

班，次第、等级。公孙丑的意思是：伯夷、伊尹和孔子，大概差不多吧。你为什么钟情于孔子，以他为师呢？

孟子回答：“否；自有生民以来，未有孔子也。”

孟子这样推崇孔子，引来公孙丑的第三问——“然则有同与？”

孟子回答：“有。得百里之地而君之，皆能以朝诸侯，有天下；行一不义，杀一不辜，而得天下，皆不为也。是则同。”

公孙丑听后想：他们具有相同的境界和德行，为什么你专情于孔子呢？于是，他又作了最后一次追问：“敢问其所以异”这次追问，结束了这个回合的对话，也结束了这篇文章的对话。孟子回答：

“宰我、子贡、有若，智足以知圣人，污不至阿其所好。宰我曰：‘以予观于夫子，贤于尧、舜远矣。’子贡曰：‘见其礼而知其政，闻其乐而知其德。由百世之后，等百世之王，莫之能违也。自生民以来，未有夫子也。’有若曰：‘岂惟民哉？麒麟之于走兽，凤凰之于飞鸟，泰山之于丘垤，河海之于行潦，类也。圣人之于民，亦类也。出于其类，拔乎其萃。自生民以来，未有盛于孔子也。’”

孟子引用孔子三位弟子宰我、子贡、有若对孔子的评价，表达自己的看法。在引用他们的评价之前，孟子先对这三位弟子作了评价，意思是他们的话是可信的。孟子说，他们的智慧足以了解圣人，他们的品行不至于对喜欢的人阿谀奉承。

宰我说孔子“贤于尧、舜”，子贡说孔子“自生民以来，未有夫子也”，有若说孔子“出类拔萃”，“自生民以来，未有盛于孔子也”。

关于伯夷、伊尹、孔子三位古代圣人加上柳下惠，孟子对他们成为“圣人”的原因及其特征，在卷十《万章章句下》第 1 章有详细的描述。

本章句是《孟子》一书典型的对话体，由 7 个回合 14 次对话组成。由于公孙丑的善问、追问，孟子的大脑始终处于高度兴奋和运转的状态，奇思妙言迭出，遂成千古名篇。这给教育者的启示是，一定要鼓励学生提问，重视学生提出的问题。师生对话，受益的是双方。教师解答学生的提问，不仅是帮助学生，更可以提升自我。

3.3 以德服人，心悦诚服

孟子曰："以力假仁者霸，霸必有大国。以德行仁者王，王不待大——汤以七十里，文王以百里。以力服人者，非心服也，力不赡也；以德服人者，中心悦而诚服也，如七十子之服孔子也。《诗》云：'自西自东，自南自北，无思不服。'此之谓也。"

从以上两篇的"梦幻仁政"，孟子回到现实社会，继续对"仁""仁政"进行阐述。本章从手段与目的两个层面阐述"仁"的价值。孟子认为，如果只是以"仁"为手段，凭借"仁"的名义称霸天下，这样的"以力服人者"，不会长久，天下人"非心服"，只是因为实力不够而不能反抗；如果真心实行仁道，像商汤、文王一样"以德服人"，即便国土面积不大，天下人皆"心悦诚服"。

3.4 国之盛衰在"仁"与"不仁"

孟子曰："仁则荣，不仁则辱。今恶辱而居不仁，是犹恶湿而居下也。如恶之，莫如贵德而尊士，贤者在位，能者在职；国家闲暇，及是时，明其政刑。虽大国，必畏之矣。《诗》云：'迨天之未阴雨，彻彼桑土，绸缪牖户。今此下民，或敢侮予？'孔子曰：'为此诗者，其知道乎！能治其国家，谁敢侮之？'今国家闲暇，及是时，般乐怠敖，是自求祸也。祸福无不自己求之者。《诗》云：'永言配命，自求多福。'《太甲》曰：'天作孽，犹可违；自作孽，不可活。'此之谓也。"

孟子谆谆告诫君主行仁政，实行仁政就会国家繁荣、获得荣耀，反之则会遭受屈辱。他痛心的是，有人讨厌、害怕受到屈辱，但仍然处在不仁的境地，这简直就像讨厌潮湿却蹲在低洼处。孟子这样的比喻，后面还有：有人害怕酗酒，但酒喝个不停；有人身体燥热，却不用凉水浇湿；等等。孟子为了劝说人们走仁义之道，说出了无数不同方式的话语，可谓苦口婆心、孜孜不倦。

在讲了道理后，孟子引用《诗经》提出了具体的策略——未雨绸缪——平时做好国家的管理工作：贤者在位，能者在职，明其政刑。

最后，孟子从正反两方面发出真诚的心声：祸福无不自己求之者。（自己，不是现代汉语的“自己”，而是“从自己”。祸害和幸福没有不是从自己这里来的。）这样的思维方式对当下仍然具有启迪意义。

3.5 环境美好，惠及众生，便无敌于天下

孟子曰：“尊贤使能，俊杰在位，则天下之士皆悦，而愿立于其朝矣；市，廛而不征，法而不廛，则天下之商皆悦，而愿藏于其市矣；关，讥而不征，则天下之旅皆悦，而愿出于其路矣；耕者，助而不税，则天下之农皆悦，而愿耕于其野矣；廛，无夫里之布，则天下之民皆悦，而愿为之氓矣。信能行此五者，则邻国之民仰之若父母矣。率其子弟，攻其父母，自有生民以来未有能济者也。如此，则无敌于天下。无敌于天下者，天吏也。然而不王者，未之有也。”

接着上一章，孟子继续讲行仁政的路径：用人，尊贤使能，俊杰在位；市场，廛而不征，法而不廛；边境，讥而不征；耕者，助而不税；民居，无夫里之布。第一点是用人，其他四方面都是关心老百姓生活，为了老百姓着想，是仁政的具体表现。

廛而不征，法而不廛：在市场上提供储货的货栈却不征税，依照标准收

购滞销货物不使积压。廛，古代一户人家所占房地，集市中储藏货物的栈房，买东西的店铺；法，标准。

讥而不征：在关隘上只检查而不征税。讥，检查、查看。

助而不税：只要按井田制帮助耕种公田而不再征税。

夫里之布：人口税和土地税。布，古代一种货币。夫布，人口税。里布，地税。

孟子认为，君主做到这五点，就成为奉行天道的执政者，邻国的老百姓就会把他当成父母。这样的执政者，天下不会有他的对手。

以上三篇，孟子阐述自己的政治理念和治国方略。注意，没有发问者，也没有听者，是孟子个人的有感而发，其核心还是“仁”。尽管孟子年老归家教书讲学，但是“仁政”“王道”作为其一生的理想，始终不能忘怀！

3.6 养“仁义礼智”之端，修炼完善自我

孟子曰：“人皆有不忍人之心。先王有不忍人之心，斯有不忍人之政矣。以不忍人之心，行不忍人之政，治天下可运之掌上。所以谓人皆有不忍人之心者，今人乍见孺子将入于井，皆有怵惕恻隐之心。非所以内交于孺子之父母也，非所以要誉于乡党朋友也，非恶其声而然也。由是观之，无恻隐之心，非人也；无羞恶之心，非人也；无辞让之心，非人也；无是非之心，非人也。恻隐之心，仁之端也；羞恶之心，义之端也；辞让之心，礼之端也；是非之心，智之端也。人之有是四端也，犹其有四体也。有是四端而自谓不能者，自贼者也；谓其君不能者，贼其君者也。凡有四端于我者，知皆扩而充之矣，若火之始然，泉之始达。苟能充之，足以保四海；苟不充之，不足以事父母。”

这是孟子在为“仁义”“仁政”寻找人性的源头和本心——人本来就有的“不忍人之心”。关于人的“天性”“本心”“良知”“人性善”，这里，孟子

提出了话题，后面的卷十一至卷十四则进行了详尽的论证和阐述。

孟子的理想是，君王养成“仁义礼智”的品德，称王天下，造福于民。个人养成“仁义礼智”的品行，则可以做个有修养有道德的人。

我的三点思考：

1. 无恻隐、羞恶、辞让、是非之心，非人也。“非人也”，解释为“简直不是人”，好像有点过激，可以理解为“不是人的正常心理”。此“四心”，应成为全体社会成员交往的准则，而非仅仅存在于熟人、家族之间。

2. “以不忍人之心，行不忍人之政”，不是简单、直接的关系。齐宣王“不忍其觳觫”，不忍心看见将被宰杀的牛恐惧发抖。可是，齐宣王最终却没有实施“仁政”。制度的选择，国家的治理，作为公共事业，还受很多复杂的因素影响。

3. “仁义礼智”四端，人人皆有。问题是，一般人如何“扩而充之”？如何付诸行动？除了个人修养，还需要什么样的社会机制。比如：对于跌倒的老人，怎样让人没有顾虑、毫不犹豫去帮扶？

3.7 仁与职业选择

孟子曰：“矢人岂不仁于函人哉？矢人唯恐不伤人，函人唯恐伤人。巫匠亦然。故术不可不慎也。孔子曰：‘里仁为美。择不处仁，焉得智？’夫仁，天之尊爵也，人之安宅也。莫之御而不仁，是不智也。不仁、不智、无礼、无义，人役也。人役而耻为役，由弓人而耻为弓，矢人而耻为矢也。如耻之，莫如为仁。仁者如射：射者正己而后发；发而不中，不怨胜己者，反求诸己而已矣。”

接着上一章，继续讲“仁”。孟子把“仁”称为“天爵”“安宅”，将“仁”推向人性、人品的高峰。确实，人离不开“仁”，人类离不开“仁”。仁义，应该是人类的共同价值。“仁者，人也”（卷十四《尽心章句下》），仁，就是把人当“人”看，就是心中有他人，关心他人，帮助他人。这是人类生存时时刻刻离不开的人与人之间的关系。

可是，孟子引入这个话题的由头值得商榷。“矢人岂不仁于函人哉？矢人唯恐不伤人，函人唯恐伤人。巫匠亦然。故术不可不慎也。”矢人、函人，只是工具、产品的生产者。至于如何使用，使用产生的其他效果，是另一回事。作为正常的职业既是本人生存的需要，也是他人生活的需要，本来连高低贵贱都不应该有，何谈仁慈与残忍之别。如果这些职业没人做的话，社会需求怎么办？“不仁、不智、无礼、无义，人役也。”“不仁、不智、无礼、无义”，就要被人奴役，真是这样吗？有时候，孟子语言“潮水”的背后，也有逻辑的含糊。

“仁者如射：射者正己而后发；发而不中，不怨胜己者，反求诸己而已矣。”这和孔子“君子求诸己”的思路是一样的，作为个人的修养是不错的。

3.8 仁之道：乐取于人，与人为善

孟子曰：“子路，人告之以有过，则喜。禹闻善言，则拜。大舜有大焉，善与人同，舍己从人，乐取于人以为善。自耕稼、陶、渔，以至为帝，无非取于人者。取诸人以为善，是与人为善者也。故君子莫大乎与人为善。”

以子路、禹、舜为例，说明如何行仁之道。

如何对待自己的缺点，是讳疾忌医，避之唯恐不及；还是主动请教，积极改正？

子路、禹给我们作出了好榜样。孟子称赞子路、禹——“子路，人告之以有过，则喜”，“禹闻善言，则拜”。多好的心态！知道自己有问题有缺点，不是郁闷、隐藏，而是高兴、开心。因为，这正是改正向善的好机会。

还有更高境界的舜，非常愉快地吸收别人的优点，和人一起行善。这又

和孔子的思想十分吻合，就是“三人行必有我师，择其善者而从之，其不善者而改之”。

现代人要用好“三脑”——自己的右脑、电脑、他脑。他脑，即借别人的智慧以丰富自己。古今智慧相通，“乐取于人以为善”“取诸人以为善”，就是现在的借用“他脑”。

3.9 不“同流合污”与“同流”不“合污”

孟子曰：“伯夷，非其君，不事；非其友，不友。不立于恶人之朝，不与恶人言；立于恶人之朝，与恶人言，如以朝衣朝冠坐于涂炭。推恶恶之心，思与乡人立，其冠不正，望望然去之，若将浼焉。是故诸侯虽有善其辞命而至者，不受也。不受也者，是亦不屑就已。柳下惠，不羞污君，不卑小官；进不隐贤，必以其道；遗佚而不怨，厄穷而不悯。故曰：‘尔为尔，我为我，虽袒裼裸裎于我侧，尔焉能浼我哉？’故由由然与之偕而不自失焉，援而止之而止。援而止之而止者，是亦不屑去已。”

孟子曰：“伯夷隘，柳下惠不恭。隘与不恭，君子不由也。”

这一章是孟子将伯夷、柳下惠作比较并作出评价，可与卷十《万章章句下》第 1 章孟子对伯夷、伊尹、柳下惠、孔子四位圣人的评价比较阅读。

对近乎于“洁癖”的伯夷，孟子的评价是“隘”，就是狭隘，器量小，心量小。

对“同流”而不“合污”、出淤泥而不染的柳下惠，孟子的评价是“不恭”。这样的评价，你同意吗？

其实，柳下惠是个很有定力、遵道而行的人。“坐怀不乱”是传说，但《论语》里的记载，可以窥见其人格之一斑。“柳下惠为士师，三黜。人曰：‘子未可以去乎？’曰：‘直道而事人，焉往而不三黜？枉道而事人，何必去父母之邦？’”（《微子第十八》）柳下惠知道，天下君主都差不多，几乎是“天下乌鸦一般黑”，但是宁可不做官，只要在其位，“直道而事人”是他的坚守。

不“同流合污”不容易，“同流”而不“合污”更不容易。我觉得伯夷、柳下惠的个性和行事方式都值得尊敬和肯定，都能给我们在当今社会立身处世以启发和借鉴。只要不对他人和社会有害，每个人都可以展示自我；所有人都应该尊重每个个体的个性和选择。

卷四　公孙丑章句下

——游齐轶事，去留之痛

本卷除第 1 章外，其余 13 章都是讲孟子在齐国发生的故事。孟子游历诸侯，两番到齐国。早年（45 岁左右）意气风发，来到齐威王当政的齐国，希望大展宏图，可是话不投机，不久离开。接着到了魏国见到梁惠王，仿佛遇到了知音。梁惠王对这位“帝王师”“愿安承教”，那么诚恳。可惜，他并没有采纳、落实孟子的“仁政”主张，几年后去世。接班的梁襄王，在孟子眼里“望之不似人君”。孟子失望而去。

孟子第二番来到齐国。此时的齐国，已是齐宣王当政，正招揽天下人才，稷下学宫办得如火如荼、人气正旺。这一次，孟子待在齐国的时间最长，才华展示得最充分。他对齐宣王实施仁政的期望值最高，和齐宣王的对话、讨论最多。在《孟子》卷一、卷二《梁惠王章句》上、下里，孟子与齐宣王对话的次数最多，达 12 章，内容最丰富，有为政之道，有决策咨询，有生活情趣，还有音乐欣赏、邻国交往、猎场建制等，几乎是无话不谈。孟子作为谈话的高手，“仁政”忠实、痴迷的“传销者”，无论与齐宣王谈什么话题，统统巧妙地纳入“仁政”“王道”的轨道。孟子直率真诚，有劝导，有启发，有直言，有希望，有指点，有提醒，有纠正，有忠告。可谓推心置腹、和盘托出，一番真情诚意溢于言表。就是这样一位孟子看好的君主，听进了孟子的话，欣赏孟子的思想，却也不能实现孟子的主张。最终，孟子只能失望而归。这是孟子的终生遗憾！这一段经历可谓刻骨铭心。除了孟子和齐宣王的对话外，《孟子》卷四《公孙丑章句下》花 13 章记录孟子在齐国以及离开齐国的相关故事，也就顺理成章。

4.1 得道多助，失道寡助

孟子曰："天时不如地利，地利不如人和。三里之城，七里之郭，环而攻之而不胜。夫环而攻之，必有得天时者矣；然而不胜者，是天时不如地利也。城非不高也，池非不深也，兵革非不坚利也，米粟非不多也；委而去之，是地利不如人和也。故曰：域民不以封疆之界，固国不以山谿之险，威天下不以兵革之利。得道者多助，失道者寡助。寡助之至，亲戚畔之；多助之至，天下顺之。以天下之所顺，攻亲戚之所畔；故君子有不战，战必胜矣。"

本章为《孟子》经典篇章之一，编入初中教材，其中的语句多被引用。"天时地利人和""得道多助失道寡助"成为名言警句。这篇文章是短小精悍的论说文典范，具体分析这里不展开，只说两小点自己的发现。一是，在那个时代孟子重视人，重视民心所向，具有超前意识。二是，孟子采用"比较递进思维"路径，从"天时"与"地利"的比较，到"地利"与"人和"的比较，披沙拣金、拨云见日，抵达思维的核心和顶端。

4.2 孟子的"不卑"而"亢"

孟子将朝王，王使人来曰："寡人如就见者也，有寒疾，不可以风。朝，将视朝，不识可使寡人得见乎？"

对曰："不幸而有疾，不能造朝。"

明日，出吊于东郭氏。公孙丑曰："昔者辞以病，今日吊，或者不可乎？"

曰："昔者疾，今日愈，如之何不吊？"

王使人问疾，医来。

孟仲子对曰："昔者有王命，有采薪之忧，不能造朝。今病小愈，趋造于朝，我不识能至否乎？"

使数人要于路，曰："请必无归，而造于朝！"

不得已而之景丑氏宿焉。

景子曰："内则父子，外则君臣，人之大伦也。父子主恩，君臣主敬。丑见王之敬子也，未见所以敬王也。"

曰："恶！是何言也！齐人无以仁义与王言者，岂以仁义为不美也？其心曰'是何足与言仁义也'云尔，则不敬莫大乎是。我非尧、舜之道，不敢以陈于王前，故齐人莫如我敬王也。"

景子曰："否，非此之谓也。《礼》曰：'父召，无诺；君命召，不俟驾。'固将朝也，闻王命而遂不果，宜与夫礼若不相似然。"

曰："岂谓是与？曾子曰：'晋、楚之富，不可及也。彼以其富，我以吾仁；彼以其爵，我以吾义，吾何慊乎哉？'夫岂不义而曾子言之？是或一道也。天下有达尊三：爵一，齿一，德一。朝廷莫如爵，乡党莫如齿，辅世长民莫如德。恶得有其一，以慢其二哉？故将大有为之君，必有所不召之臣；欲有谋焉，则就之。其尊德乐道，不如是，不足与有为也。故汤之于伊尹，学焉，而后臣之，故不劳而王；桓公之于管仲，学焉，而后臣之，故不劳而霸。今天下地丑德齐，莫能相尚，无他，好臣其所教，而不好臣其所受教。汤之于伊尹，桓公之于管仲，则不敢召。管仲且犹不可召，而况不为管仲者乎？"

孟子打算到朝廷见齐王，正巧齐王派人来传话，对他说：我本来打算前往你住的地方见你，但是受了风寒，不能吹风，所以不能来。明天早上，如果你能来朝廷，我正好上朝，让我能见到你，不知道能不能这样？

齐王的态度很诚恳甚至谦卑，他派使者来传话前并不知道孟子要来见他。如果他知道的话，就不需要这样做了。从他说本来是准备自己登门来见孟子的，看出齐王说自己"有寒疾"是真话，并非推脱之辞。可是，孟子却找出托词说自己“不幸而有疾，不能造朝”。其实，他没有生病。孟子没有听从齐王的话到朝廷上去，无非两个原因。一个是，他误解了齐王的话，认为齐王说自己“有寒疾”是假话，找借口。一个是，他故意不去，挑战齐王的权威。第一个原因可以否定，因为孟子作为语言大师，应该能明白齐王说的是实话。第二个原因，让人匪夷所思。你本来自己要去见齐王的，齐王派人来说了不能上门见你的原因后，你反而拿乔、摆起了谱，这是什么心理！让人不能理解。

接下来，孟子的行为更出格。很巧的是，齐国的一位大夫东郭氏此时去世。第二天，孟子不去朝廷而去了东郭氏家吊丧。弟子公孙丑连忙出来劝阻，说道：昨天你以生病为由不去见齐王，今天却出去吊唁，应该不妥吧。孟子不听，强词夺理、振振有词地说，昨天有病，今天好了，有什么不可以？说完，便出去了。孟子的话中，含着火气和对齐王的不满，不知他火气从何而来？

而齐王却还惦念着他，听说孟子有病，竟然派人来问候，还派来了御医。这又验证齐王说自己感冒不能来见孟子是真诚的。

这一来，在家接待的弟子们慌张了。孟仲子随机应变，说孟子已经在去朝廷的路上，不知道有没有到那儿呢。他们立刻派了好几个人分几路拦截孟子，这样才能把他刚才临时应对使者的话圆起来。

在这种情况下，孟子仍然不改初衷，有点“拗相公”的味道。他没有去朝廷，暂时又不能回家，只好到一个熟人景丑氏家里，还要住上一宿。

接下来是景丑氏和孟子两个人的对话。

景丑氏了解了情况后，责怪孟子对齐王不够尊敬，孟子对此进行了辩解。孟子的辩解是偷换概念。景丑氏批评孟子的不敬是针对这件事说的：齐王那样尊敬你，你没有相应的回应。孟子则转移话题，说自己对齐王讲的都是尧、舜之道，这是对齐王真正的尊敬。而齐王面前的大臣没有人向齐王讲仁义之道，这才是对齐王最大的不尊敬。

孟子以“大敬”做挡箭牌的辩解固然有道理，但景丑氏并没有认同孟子的辩解，也没有被孟子的偷换概念弄昏了头，对孟子说：不对，我说的不是这个。你本来是去朝廷见齐王的，听到王的召见，反而不去了，似乎和礼的要求不相符合。

孟子没有承认自己的失礼，继续转移话题。

开口就反问，怎么这样说？（孟子的反问针对景丑氏引用《礼》上的话：君王下命令了，不等待车马驾好就出发。）

接着孟子引用曾子的话："晋、楚之富，不可及也。彼以其富，我以吾仁；彼以其爵，我以吾义，吾何慊乎哉？"曾子的意思是，你有你的富贵，我有自己的仁义，我有什么不满足呢？曾子的话没错，体现了士应有的气质和风范。我们不要嫉妒别人物质的富贵，也不要为自己心灵的富有（拥有精神上的仁义）而自卑。孟子引用曾子的话后说：我的行为大概和曾子说的道理一样。但是，孟子却回避了景丑氏在"礼"的层面上对他提出的批评。

然后，孟子从数学的角度为自己辩护。他列举出三个尊贵的标准，说：自己占有两个，齐王只有一个，齐王怎么能怠慢我呢？我不到朝廷见他是应该的，而他不登门见我是不对的。

最后，孟子得出结论是，"故将有大为之君，必有所不召之臣；欲有谋焉，则就之。其尊德乐道，不如是，不足与有为也"。从一般意义上说，孟子的观点很有道理，很有价值，确实，领导、君王必须尊重知识、尊重专业、尊重人才。但是，"士"遇到真诚的君王，也应该真诚相待，而不应该故作清高。孟子自己说的"不动心""持其志，无暴其气"，做到还真不容易。这个故事里，孟子真是耍脾气了，感情用事了，"暴其气"了。他曾说，"辞让之心，礼之端也"，这件事中只是平等而不需要"辞让"，可是孟子却处置不当。可见，古之"非知之艰，行之惟艰"，今之"说起来容易，做起来难"，都说到了人的最痛处。每个人都有自己的"阿喀琉斯之踵"，连孟子这样的智者尚且如此，我们普通人当需时时警醒。

4.3 是“非此即彼”，还是彼此“皆是”

陈臻问曰：“前日于齐，王馈兼金一百而不受；于宋，馈七十镒而受；于薛，馈五十镒而受。前日之不受是，则今日之受非也；今日之受是，则前日之不受非也。夫子必居一于此矣。”

孟子曰：“皆是也。当在宋也，予将有远行。行者必以赆，辞曰：‘馈赆。’予何为不受？当在薛也，予有戒心。辞曰：‘闻戒。故为兵馈之。’予何为不受？若于齐，则未有处也。无处而馈之，是货之也。焉有君子而可以货取乎？”

孟子的学生陈臻，对孟子收、拒君王赠礼的事作出判断，说他的老师肯定有一方面错了。陈臻说：过去在齐国（当是齐威王之时，谭贞默《孟子编年略》记载孟子游说诸侯的时序是：邹穆公、齐威王、宋偃王、滕文公、梁惠王、齐宣王）的时候，齐威王赠你好的金子（古代金子指铜）一百镒，你不接受。在宋国，宋偃王送你七十镒，你受了。在薛国，薛君送你五十镒，你也受了。如果过去不受是正确的，那现在接受就是错误的；如果现在接受是正确的，那么过去不接受就是错误的。在这件事上，你一定有一个是错的。陈臻用“对立思维”认定老师一定犯错了。学生可以这样和老师说话，可以看出，孟子像孔子一样和弟子们保持着和谐平等的关系。陈臻这样问老师，而且下了结论，我推想有两个意图。一是，让老师承认一次错误，和老师开个小玩笑。二是，看看老师“好辩”的能力到底有多强。

孟子不慌不忙，解释得有理有节。离开宋国时，孟子一行要去较远的地方。按照当时的礼节，对于远行的客人应该送些路费。宋王说，送点盘缠吧，孟子淡然接受。在离开薛国的时候，孟子听说路上有危险心存戒备。薛君知道了，说，送钱给他们买兵器防卫，孟子坦然接受。而在齐国，是没有接受理由的。在孟子看来，没有理由接受馈赠，就是被金钱收买。而被金钱收买这样的事，君子是不屑为之的。

陈臻只是从表面上判断两个相对的现象必有对错之分，这是一种简单思维，而孟子则道出了现象背后的原因。我想，这样的对话，虽然不是在教学，其实对陈臻也可以起到引导、启发的作用。这样的“答问”就是一种教育方法。孟子曾说过：“君子之所以教者五：有如时雨化之者，有成德者，有达财者，有答问者，有私淑艾者。”

4.4 在其位，谋其政，尽其责

孟子之平陆，谓其大夫曰：“子之持戟之士，一日而三失伍，则去之否乎？”

曰：“不待三。”

“然则子之失伍也亦多矣。凶年饥岁，子之民，老羸转于沟壑，壮者散而之四方者，几千人矣。”

曰：“此非距心之所得为也。”

曰：“今有受人之牛羊而为之牧之者，则必为之求牧与刍矣。求牧与刍而不得，则反诸其人乎，抑亦立而视其死与？”

曰：“此则距心之罪也。”

他日，见于王曰：“王之为都者，臣知五人焉。知其罪者，惟孔距心。”为王诵之。

王曰：“此则寡人之罪也。”

这一章记叙孟子教育齐国一位地方官的事。这位地方官叫孔距心，在齐国边境的一座城邑平陆任邑宰，即地方最高长官。

孟子的教育并未直来直去，而是他一贯的“比喻诱导”，用一个看似无关，让你摸不着头脑，弄不清他意图的故事、事情或者现象，进行问答。当你答出来后，他才亮出真正要说的问题或话题，此时你已不能回避，只好上钩。我称孟子此法为“引鱼上钩法”。此法，我们在卷一《梁惠王章句上》的第 4 章和卷二《梁惠王章句下》的第 6 章已经领略过。

这一次，孟子讲了个什么事呢？他说：你手下的士兵，一天当中三次开小差离开队伍，你让他离开，也就是开除他吗？孔距心连忙回答，不等到三次，就请他走人。听他这么一说，孟子说：既然这样，你的“失伍”也很多，你是不是也应该离开你的岗位，引咎辞职呢？孟子没有用“失职”一词，而是接着上文用了“失伍”，很显然，这里的“失伍”对孔距心而言就是“失职”。接着，孟子指出了他的“失职”之处：“凶年饥岁，子之民，老羸转于沟壑，壮者散而之四方者，几千人矣。”这里的“几”，是接近、几乎的意思。老百姓安居乐业，一直是孟子所关注的。他看到老百姓生活如此艰难，痛心于地方官的“失职”，才有了和孔距心的对话。

孔距心不以为然，认为不是他的责任，说：“此非距心之所得为也。”

孟子只好继续打比方，让他认识到自己的责任。孟子说，现在有个人替别人放牧，就必须为牛羊寻找牧场和草料。如果找不到牧场和草料，那么是把牛羊还给它们的主人呢，还是站在一边看着它们死去呢？孟子这样一说，孔距心还不错，承认了自己的“失职”——“此则距心之罪也”。

后来，孟子见到齐宣王，把这件事讲给他听，并表扬孔距心能认识到自己的罪过。齐宣王很大度，说：这也是我的失职和罪过。

这一章，以及前面孟子的“引鱼上钩法”给我们的启示是，说话要讲究艺术，通过迂回曲折的方法，让别人看到自己的问题，愿意接受你的观点或者你所指出的问题。

4.5 “绰绰有余”的背后

孟子谓蚳鼃曰：“子之辞灵丘而请士师，似也，为其可以言也。今既数月矣，未可以言与？”

蚳鼃谏于王而不用，致为臣而去。

齐人曰："所以为蚳鼃，则善矣；所以自为，则吾不知也。"

公都子以告。

曰："吾闻之也：有官守者，不得其职则去；有言责者，不得其言则去。我无官守，我无言责也，则吾进退，岂不绰绰然有余裕哉？"

本章亦是孟子和齐国一位大夫的故事。齐国有一位大夫，叫蚳鼃。他本来在边境一县邑做县长（跟上一章孔距心在平陆做邑宰一样），后来他辞职，请求到都城做了士师（负责刑狱的官员）。在孟子看来，到都城做官就有责任向君王进言，提建议或劝谏。而好几个月过去了，蚳鼃没有向齐王进言献策。孟子便对蚳鼃说：您辞去灵丘地方长官的职务请求做法官，好像有道理，因为可以向齐王进言。现在已经几个月过去了，还不能向齐王进言吗？孟子的询问促使蚳鼃向齐王进谏，可是齐王没有采纳。蚳鼃因此"致为臣而去"。古人称辞官为"致仕"，致是"送达"的意思。致仕，就是把官位送还给君王，也就是辞职。这里的"致为臣"就是"致仕"。

这件事产生了一定的影响，圈子内有人知道其来龙去脉。于是，齐国有人对这件事进行评价，说：孟子你要求别人进谏王上是对的，但是，你自己呢，你作为拿俸禄的"卿大夫"怎么尽自己的职责？

孟子的弟子公都子听到议论，告诉了孟子。

孟子回答道：我听说过，有官位的人，不能够尽其职责就应该辞官离开；有进言责任的人，不能够尽到进言的责任，就应该辞职不干。我既没有官位，又没有进言的责任，那么我的进退去留，岂不是非常宽松而有回旋余地吗？

虽说，齐宣王给了孟子"卿大夫"的称号，但是没有实际职位，只是荣誉而已。所以，孟子说自己没有"官守"，也没有进言的责任。虽然，孟子说出的"绰绰有余"，表现了洒脱淡然的心态；其实，他的内心是酸痛的，他希望的不是这样的超然物外，而是能有机会引导君王走仁政之道。

4.6 “好为人师”的孟子，为何沉默缄口

孟子为卿于齐，出吊于滕，王使盖大夫王驩为辅行。王驩朝暮见，反齐滕之路，未尝与之言行事也。

公孙丑曰：“齐卿之位，不为小矣；齐滕之路，不为近矣。反之而未尝与言行事，何也？”

曰：“夫既或治之，予何言哉？”

这一章讲孟子与齐国又一位官员的故事。这位官员叫王驩，是盖（音“葛”）这个地方的大夫。齐宣王给了孟子“卿大夫”的称号，这一次派他做一项外交工作，到当时的小国滕国吊唁去世的滕文公。也可能是孟子自己主动要去的，因为在到魏国、齐国之前，孟子在滕国待过一段时间，与滕文公相处、交谈比较投机。相关内容在卷五《滕文公章句上》有记述。

齐王不知出于什么考虑，派王驩陪同孟子前往。同行的还有孟子的弟子公孙丑。公孙丑就他们几个人一路同行的一个现象产生了疑惑，忍不住问孟子。

公孙丑说：老师你作为齐国的卿大夫，位置也不低啊。齐国和滕国之间的距离不算近，行程中时间很长啊，在来回的路上，你怎么没有和王驩谈谈公事？公孙丑的言下之意，老师平时连君王都教导，“发政施仁”的建议不离嘴，这次怎么没有教导王驩。也是，前两章孟子对孔距心、蚳鼃两位官员都是主动教导的。

孟子回答：“夫既或治之，予何言哉？”杨伯峻译注版《孟子》解释为“他既然一个人独断独行，我还说什么呢？”对“独断独行”的解释，无文本依据，我弄不懂其中的意思。从字面上看，可以这样解释：（他没有向我提出什么问题，）或许他那个地方已经治理得不错，我说什么呢？

4.7 孝在尽心

孟子自齐葬于鲁，反于齐，止于嬴。

充虞请曰："前日不知虞之不肖，使虞敦匠事。严，虞不敢请。今愿窃有请也：木若以美然。"

曰："古者棺椁无度，中古棺七寸，椁称之。自天子达于庶人，非直为观美也，然后尽于人心。不得，不可以为悦；无财，不可以为悦。得之为有财，古之人皆用之，吾何为独不然？且比化者无使土亲肤，于人心独无恔乎？吾闻之也：君子不以天下俭其亲。"

这一章讲孟子在齐国期间，母亲去世了，回去办理完丧事，返回齐国，在嬴这个地方暂住，帮助办理丧事负责棺椁制作的他的弟子充虞，就棺椁的档次，向孟子提出疑问。充虞认为，孟子给母亲的棺椁太好了，过于精美。

孟子葬母的事，卷二《梁惠王章句下》第 16 章已有记述。鲁平公（前 322—前 303 在位）准备见孟子，身边宠幸的小臣对鲁平公说孟子办母亲的丧事超过了父亲的规模和档次，棺椁、衣服做得太好。当时，他的学生乐正子没有把其中的原委告诉孟子，只是说有个嬖人从中作梗，阻止鲁平公见孟子。把这两件事联系起来看，孟子离开了齐宣王这儿以后，还到过鲁国。

孟子回答了充虞的质疑，其意思主要有两点：一是，安葬父母不仅仅为了外在的好看，更是为了尽自己的孝敬之心。二是，有经济基础，不应当在父母身上省钱；当然，不应该超过自身的经济实力和有关规定奢侈浪费，制造孝子的假象。真正的孝，重点在生前对父母物质和精神的关心。

4.8－4.9 文过饰非与过则改之

4.8 沈同以其私问曰："燕可伐与？"

孟子曰："可。子哙不得与人燕，子之不得受燕于子哙。有仕于此，而子悦之，不告于王而私与之吾子之禄爵；夫士也，亦无王命而私受之于子，则可乎？——何以异于是？"

齐人伐燕。

或问曰："劝齐伐燕，有诸？"

曰："未也。沈同问：'燕可伐与？'吾应之曰：'可。'彼然而伐之也。彼如曰：'孰可以伐之？'则将应之曰：'为天吏，则可以伐之。'今有杀人者，或问之曰：'人可杀与？'则将应之曰：'可。'彼如曰：'孰可以杀之？'则将应之曰：'为士师，则可以杀之。'今以燕伐燕，何为劝之哉？"

齐国一位大臣私下里问孟子：燕国可不可以讨伐？孟子说可以。因为，燕王哙把王位禅让给了相国子之，而不是按照当时通行的规则传给儿子或弟兄，因而引起燕国国内动乱。

没过多久，齐国果然攻伐燕国。有人就问孟子，是：你劝说齐国攻打燕国的吗？孟子说：不是这样的。我只是说燕国可以讨伐，但是没有说齐国可以去讨伐。如果他们问我谁可以去打燕国，我将说，只有天吏可以。在卷三第 5 章里孟子说："无敌于天下者，天吏也。"天吏，就是尊奉天道，行仁政于民的执政者。在孟子看来，当时的齐国不是一个施行王道、仁政的国家，它的情形同燕国差不多。它去伐燕，就是"以燕伐燕"（同燕国一样无道的国家去讨伐燕国），也就是以暴制暴。这样并不能从根本上解决燕国及燕国人民的问题。所以，孟子是说燕国值得讨伐，但并不是齐国这样的国家去讨伐，而应该是奉行天道、仁政的国家。

4.9 燕人畔。王曰："吾甚惭于孟子。"

陈贾曰："王无患焉。王自以为与周公孰仁且智？"

王曰："恶是何言也？"

曰："周公使管叔监殷，管叔以殷畔。知而使之，是不仁也；不知而使之，是不智也。仁智，周公未之尽也，而况于王乎？贾请见而解之。”

见孟子，问曰：“周公何人也？”

曰：“古圣人也。”

曰：“使管叔监殷，管叔以殷畔也，有诸？”

曰：“然。”

曰：“周公知其将畔而使之与？”

曰：“不知也。”

“然则圣人且有过与？”

曰：“周公，弟也；管叔，兄也。周公之过，不亦宜乎？且古之君子，过则改之；今之君子，过则顺之。古之君子，其过也，如日月之食，民皆见之；及其更也，民皆仰之。今之君子，岂徒顺之，又从为之辞。”

齐人伐燕，50 天就胜利了，关于进驻不进驻燕国，齐王曾问孟子。孟子说：燕国的老百姓高兴你就进驻燕国，燕国的老百姓不高兴你就赶快撤兵。齐王没有听孟子的劝告，拿下了燕国，且残害老百姓，毁坏燕国的宗庙，行径恶劣。不久，其他几个诸侯国联合攻打齐国救助燕国，齐国大败。这些在卷二《梁惠王章句下》第 10、11 两章里记载了。

这一章写齐王为这件事认错，说：“吾甚惭于孟子。”他的一位大臣陈贾却为齐王辩护。陈贾用周朝初年“管叔叛乱”的故事来安慰齐王。陈贾说：连周公这样的圣人对事情都不能预判那么准，何况是齐王你呢？

安慰了齐王后，陈贾找孟子为齐王辩护。孟子回答他：周公，是弟弟；管叔，是哥哥。周公的过错，不也情有可原吗？况且古时候的君子，有了过错就会改正；如今的君子，有了过错不去纠正而将错就错。古时候的君子，他的过错，就像日食、月食一样，百姓都看得见；等到他改正过错时，百姓都会敬仰他。如今的君子，不仅将错就错，反而还接着为这过错寻找说辞。

孟子的话告诫人们，“过则勿惮改”，不可“文过饰非”。在对待过错

上，要向子路、禹学习。“子路，人告之以有过，则喜；禹闻善言，则拜。”（卷三《公孙丑章句上》第8章）

4.10 “垄断”的起源

孟子致为臣而归。王就见孟子，曰：“前日愿见而不可得，得侍同朝，甚喜；今又弃寡人而归，不识可以继此而得见乎？”

对曰：“不敢请耳，固所愿也。”

他日，王谓时子曰：“我欲中国而授孟子室，养弟子以万钟，使诸大夫国人皆有所矜式。子盍为我言之？”

时子因陈子而以告孟子，陈子以时子之言告孟子。

孟子曰：“然。夫时子恶知其不可也？如使予欲富，辞十万而受万，是为欲富乎？季孙曰：‘异哉子叔疑！使己为政，不用，则亦已矣，又使其子弟为卿。人亦孰不欲富贵？而独于富贵之中有私龙断焉。’古之为市也，以其所有易其所无者，有司者治之耳。有贱丈夫焉，必求龙断而登之，以左右望，而罔市利。人皆以为贱，故从而征之。征商自此贱丈夫始矣。”

孟子周游列国停留时间最长的是齐宣王当政期间的齐国。齐宣王虽然很敬重孟子，经常和孟子交流，甚至向孟子请教为政之道，但是孟子的“仁政”主张并未在齐宣王手上真的实施。孟子只好主动提出回老家。

齐宣王竭力挽留，似乎充满了真情。他亲自到孟子的住处，对孟子说：从前希望见到您却不能够见到；后来能够像侍奉长者一样和你在一起，我很高兴；现在您又丢下我回老家，不知能否继续这样的交往，以后还能够见面吗？在真情挽留的同时，还开出了优厚的物质待遇——在都城中拨给孟子一所房子，用万钟粮食供养他的学生，让其成为各位大夫和百姓学习的楷模。

齐宣王让一名叫时子的大臣向孟子转达。时子自己没有去见孟子，委托另一位大臣陈子转告孟子。

孟子一听是时子委托陈子来转告齐宣王的意思，第一句话就说：时子难道不知道这是不可能的吗？言下之意，时子应该知道，孟子决定要离开齐国，再高的物质待遇也起不了作用。孟子来齐国，冲的不是富贵，而是他的“仁政”“王道”理想。

接下来，孟子讲了“官场垄断”和“市场垄断”。垄断的官场，让孟子这样的人无用武之地，得不到真正的重用。孟子认识到了这一点，毅然决然离开。

4.11－4.14 失落后的自信

4.11 孟子去齐，宿于昼。有欲为王留行者，坐而言。不应，隐几而卧。客不悦曰：“弟子齐宿而后敢言，夫子卧而不听，请勿复敢见矣。”

曰：“坐！我明语子。昔者鲁穆公无人乎子思之侧，则不能安子思；泄柳、申详，无人乎穆公之侧，则不能安其身。子为长者虑，而不及子思。子绝长者乎？长者绝子乎？”

孟子对一个真诚地来劝他留下来的人，发了一通无名之火。

孟子离开齐国，在“昼”这个地方住宿。有一位想替齐王留住他们的人，来到他们的住处劝说孟子不要离开。孟子不回应，靠着几案打瞌睡。

这位劝留者见孟子不理睬，不高兴地说：我是斋戒沐浴了一天，然后斗胆前来跟您说话，您装着睡觉不听，我不敢再请求见您了。孟子则用鲁穆公尊重子思的故事，表明齐国对他的不够尊重。

这个故事里，孟子显然是不对的。可能是，他带着极大的失望不得不离开齐国，心里憋屈得很，就把怨气发在了这位虽真诚但不相识的人身上。

为什么说这位劝说者是真诚的呢？我们从文本找依据。

首先，这位劝导者是自己主动去的，不是受人之托，更不是齐王官方派他去的。这说明，此人对孟子的为人、才干是认同、欣赏的，还有为国留住贤才、为王分忧的责任意识。

其次，他的态度是诚恳的。“弟子齐宿而后敢言”。他不是孟子的学生，以“弟子”自称，是把自己当成孟子的学生来尊敬孟子。“齐宿”，“齐”同“斋”，意思是来见孟子的前一天斋戒了，表明其对来见孟子这件事的郑重。“而后敢言”，表明态度的谦逊。

尽管孟子讲出的理由是有道理的，但是对这样一位恭敬谦逊的劝说者，孟子的不依不饶、强词夺理显得有些过分了。

4.12 孟子去齐。尹士语人曰：“不识王之不可以为汤武，则是不明也；识其不可，然且至，则是干泽也。千里而见王，不遇故去，三宿而后出昼，是何濡滞也？士则兹不悦。”

高子以告。

曰：“夫尹士恶知予哉？千里而见王，是予所欲也；不遇故去，岂予所欲哉？予不得已也。予三宿而出昼，于予心犹以为速。王庶几改之。王如改诸，则必反予。夫出昼，而王不予追也，予然后浩然有归志。予虽然，岂舍王哉？王由足用为善；王如用予，则岂徒齐民安，天下之民举安。王庶几改之，予日望之。予岂若是小丈夫然哉？谏于其君而不受，则怒，悻悻然见于其面，去则穷日之力而后宿哉？”

尹士闻之曰：“士诚小人也。”

另一位齐国的官员“尹士”，听说孟子离开齐国，在“昼”这个地方住了三宿才离开，便对别人说了下面一番话：不知道齐王不能成为商汤王和周武王，这就是不明智；知道齐王不行，但还是来到齐国，这就是想求取富贵。不远千里来见齐王，得不到重用就离开，在昼地住了3天然后才离开，这是多么迟缓啊！我对孟子这些行为很不高兴。不难看出这位尹士对孟子的嘲讽毫不留情。

孟子的弟子高子听说了，便告诉老师。这次，虽然面对的是尖刻的讥讽，孟子的心态平和了许多，他说出了一番道理来回应，表现了自己的大气度、高境界。尹士听到后，承认自己是个小气的人。孟子表明，自己之所以迟迟不离开齐国，是希望齐王能反省过来，召回他。齐王如果能真的重用孟子，不仅齐国人得到安宁，天下老百姓都能得到安宁。

与上一章比较，这一次孟子显示的是高风亮节，而不是发泄个人的怨忿。在此，我们感受到的是孟子光明磊落、心怀天下、胸襟宽阔的形象。比较这两章孟子的不同态度和行为，给我们的启示是：

一个人只考虑个人恩怨得失的时候，给人的印象就是狂妄自傲、顾影自怜的小家子气。在上一章，孟子想到的只是自己的感受，"子为长者虑，而不及子思"意思是，你替我这个老头考虑，连子思怎样被鲁穆公对待都不如，或者"连子思怎样被鲁穆公对待你都想不到"。孟子真是有些发泄得过分了。他"受业于子思门人"，竟然以师祖子思来比拟自己。这里，孟子想到的只是他个人在君王面前应该得到的礼遇。

幸好，孟子反省及时，3 天之后面对另一个嘲讽他的人，他理性面对，表达了他一贯的"安民、保民"思想。"王如用予，则岂徒齐民安，天下之民举安。"孟子濡滞于昼，是想等齐王改变主意，能召回他实施仁政主张，以安天下百姓。这里，孟子想到的不是个人得失，而是众生的安宁。因为这样的胸襟，尹士听到之后，只好说："士诚小人也。"

孟子面对陌生劝留者的任性和面对尹士嘲讽的豁达，其实都存在于他的心中。任性，只是暂时的、倏然飘出来的，我们可以理解、同情。天下情怀，是他内心深处一直的坚守。这是人性的复杂，也是人性的率真。这才是真实的人，真实的孟子。像《论语》把孔子尴尬的事记下来一样，《孟子》里记下的也是真实的孟子，没有回避，没有隐藏。

孟子离开齐国，齐王挽留他，热心的陌生人劝留他，尹士讽刺他，接下来是他的弟子充虞劝慰他。

4.13 孟子去齐。充虞路问曰："夫子若有不豫色然。前日虞闻诸夫子曰：'君子不怨天，不尤人。'"

曰："彼一时，此一时也。五百年必有王者兴，其间必有名世者。由周而来，七百有余岁矣。以其数，则过矣；以其时考之，则可矣。夫天未欲平治天下也；如欲平治天下，当今之世，舍我其谁也？吾何为不豫哉？"

孟子离开昼，继续往回走。在路上，充虞问：老师您似乎不开心啊。前一段时间，我听您说过：君子不抱怨天，不责怪人。充虞的问话再次戳到了孟子的痛处，孟子退一步说："彼一时，此一时也。"接着，语出惊人，一吐为快，说出了久藏于胸中的宏图大志——大概是老天不想让天下安定太平吧；如果想让天下安定太平，在这个社会上，除了我还有谁呢？我为什么不快乐呢？

你可以理解为孟子自视太高、狂妄无比，也可以理解为雄心壮志和无比自信。我欣赏孟子这种伟大的自信，因为他"舍我其谁"的气概为的是"天下太平"而非一己私利。

在离开齐国回家的路上，孟子一行还在休这个地方停留。跟孟子对话最多的弟子公孙丑又问了老师一个问题。

4.14 孟子去齐，居休。公孙丑问曰："仕而不受禄，古之道乎？"

曰："非也；于崇，吾得见王，退而有去志，不欲变，故不受也。继而有师命，不可以请。久于齐，非我志也。"

这是在讨论工资待遇问题。大概，有段时间孟子没有接受齐王的俸禄，才有了这段对话。孟子的意思是：我不久要离开齐国了，当然不能拿工资。

这一卷，除了第 1 章"天时不如地利"外，其余 13 章，都是写孟子在齐国和离开齐国的故事。在这些故事中，最能感受孟子作为一个活生生的人的性情和脾气，值得玩味。

卷五　滕文公章句上

——劳心、劳力，各尽其责、互通有无

这是《孟子》里章节最少的一卷，共 5 章。前 3 章，讲孟子和滕文公的故事，可参读卷二第 13－15 章孟子和滕文公的 3 次对话。第 4 章记录了孟子和“农家”信奉者陈相关于社会分工和商品差价的辩论。这一章中“劳心者治人，劳力者治于人”的思想，成为后世质疑、抨击孟子的依据。其实，这是人类社会永恒的话题，我们可以回顾历史、联系当下，作出自己的理解和判断。最后一章是孟子和墨者夷之关于厚葬、薄葬的辩论。

5.1　向滕文公灌输仁政思想：道性善，言必称尧、舜

滕文公为世子，将之楚，过宋而见孟子。孟子道性善，言必称尧、舜。

世子自楚反，复见孟子。孟子曰：“世子疑吾言乎？夫道一而已矣。成覸谓齐景公曰：‘彼，丈夫也；我，丈夫也；吾何畏彼哉？’颜渊曰：‘舜，何人也？予，何人也？有为者亦若是。’公明仪曰：‘文王，我师也；周公岂欺我哉？’今滕，绝长补短，将五十里也，犹可以为善国。《书》曰：‘若药不瞑眩，厥疾不瘳。’”

滕文公还是公子的时候，将要到楚国去，经过宋国。此时，孟子正在宋国，滕世子来见孟子。可见，孟子此时在诸侯国有比较大的影响。另一方面，也可以看出滕世子好学上进。

面对主动上门请教的未来国君，孟子授教的是他一贯的政治主张——仁政。在这里，孟子没有明言“仁政”，而是“道性善，言必称尧、舜”。“道性善”，就是说的都是人性善的方面，且以他心目中所崇敬的古代圣人尧、

舜为例。关于人性善恶，古今中外辩论已久，各执一词，未有结论。主要原因是，没有一致的辩论前提和条件。一般来说，社会科学的观点、结论，都是在一定的前提和条件下得出的。否则，必然陷入无谓的纷争。其实，《孟子》里没有“性本善”的说法。这一章里首次出现“性善”这个词、这个说法，其语境中并没有“人之初，性本善”的判断。卷十一《告子章句上》第2章里孟子和告子就人性问题展开辩论，孟子说：“人性之善也，犹水之就下也。”意思是，人性的善良，就像水向下流；或者，人性走向善，就像水向下流。卷十一《告子章句上》第6章公都子问孟子人性的善与不善，孟子回答：“乃若其情，则可以为善矣。”意思是，至于人的本性，可以使之为善。“人性善”，是孟子的重要思想，这里第一次出现“性善”，故先作简单的梳理，待第十一卷再作详细解读。

听了孟子的话，滕世子是什么反应呢？“世子自楚反，复见孟子。”看到滕世子又来见他，孟子以为滕世子不相信他的话，问曰：“世子疑吾言乎？”其实，滕世子应该是相信了孟子的教导，也许有疑问，而不是怀疑、不相信。如果是怀疑、不相信，怎么会“复见孟子”呢？下面几章滕文公向孟子请教的记述，足以说明滕文公对孟子的尊重和信任。

接下来，孟子用推己及人的方法，引导滕世子——“今滕，绝长补短，将五十里也，犹可以为善国”。

最后，孟子引用《尚书》上的话“若药不瞑眩，厥疾不瘳”，说明自己的话也许有些刺耳，但是用心是好的，所谓“良药苦口利于病，忠言逆耳利于行”。

5.2 指导滕文公办丧事：上有好者，下必有甚焉者矣

滕定公薨。世子谓然友曰：“昔者孟子尝与我言于宋，于心终不忘。今也不幸至于大故，吾欲使子问于孟子，然后行事。”

然友之邹问于孟子。

孟子曰："不亦善乎！亲丧，固所自尽也。曾子曰：'生，事之以礼；死，葬之以礼，祭之以礼，可谓孝矣。'诸侯之礼，吾未之学也；虽然，吾尝闻之矣。三年之丧，齐疏之服，飦粥之食，自天子达于庶人，三代共之。"

然友反命，定为三年之丧。

父兄百官皆不欲，曰："吾宗国鲁先君莫之行，吾先君亦莫之行也，至于子之身而反之，不可。且《志》曰：'丧祭从先祖。'曰：'吾有所受之也。'"

谓然友曰："吾他日未尝学问，好驰马试剑。今也父兄百官不我足也，恐其不能尽于大事，子为我问孟子。"

然友复之邹问孟子。

孟子曰："然。不可以他求者也。孔子曰：'君薨，听于冢宰，歠粥，面深墨，即位而哭，百官有司莫敢不哀，先之也。'上有好者，下必有甚焉者矣。'君子之德，风也；小人之德，草也。草尚之风，必偃。'是在世子。"

然友反命。

世子曰："然。是诚在我。"

五月居庐，未有命戒。百官族人可，谓曰知。及至葬，四方来观之。颜色之戚，哭泣之哀，吊者大悦。

滕世子在宋国向孟子求教后不久，其父亲去世了。此时，孟子在自己的老家邹国。为了按照当时的礼节办好父亲的丧事，滕世子派自己的老师然友当面请教孟子。滕世子对然友说："昔者孟子尝与我言于宋，于心终不忘。今也不幸至于大故，吾欲使子问于孟子，然后行事。"可见，上一章里滕世子对孟子的"道性善，言必称尧、舜"是很认同的，并没有孟子当时"世子疑吾言"的担忧。正因为他相信孟子，敬佩孟子，才就父亲的丧事向孟子请教。

滕世子根据孟子的建议决定实行"三年之丧"，却遭到了父兄百官的反对。滕世子没有立即改变主张，派然友再次请教孟子。这又可见滕世子对孟子的信任。孟子对然友说，这件事能不能这样做决定在世子本人身上。接着，孟子引用孔子的话，指导滕世子应该怎么做。孟子相信“上有好者，下必有甚焉者矣”，只要滕世子坚持自己的做法，自己带头去做，父兄百官自然会跟着去做。最后，孟子再次用孔子的话（“君子之德，风也；小人之德，草也。草尚之风，必偃”）鼓励滕世子，只要自己带头，一定能实现自己的意图。

滕世子按照孟子的建议做了，果然把父亲的丧事办得非常成功，大家都很满意。

由“过宋请教”与“丧事求教”这两件事可以看出，滕世子从内心相信、敬佩孟子。于是，他接位成为滕国的君主后，便请孟子来到滕国，做自己的高级顾问。这就有了下面两章的“滕文公问为国”“孟子与陈相就社会分工的辩论”。

5.3 指导滕文公治国之策：民生，治国之本

滕文公问为国。

孟子曰：“民事不可缓也。《诗》云：‘昼尔于茅，宵尔索绹；亟其乘屋，其始播百谷。’民之为道也，有恒产者有恒心，无恒产者无恒心。苟无恒心，放辟邪侈，无不为已。及陷乎罪，然后从而刑之，是罔民也。焉有仁人在位，罔民而可为也？是故贤君必恭俭礼下，取于民有制。阳虎曰：‘为富不仁矣，为仁不富矣。’

“夏后氏五十而贡，殷人七十而助，周人百亩而彻，其实皆什一也。彻者，彻也；助者，藉也。龙子曰：‘治地莫善于助，莫不善于贡。’贡者，校数岁之中以为常。乐岁，粒米狼戾，多取之而不为虐，则寡取之；凶年，粪其田而不足，则必取盈焉。为民父母，使民盻盻然，将终岁勤动，不得以养其父母，又称贷而益之，使老稚转乎沟壑，恶在其为民父母也？夫世禄，滕固

行之矣。《诗》云：‘雨我公田，遂及我私。’惟助为有公田。由此观之，虽周亦助也。

“设为庠序学校以教之。庠者，养也；校者，教也；序者，射也。夏曰校，殷曰序，周曰庠，学则三代共之，皆所以明人伦也。人伦明于上，小民亲于下。有王者起，必来取法，是为王者师也。《诗》云：‘周虽旧邦，其命惟新。’文王之谓也。子力行之，亦以新子之国。”

使毕战问井地。

孟子曰：“子之君将行仁政，选择而使子，子必勉之！夫仁政，必自经界始。经界不正，井地不钧，谷禄不平，是故暴君污吏必慢其经界。经界既正，分田制禄可坐而定也。

“夫滕，壤地褊小，将为君子焉，将为野人焉。无君子，莫治野人；无野人，莫养君子。请野九一而助，国中什一使自赋。卿以下必有圭田，圭田五十亩。余夫二十五亩。死徙无出乡，乡田同井，出入相友，守望相助，疾病相扶持，则百姓亲睦。方里而井，井九百亩，其中为公田。八家皆私百亩，同养公田。公事毕，然后敢治私事，所以别野人也。此其大略也；若夫润泽之，则在君与子矣。”

孟子来到滕国，做了国君的滕世子便向孟子请教治国之道——“滕文公问为国”。这说明，滕君主是位有理想、有担当的国君。

孟子的回答是他一贯的“民本思想”——“民事不可缓也”——与前面（从时间上说则是后来）他与梁惠王、齐宣王说的“保民而王”一脉相承。

孟子说的“不可缓”之“民事”指什么呢？

“民之为道也，有恒产者有恒心，无恒产者无恒心。苟无恒心，放辟邪侈，无不为已。及陷乎罪，然后从而刑之，是罔民也。”

在和滕文公讨论了老百姓的生存问题后，孟子又讲了老百姓的教化问题：

“设为庠序学校以教之：庠者，养也；校者，教也；序者，射也。夏曰校，殷曰序，周曰庠，学则三代共之，皆所以明人伦也。”

前面说过，孟子到魏国、齐国，与梁惠王、齐宣王对话治国之道的内容，在《孟子》这本书里是排在最前面的——卷一《梁惠王章句上》卷二《梁惠王章句下》。但是，在时间上，孟子到魏国、齐国是在到滕国之后。因此，孟子与梁惠王、齐宣王谈的“民生”“仁政”都是在此基础上充实、完善起来的。不妨回顾一下《梁惠王章句》上、下中与此相关的内容。

卷一《梁惠王章句上》第3章与梁惠王谈“养民”：

“五亩之宅，树之以桑，五十者可以衣帛矣；鸡豚狗彘之畜，无失其时，七十者可以食肉矣；百亩之田，勿夺其时，数口之家可以无饥矣；谨庠序之教，申之以孝悌之义，颁白者不负戴于道路矣。七十者衣帛食肉，黎民不饥不寒，然而不王者，未之有也。”

卷一《梁惠王章句上》第7章与齐宣王谈“保民”：

“无恒产而有恒心者，惟士为能。若民，则无恒产，因无恒心。苟无恒心，放辟邪侈，无不为已。及陷于罪，然后从而刑之，是罔民也。焉有仁人在位，罔民而可为也？是故明君制民之产，必使仰足以事父母，俯足以畜妻子，乐岁终身饱，凶年免于死亡。然后驱而之善，故民之从之也轻。今也制民之产，仰不足以事父母，俯不足以畜妻子，乐岁终身苦，凶年不免于死亡。此惟救死而恐不赡，奚暇治礼义哉？王欲行之，则盍反其本矣。五亩之宅，树之以桑，五十者可以衣帛矣；鸡豚狗彘之畜，无失其时，七十者可以食肉矣；百亩之田，勿夺其时，八口之家可以无饥矣；谨庠序之教，申之以孝悌之义，颁白者不负戴于道路矣。老者衣帛食肉，黎民不饥不寒，然而不王者，未之有也。”

讲了“民本”“民生”的道理后，孟子还提供了具体的操作策略，这就是赋税制度和井田制度，描述了一幅和睦互助、其乐融融的乡村“桃花源”美景：

“死徙无出乡，乡田同井。出入相友，守望相助，疾病相扶持，则百姓亲睦。”

由孟子的“恒产恒心”，我不由想到现代社会的“公民福利保障”和“普方事件”。只有当每一个公民有了基本的生活保障，住房、医疗、教育、养老等基本生存需求得到保证，才有社会的和谐稳定，才有公民道德水平的提高。

2000 年，德国人普方一家 4 口在南京，被沭阳的 4 名青年农民工杀害。之后，由普方夫妇的同乡和朋友们发起，在南京居住的一些德国人及其他外国侨民一起设立了纪念普方一家的普方基金。接下来，他们思考的目标更为深远。他们认为，社会不公和缺乏教育是滋生犯罪的土壤。为了让这类骇人听闻的惨剧不再发生，这些外籍人士开始寻求一种更积极的方式去纪念普方一家。他们决定把最初募集到的善款用来资助那四个凶犯的家乡——江苏沭阳县贫困家庭的孩子们上学，希望他们能完成中国法律规定的 9 年制义务教育，为他们走上自主而充实的人生道路创造机会。

孟子提出了“仁政”的建议，最后发自肺腑叮嘱毕战：“此其大略也；若夫润泽之，则在君与子矣。”

5.4 孟子论社会分工、交易：劳心者治人，劳力者治于人

有为神农之言者许行，自楚之滕，踵门而告文公曰：“远方之人闻君行仁政，愿受一廛而为氓。”

文公与之处。

其徒数十人，皆衣褐，捆屦织席以为食。

陈良之徒陈相与其弟辛负耒耜而自宋之滕，曰：“闻君行圣人之政，是亦圣人也，愿为圣人氓。”

陈相见许行而大悦，尽弃其学而学焉。

陈相见孟子，道许行之言曰：“滕君，则诚贤君也；虽然，未闻道也。贤者与民并耕而食，饔飧而治。今也滕有仓廪府库，则是厉民而以自养也，恶得贤？”

孟子曰："许子必种粟而后食乎？"

曰："然。"

"许子必织布而后衣乎？"

曰："否。许子衣褐。"

"许子冠乎？"

曰："冠。"

曰："奚冠？"

曰："冠素。"

曰："自织之与？"

曰："否。以粟易之。"

曰："许子奚为不自织？"

曰："害于耕。"

曰："许子以釜甑爨，以铁耕乎？"

曰："然。"

"自为之与？"

曰："否。以粟易之。"

"以粟易械器者，不为厉陶冶；陶冶亦以其械器易粟者，岂为厉农夫哉？且许子何不为陶冶，舍皆取诸其宫中而用之？何为纷纷然与百工交易？何许子之不惮烦？"

曰："百工之事，固不可耕且为也。"

"然则治天下独可耕且为与？有大人之事，有小人之事。且一人之身，而百工之所为备。如必自为而后用之，是率天下而路也。故曰，或劳心，或劳力；劳心者治人，劳力者治于人；治于人者食人，治人者食于人：天下之通义也。

"当尧之时，天下犹未平，洪水横流，泛滥于天下。草木畅茂，禽兽繁殖，五谷不登，禽兽逼人。兽蹄鸟迹之道，交于中国。尧独忧之，举舜而敷治焉。舜使益掌火，益烈山泽而焚之，禽兽逃匿。禹疏九河，瀹济漯而注诸海，决汝汉，排淮泗，而注之江，然后中国可得而食也。当是时也，禹八年于外，三过其门而不入，虽欲耕，得乎？

“后稷教民稼穑，树艺五谷；五谷熟而民人育。人之有道也，饱食、暖衣、逸居而无教，则近于禽兽。圣人有忧之，使契为司徒，教以人伦——父子有亲，君臣有义，夫妇有别，长幼有序，朋友有信。放勋曰：‘劳之来之，匡之直之，辅之翼之，使自得之，又从而振德之。’圣人之忧民如此，而暇耕乎？

“尧以不得舜为己忧，舜以不得禹、皋陶为己忧。夫以百亩之不易为己忧者，农夫也。分人以财谓之惠，教人以善谓之忠，为天下得人者谓之仁。是故以天下与人易，为天下得人难。孔子曰：‘大哉尧之为君！惟天为大，惟尧则之，荡荡乎民无能名焉！君哉舜也！巍巍乎有天下而不与焉！’尧、舜之治天下，岂无所用其心哉？亦不用于耕耳。

“吾闻用夏变夷者，未闻变于夷者也。陈良，楚产也，悦周公、仲尼之道，北学于中国。北方之学者，未能或之先也。彼所谓豪杰之士也。子之兄弟事之数十年，师死而遂倍之。昔者孔子没，三年之外，门人治任将归，入揖于子贡，相向而哭，皆失声，然后归。子贡反，筑室于场，独居三年，然后归。他日，子夏、子张、子游以有若似圣人，欲以所事孔子事之，强曾子。曾子曰：‘不可。江汉以濯之，秋阳以暴之，皜皜乎不可尚已。’今也南蛮鴃舌之人，非先王之道，子倍子之师而学之，亦异于曾子矣。吾闻出于幽谷迁于乔木者，未闻下乔木而入于幽谷者。《鲁颂》曰：‘戎狄是膺，荆舒是惩。’周公方且膺之，子是之学，亦为不善变矣。”

“从许子之道，则市贾不贰，国中无伪。虽使五尺之童适市，莫之或欺。布帛长短同，则贾相若；麻缕丝絮轻重同，则贾相若；五谷多寡同，则贾相若；屦大小同，则贾相若。”

曰：“夫物之不齐，物之情也；或相倍蓰，或相什百，或相千万。子比而同之，是乱天下也。巨屦小屦同贾，人岂为之哉？从许子之道，相率而为伪者也，恶能治国家？”

滕文公在孟子的建议下施行仁政，取得了一定效果，引来了“诸子百家”中“农家”的践行者许行、陈相。

“有为神农之言者许行，自楚之滕，踵门而告文公曰：‘远方之人闻君行仁政，愿受一廛而为氓。’”

廛（音“缠”），古代一户人家的房地。氓（音“蒙”），治下的民众，泛指老百姓。古代，氓没有“流氓”的意思，也不读“盲”。

许行到滕国不久，另一位“农家”追随者陈相也来到滕国。与许行不同的是，陈相的师父陈良是“儒家”学派。陈相来到滕国见到许行——似乎找到了知己，大有相见恨晚的意思——“陈相见许行而大悦，尽弃其学而学焉”。

受到许行的影响，陈相对“农家”思想深信不疑。有一天，他来见孟子，把许行的话告诉孟子，说滕君是个贤明的君主，但是他没有与老百姓“同吃同住同劳动”，而是靠老百姓养活，这是损害了老百姓的利益。

听了陈相的话，孟子通过九个回合的问答，促使陈相自己得出结论“百工之事固不可耕且为也”：各种工匠的工作本来就不能一边耕种一边能同时做得了的。这个结论，与他要求滕君既要治国又要和老百姓一起耕地做饭相矛盾。

这就是孟子一贯的“问答推谬法”，通过一问一答，让对方自己得出自相矛盾的结论。

由此，孟子得出结论：“故曰，或劳心，或劳力；劳心者治人，劳力者治于人；治于人者食人，治人者食于人：天下之通义也。”

孟子的这一番话，成了后世诟病、批判他的主要依据。其实，孟子只是说了大实话，说出了社会结构分工的实情，并没有等级的界限和歧视。这样劳心、劳力的分工，到现在仍然存在。只不过，劳心、劳力的界限逐渐融合。更多的劳力中融进了劳心的因素，每一种职业都有了独特的价值和尊严。马克思的共产主义理论，设想人类未来的全面发展理想，消除劳心、劳力的区别。这样美好愿景的实现，是人类共同的期望。其实，当我们真正尊重每一个具体生命的价值，尊重每一个行业时，劳心、劳力在尊严上的差别也就没有了，每个人都可以享受自己的工作、自己的职业，获得人生的成就感，就像“天游峰的扫路人”，可以享受扫地、生活之乐。况且，孟子讲的“劳心者”固然指君主，但是，不是后来的压榨老百姓，不顾老百姓死活的那些残暴君王，而是指尧、舜、禹这样为民着想、鞠躬尽瘁的贤君圣王。“劳心者”，并不是不劳而获、奢侈享受，而是劳动“心”力，和“劳力者”一样，都是付出劳动、精力、体力而为社会作贡献的。

尽管孟子的原意不是论述统治与被统治的问题，但他的这一番话被中国专制皇朝利用，成了他们统治天下的合法性依据之一。因此，孟子作为统治阶级的代言人，在特定的历史时期内被批倒批臭。这就是历史的“吊诡”，这个毕生为“民”请命，呼吁当政者“保民”“安民”，施行仁政的人，倒成了统治阶级的代言人。正如孔子说“君君臣臣父父子子”一样，孔子的意思是，各负其责，各有担当，和睦共处。可是，后来演变成了“君为臣纲，父为子纲”“君要臣死，臣不得不死”的专制和残酷。结果，罪过也被加到孔子头上。

在得出结论后，孟子以史实为据，滔滔不绝、汪洋恣肆，讲述尧、舜治理天下，大禹治水，后稷稼穑等历史故事，圣贤、君主用心治理天下，为了老百姓的生存、生活，殚精竭虑，哪里有时间去耕田种地呢？他以此说明社会分工的深层含义。

接着，孟子话锋一转，谴责了陈相背叛老师儒学思想的行为。孟子用孔子的弟子在孔子去世之后，尊敬老师的事迹，反衬了陈相背叛老师的行为。

最后，孟子又批驳了陈相市场交易的绝对平均主义思想。

5.5 “儒”“墨”对话

墨者夷之因徐辟而求见孟子。孟子曰：“吾固愿见，今吾尚病，病愈，我且往见，夷子不来！”

他日，又求见孟子。孟子曰：“吾今则可以见矣。不直，则道不见；我且直之。吾闻夷子墨者，墨之治丧也，以薄为其道也。夷子思以易天下，岂以为非是而不贵也？然而夷子葬其亲厚，则是以所贱事亲也。”

徐子以告夷子。

夷子曰：“儒者之道，古之人若保赤子，此言何谓也？之则以为爱无差等，施由亲始。”

徐子以告孟子。

孟子曰：“夫夷子信以为人之亲其兄之子为若亲其邻之赤子乎？彼有取尔也。赤子匍匐将入井，非赤子之罪也。且天之生物也，使之一本，而夷子二本故也。盖上世尝有不葬其亲者。其亲死，则举而委之于壑。他日过之，狐狸食之，蝇蚋姑嘬之。其颡有泚，睨而不视。夫泚也，非为人泚，中心达于面目。盖归反蔂梩而掩之。掩之诚是也，则孝子仁人之掩其亲，亦必有道矣。”

徐子以告夷子。夷子怃然为间，曰：“命之矣。”

这一章的对话有特别之处。第一，对话双方是当时两个著名又对立的学派，孟子是儒家学派，夷之是墨家学派。这两个学派观点基本相反，互相辩论攻讦。如：儒家提倡三年之丧，墨家要求薄葬；墨家讲兼爱，儒家讲差等之爱，等等。第二，孟子和夷之是在没有见面的情况下对话的。双方的意思由孟子的弟子徐辟转达。

一开始，双方都低调、谦逊。夷之想凭借孟子的弟子徐辟“求见”孟子，可见态度真诚。孟子呢，说：“吾固愿见，今吾尚病，病愈，我且往见，夷子不来！”孟子为什么强调“吾固愿见”（我本来愿意见）？是摆出姿态，免得引起夷之疑心——因为政见不同、观点相左不愿意见他；也防止别人猜测他的小心量——无兼容之心。孟子不见的理由是正在生病。他表态，病好了，他主动去见夷之，夷之不要过来。两个不同派系且思想对立的人，都表现出主动见对方的姿态。这就为接下来对话的张力铺垫造势了。

孟子想不到的是，过了几天，夷之又要见他。在没有见面之前，孟子说：我现在可以见他。不过，说话不直截了当，道理不能表现；我直截了当地说吧。我听说夷子是墨家的信徒，墨家办理丧事，把薄葬作为原则。夷子想用薄葬改变天下习俗，大概认为不是薄葬就不值得推崇吧。然而夷子又厚葬了自己的父母双亲，那么这就是用自己不认同的道理来侍奉亲人。孟子说出了夷之的言行不一，背后的意思是：你们墨家薄葬是行不通的，连你自己都违反墨家的规定厚葬父亲，怎么让天下人相信呢？

徐辟把孟子的话告诉了夷之。夷之没有要当面向孟子解释，而是对徐辟说："儒者之道，古之人若保赤子，此言何谓也？之则以为爱无差等，施由亲始。"

这里，夷之转换了概念。孟子说的是他作为提倡薄葬的墨者却厚葬父母；而夷之则说，爱是没有差别的，施行从自己的亲人开始。但是，夷之并不能解释他厚葬父母的事实——既然你说"爱无差等，施由亲始"，那么，你厚葬了自己的父母，如果别人厚葬不起，是不是都由你去帮助呢？是不是你都能去帮助呢？且，厚葬是你墨家反对的。

徐辟又把夷之的话告诉孟子。孟子对夷之所说的"无差等之爱"作了辨析。

孟子的意思是说，夷之的所谓爱自己的亲人与爱别的人没有差别，是不现实的。这里其实有两个概念——抽象的爱和具体的爱。抽象的爱，可以是墨家的"兼爱"，也可以是儒家的"仁爱"，每个人都要有爱人之心，"老吾老以及人之老，幼吾幼以及人之幼"，尽力帮助别人。具体的爱，在生活、物质上的关心、抚养，人与人之间，家与家之间，是不可能完全一样的。我们可以有也应该有"兼爱""博爱"之心，但是，在具体的事情上，每个人看到自己的父母引起的情感是不一样的。所以，孟子说，上古的时候有不埋葬自己双亲的人，父母死了随便扔在水塘、山沟。等再次看到尸体被狐狸、蚊虫啃吃、叮咬的时候，心里难受了，额头流汗了，回去拿来锹和筐子，把尸体掩埋好。这就是由亲情产生的孝心和仁爱之心。

徐辟把孟子的这一番话告诉夷之。夷之听了，良久不语，怅然若失，说：我受教了。

卷六 滕文公章句下

——天地正道、人间沧桑

本卷 10 章，是孟子对弟子或时人提出的问题或质疑的回答。其中 5 章是回答弟子的，5 章是回答时人的。其背后的主题是，为人处世要遵从内心“正道”和社会“道义”。人内心的“正道”即后面孟子提出的“人性善”和“良知”。从全书的结构看，孟子在全书接近结束提出“良知”（卷十三《尽心章句上》的 15 章），是在前面内容丰富铺垫基础上的呼之而出、自然生成。只有理解了前面的内容，从全书的视角，才能更好地理解孟子“人性善”“良知”的思想。因此，阅读经典需要完整地读，前后融通地读，以理解作者的心声及其深邃的意蕴。

孔子、孟子作为春秋战国时期的儒家代表，他们的教学与弟子的交往，是平等、宽松的。弟子可以不同意老师的观点，如宰我对孔子的“三年之丧”表示反对；可以对老师的行为质疑，如本卷的第 4 章，弟子彭更问孟子：“后车数十乘，从者数百人，以传食于诸侯，不以泰乎？”现在有些人把后来中国皇权社会的独裁专制、等级森严及其对现当代的影响，归罪于孔子、孟子，是没有根据和道理的。孔子、孟子终身推行“仁义”，关注“民生”，反对专制和残暴。独裁专制是那个社会背景下，统治者的行为造成的。无论是东方西方，社会都是从专制、等级制逐步发展到民主、平等，只是进程不同而已。我们的进程慢一拍，不可把责任推到古人身上。中世纪西欧教会的专制残酷比唐、宋有过之无不及，但是西欧人有自觉改进的意识和行动。德国人是这方面的典范，经历了“令人发指、丧尽人性”的法西斯之后，德国人的忏悔、反省、补救，造就了当代德国理性、和平、反战、宽容的文化价值。每一代人需要做的是，从自身做起，不断反思、改进社会文化，朝着人类共同的价值追求迈进。

6.1 做人，遵从内心“正道”

陈代曰：“不见诸侯，宜若小然；今一见之，大则以王，小则以霸。且《志》曰：‘枉尺而直寻’，宜若可为也。”

孟子曰：“昔齐景公田，招虞人以旌，不至，将杀之。志士不忘在沟壑，勇士不忘丧其元。孔子奚取焉？取非其招不往也。如不待其招而往，何哉？且夫枉尺而直寻者，以利言也。如以利，则枉寻直尺而利，亦可为与？昔者赵简子使王良与嬖奚乘，终日而不获一禽。嬖奚反命曰：‘天下之贱工也。’或以告王良。良曰：‘请复之。’强而后可，一朝而获十禽。嬖奚反命曰：‘天下之良工也。’简子曰：‘我使掌与女乘。’谓王良。良不可，曰：‘吾为之范我驰驱，终日不获一；为之诡遇，一朝而获十。《诗》云：“不失其驰，舍矢如破。”我不贯与小人乘，请辞。’御者且羞与射者比；比而得禽兽，虽若丘陵，弗为也。如枉道而从彼，何也？且子过矣：枉己者，未有能直人者也。”

本章从孟子的弟子陈代对老师“不见诸侯”的劝导开头，引出孟子对“枉尺直寻”“枉道而从彼”的批判。

有时候孟子不会主动去见诸侯，最典型的一次就是故意装病回避齐宣王（卷四《公孙丑章句下》第2章）。作为弟子的陈代则觉得老师这样做有些小家子气。他认为，主动去见诸侯，可能辅助君王成就了大事业——“大则以王，小则以霸”。他又引用《志》上的一句话“枉尺而直寻”，劝导孟子。“枉尺而直寻”，后来成了成语“枉尺直寻”，意思是，屈折一尺，却能伸直八尺。比喻在小处委屈一些，以求得较大的好处。

孟子听了陈代的质疑和建议，讲了两个历史故事，表明了自己的态度。一个是，齐景公没有按照规矩召见虞人（管理君王苑囿的人），虞人没有屈从。孔子非常赞赏这位虞人不卑躬屈膝的气概。故事讲完，孟子发表自己的观点，“如不待其招而往，何哉？”如果我不等诸侯召见便自己过去，为什么呢？言下之意，难道为了见诸侯可以不顾自己的人格尊严吗？可是，这里的矛盾之处是，《孟子》的首篇《梁惠王章句上》“孟子见梁惠王”，是孟子主动请见的啊。因此，这里的“不见诸侯”应该有具体的情境和对象。接着，孟子又分析了“枉尺直寻”。“且夫枉尺而直寻者，以利言也。如以利，则枉寻直尺而利，亦可为与？”孟子认为，“枉尺直寻”是利益的驱动，跟孔子的“不义富且贵，于我如浮云”背道而驰。孟子进一步指出，“如以利，则枉寻直尺而利，亦可为与？”如果从利益出发，那么屈折八尺伸直只有一尺，也可以去做了？这就到了“利令智昏”的荒唐地步。现在社会不少丑恶、怪诞的现象，都是“逐利”造成的。孟子的警示，在当代仍然具有价值。

第二个故事发生在晋国。晋国大夫赵简子让一位驾车高手王良带着赵简子宠幸的小臣奚去打猎。王良按规矩开车，奚没有打到一只禽兽。奚对赵简子说，这人驾车水平太差，哪里是什么高手？王良听到了，说，再去一次吧。这次，王良没有按规矩开车，奚一个早上就打到了十只禽兽。奚又回报赵简子说，王良真是个能手。赵简子说：那就让他专门给你驾车吧。可是王良不答应。王良认为奚不按规矩做事，是个小人。他不会为小人做事。孟子感慨：一位驾车手都按照正道行事，如果我违背自己的意愿，背离了自己心里遵循的主张，怎么行呢？

最后，孟子直接指出：“且子过矣：枉己者，未有能直人者也。”你错了，自己不正直，从来没有能够使人正直的。

孟子此章的“不枉道而从彼”，引来了下一章的流传千古，响彻中华大地的“大丈夫”之论。

6.2 天地正道：顶天立地的“大丈夫”形象

景春曰：“公孙衍、张仪岂不诚大丈夫哉？一怒而诸侯惧，安居而天下熄。”

孟子曰："是焉得为大丈夫乎？子未学礼乎？丈夫之冠也，父命之；女子之嫁也，母命之，往送之门，戒之曰：'往之女家，必敬必戒，无违夫子！'以顺为正者，妾妇之道也。居天下之广居，立天下之正位，行天下之大道；得志，与民由之；不得志，独行其道。富贵不能淫，贫贱不能移，威武不能屈。此之谓大丈夫。"

张仪、苏秦是大家熟悉的战国时著名的说客、纵横家，公孙衍也属此流。一位从事"纵横术"或者欣赏"纵横术"，名叫景春的人说，公孙衍、张仪能量巨大，可以左右诸侯，只要他们发个脾气，鼓动一下，天下就会陷入战争，弱小的诸侯国就害怕恐惧；反之，他们安安静静待在家里，天下就太平无事。这样的"牛人"，岂不是大丈夫？

孟子听到这样的歪门邪说，心中的愤怒，我们可以想象。但是，作为语言大师，作为善辩者，孟子用幽默而又尖锐的比喻指出，这些顺从诸侯的说客，以"顺从"为"正道"，那只是"妾妇之道"，哪里是"大丈夫"之道？当然顺从的"妾妇之道"，是时代的产物，孟子是由景春说公孙衍、张仪是"大丈夫"自然联想到他们不过是"妾妇"而已，以此来比喻批判公孙衍之流为了自己的私利顺从讨好君主的卑劣行径。

那么，孟子心中的大丈夫是什么样的呢？

"居天下之广居，立天下之正位，行天下之大道；得志，与民由之；不得志，独行其道。富贵不能淫，贫贱不能移，威武不能屈。此之谓大丈夫。"

这里的"广居"指仁，"正位"指礼，"大道"指义。大丈夫行事，遵循仁义礼智，而不是屈从他人的意志。能够实现自己的志愿，和老百姓一起沿着正道前进；不能实现自己的志愿，绝不苟且顺从，独自坚守自己的主张。富贵、贫贱、威武等外来的诱惑、威胁都不能改变自己内心坚定的原则。

孟子的这番话可谓惊天地泣鬼神，横空出世，响彻天地，千古流韵，永世不绝。"富贵不能淫，贫贱不能移，威武不能屈"，成为中国"士"精神的写照，激励了历史上多少仁人志士赴汤蹈火为正义付出一切而毫不后悔。陈寅恪先生的“独立之精神，自由之思想”，与孟子的“大丈夫”精神穿越时空，遥相呼应。

6.3 君子入仕：不由其道不为也

周霄问曰：“古之君子仕乎？”

孟子曰：“仕。《传》曰：‘孔子三月无君，则皇皇如也；出疆必载质。’公明仪曰：‘古之人三月无君，则吊。’”

“三月无君则吊，不以急乎？”

曰：“士之失位也，犹诸侯之失国家也。《礼》曰：‘诸侯耕助，以供粢盛；夫人蚕缫，以为衣服。牺牲不成，粢盛不洁，衣服不备，不敢以祭。惟士无田，则亦不祭。’牲杀、器皿、衣服不备，不敢以祭，则不敢以宴，亦不足吊乎？”

“出疆必载质，何也？”

曰：“士之仕也，犹农夫之耕也；农夫岂为出疆舍其耒耜哉？”

曰：“晋国亦仕国也，未尝闻仕如此其急。仕如此其急也，君子之难仕，何也？”

曰：“丈夫生而愿为之有室，女子生而愿为之有家。父母之心，人皆有之。不待父母之命、媒妁之言，钻穴隙相窥，逾墙相从，则父母国人皆贱之。古之人未尝不欲仕也，又恶不由其道。不由其道而往者，与钻穴隙之类也。”

这一篇的提问者是周霄，魏国人。此篇问答，应该发生在孟子游说梁惠王的魏国期间。

周霄的问题是，“古之君子仕乎？”——古代的君子做官吗？古代君子的本义是身份、地位高的人，后来引申出“品行道德高尚”或“地位高”的人。这里周霄问的君子，显然是指品性道德优秀者。

孟子的回答只有一个字"仕"，很肯定。接着孟子引用《传》和公明仪（曾子的学生）的话，表明君子不仅想做官，而且很迫切！

《传》上记载，孔子三个月不在君主身边（做官），便非常焦虑茫然无措，到另一个国家去，必然带着见君主的见面礼。这样的记载似乎有嘲讽的味道，尽管孔子很希望从政，有个官位去实施自己的政治理想，但从《论语》中，看不出孔子这样汲汲于做官。

公明仪则说："古之人三月无君，则吊。"吊，本义是悼念死者，还有伤痛、忧虑、怜悯的意思。这里的"吊"，杨伯峻先生解释为"去安慰"，也讲得通的。我认为，从句子的语脉顺下来，"则吊"的主语应该是"古之人"，因此，这里的"吊"可以理解为"伤痛"。这句话的意思是，古之人三月没有官做，就感到难受、伤痛，表明其迫切的心情。而且，这样的意思与接着周霄的追问是相吻合的。孟子答完，周霄接着问："三月无君则吊，不以急乎？"周霄追问的落脚点在"急"字上，这就呼应了"伤痛"的迫切心理。

孟子用诸侯失去国家来比喻"三月无君则吊"的焦急心情，可见其焦虑的程度之深！

周霄接着又问："出疆必载质，何也？"质，即贽，古代初次见君长所送的礼物。

孟子的回答又是打比方（用比照的方式）："士之仕也，犹农夫之耕也；农夫岂为出疆舍其耒耜哉？"孟子将孔子出国所带的礼物比作农夫耕地的工具（耒耜）。耒耜，对农夫的作用和重要性不言而喻。孟子这样比喻，说明了所带之"贽"，对君子求仕的重要作用。

周霄最后问道："晋国亦仕国也，未尝闻仕如此其急。仕如此其急也，君子之难仕，何也？""君子之难仕"，可两解。一是，君子做到官不容易；二是，君子找到好的官员不容易。第一句的君子指贤才，第二句的君子指君王。

做官的心情那样迫切，却难以做到官，或者君主难以招到好的官员，是什么原因呢？

孟子最后的回答，才把他内心真正的意图表达了出来——古代的人不是不想做官，而是厌恶不由正当的渠道获得官位。所以，有些人虽然想当官的心情迫切，但是坚守正义、遵循正道，不肯卑躬屈膝，不愿阿谀奉承，因而最终未必能如愿以偿。开始孟子引用孔子“皇皇如也”“古之人三月无君则吊”之“急”，这里才看出孟子的用心。他们的“急”，反衬出其品质的高尚、人格的正直。他们“急”的不是自己的前途、地位、名声，而是用官位来实现自己的政治理想以利国利民。他们是要用光明磊落的方式，获得实现自己理想的途径，而非歪门邪道。为了表明这一点，孟子又用了比喻。不走正道获得官位，如同男女“钻穴逾墙”，偷情自恋。虽然，现今恋爱自由，主动自由恋爱更有刺激和戏剧性，如同《西厢记》里的张生（张君瑞）和崔莺莺。但是，古时候正当的渠道还是“父母之命、媒妁之言”。更加意味深长的是，人的立身处世、求取功名，不管古今，都应该走正道，而不能走“钻穴逾墙”“买官卖官”等非法途径，更不能以扭曲自己的人格为代价。

孟子与问者对答，为了更充分有力地阐述自己的观点，一贯采用引用、比喻的手法，在这一章再一次得到明显体现。这样的言说智慧和方法，值得借鉴和学习。

6.4 取之有道，则坦然受之

彭更问曰：“后车数十乘，从者数百人，以传食于诸侯，不以泰乎？”

孟子曰：“非其道，则一箪食不可受于人；如其道，则舜受尧之天下，不以为泰——子以为泰乎？”

曰：“否。士无事而食，不可也。”

曰：“子不通功易事，以羡补不足，则农有余粟，女有余布；子如通之，则梓匠轮舆皆得食于子。于此有人焉，入则孝，出则悌，守先王之道，以待后之学者，而不得食于子；子何尊梓匠轮舆而轻为仁义者哉？”

曰：“梓匠轮舆，其志将以求食也；君子之为道也，其志亦将以求食与？”

曰：“子何以其志为哉？其有功于子，可食而食之矣。且子食志乎？食功乎？”

曰：“食志。”

曰：“有人于此，毁瓦画墁，其志将以求食也，则子食之乎？”

曰：“否。”

曰：“然则子非食志也，食功也。”

这一次发问的是孟子的学生彭更。孟子带着一帮弟子，从这个诸侯国到那个诸侯国，吃用开支都由诸侯们承担了。在彭更看来，他们没有做什么事，好像白吃饭一样，这样太过分了。于是，他问老师：“后车数十乘，从者数百人，以传食诸侯，不以泰乎？”彭更描述的情形，让我们感到在当时孟子真是个“达人”，他的号召力、影响力是巨大的。数百人的队伍，几十辆车，那是浩浩荡荡的盛大规模啊。作为这样团队的领军人物，需要多大的能量和才干。这样的团队，受到几个诸侯国君的优待，可见孟子当时在民间的地位和影响。在那样纷乱的战国时代，能受到诸侯的欢迎，解决几百人的就业问题，孟子不仅是学问家，也是实业家，不是后来人想象的，一介书生除了读书做学问其他事情做不来，所谓“百无一用是书生”。

彭更的质疑，可以推想出他的前提——老师你如此不劳而获，与你常挂嘴边的“道义”是不是相矛盾？

孟子回答：“非其道，则一箪食不可受于人；如其道，则舜受尧之天下，不以为泰——子以为泰乎？”孟子用“君子爱财取之以道”来回答。只要符合道义，就是天下也可以接受。孟子接着说：你还以为过分吗？意思是，我们吃诸侯的饭，不是白吃的，是符合道义的。

可是，彭更似乎有些愚钝，没有理解孟子的意思，继续说：“否。士无事而食，不可也。”

原来，彭更认为像孟子这样和诸侯坐而论道劝诸侯行仁政的行为，只是耍嘴皮子，不是在做事。彭更的这个想法，跟前面农家许行的观点差不多。

接下来，孟子跟他讲了“通功易事”的道理。社会分工不同，各种职业社会功用不一样，但都有存在的理由和价值，都在为社会的运作服务，都应该得到应有的报酬。

孟子把“梓匠轮舆”与“为仁义者”比较，说明“为仁义者”也是“做事”的，“得食”于诸侯是完全应该的。这样的比喻，引来彭更的下一个提问：“梓匠轮舆，其志将以求食也；君子之为道也，其志亦将以求食与？”

在彭更看来，君子为道的目的不是求得饭碗（“求食”）。好像为了饭碗，“为道”的高尚就没有了，“为道”也就成了“混饭吃”的一般意义上的普通工作。我们有远大的理想，不要忘了自己还是个活生生的人，先要实实在在生活在这个世上，才能去做伟大的事或者细小的事；反之，我们在衣食住行、吃喝拉撒这样的凡俗生活中，亦可以追求高雅的生活，做高尚的事情。这就是，既要“仰望星空”，又要“脚踏实地”。人生的智慧就在于找到两者的平衡点。

面对学生执拗的追问，孟子为了让彭更区别“动机”和“效果”，又用比喻、归谬的方法，让彭更自己得出结论。

孟子说：你何必探究他们的动机呢？他们对你有功劳，应该给他们吃的，就给他们吃的。况且，你是为了动机给他们吃的呢，还是为了功绩给他们吃的呢？

彭更说，因为动机给他们吃的。

孟子说：有一个人，砸碎屋瓦，在新刷好的墙壁上乱画，他的动机是要求得食物，你给他吃吗？

彭更说，不。

孟子说：既然这样，那么你不是因为动机给他吃的，而是因为功绩给他吃的。从按劳取酬、多劳多得、优劳优酬角度，获得报酬的依据应该是实际效果而不是动机。

彭更的思维方式在现今仍然有遗留。在一些经济、观念相对滞后的地区，用消极的态度看待诸如教育之类的公共事业，把教育当成一种消费和负担，只看到教育的投入，看不到教育的产出（教育的产出是隐形的、潜在的、未来的），教育的投入相对不足。他们没有看到教育在分担家庭负担、社会稳定、培养人才等方面的社会价值和作用。我们不用夸大教育的作用，教育也是社会行业之一种，共同为社会创造财富，但是，应该对教育的社会价值作出恰当的认可，并给予从教者应该的报酬。

孟子对学生提出的尖刻、怪异的问题，没有表示出不快、厌烦，而是循循善诱、步步引导，解除学生心中的疑惑和郁结。

前面 4 章发问者的问题、角度不同，孟子的应答也不同，但是，其背后都有一个“道”字。第 1 章最后，孟子说：“如枉道而从彼，何也？”第 2 章孟子讲“行天下之大道”“不得志，独行其道”。第 3 章孟子讲“古之人未尝不欲仕也，又恶不由其道”。第 4 章孟子讲“非其道，则一箪食不可受于人；如其道，则舜受尧之天下，不以为泰”。“道”，是孟子心中的重要价值观之一。做人，遵从内心“正道”；做事，以“道”立身处世。

道的金文=（行，四通的大路）+（首，代表观察、思考、选择）+（止，行走），表示在岔路口帮助迷路者领路（网络《象形字典》），也可以理解为一个人在十字路口辨别方向、路线。

“道”，我曾经用最直白的话说，就是“上路子”的意思。道的本义是“路”，无形的“路”就是方法、途径；方法、途径恰当、具有了共性就是“规律”，这其中也就隐含着“道理”，这样的道理符合自然、社会、人性，就是“道义”；众多的“道理”勾连成系统，就成了“主张、思想、学说”。“路”在脚下，“路”靠自己走，但是，十字路口的陌生和迷茫也是常有的事，这就要别人的“指示”，“道”又有了“说、讲”的意思。“道”还和引导的“导”相通，“导”的繁体是“導”。我们现在说的公平公正，对个人而言，对社会而言，不就是“上路子”吗？大家都“上路子”了，整个社会就安定了、和谐了。

6.5 行王政，四海举首而望

万章问曰："宋，小国也；今将行王政，齐、楚恶而伐之，则如之何？"

孟子曰："汤居亳，与葛为邻。葛伯放而不祀。汤使人问之曰：'何为不祀？'曰：'无以供牺牲也。'汤使遗之牛羊。葛伯食之，又不以祀。汤又使人问之曰：'何为不祀？'曰：'无以供粢盛也。'汤使亳众往为之耕，老弱馈食。葛伯率其民，要其有酒食黍稻者夺之，不授者杀之。有童子以黍肉饷，杀而夺之。《书》曰：'葛伯仇饷。'此之谓也。为其杀是童子而征之，四海之内皆曰：'非富天下也，为匹夫匹妇复雠也。''汤始征，自葛载'，十一征而无敌于天下。东面而征，西夷怨；南面而征，北狄怨。曰：'奚为后我？'民之望之，若大旱之望雨也。归市者弗止，芸者不变。诛其君，吊其民，如时雨降。民大悦。《书》曰：'徯我后，后来其无罚。''有攸不惟臣，东征，绥厥士女，篚厥玄黄，绍我周王见休，惟臣附于大邑周。'其君子实玄黄于篚以迎其君子，其小人箪食壶浆以迎其小人；救民于水火之中，取其残而已矣。《太誓》曰：'我武惟扬，侵于之疆，则取于残，杀伐用张，于汤有光。'不行王政云尔；苟行王政，四海之内皆举首而望之，欲以为君；齐、楚虽大，何畏焉？"

这一章的发问者是弟子万章。万章是孟子弟子中的杰出者，他和公孙丑两人在《孟子》中发问最多。《史记·孟子荀卿列传》说孟子"退而与万章之徒……作《孟子》七篇"。

万章问："宋，小国也；今将行王政，齐、楚恶而伐之，则如之何？"万章担心，作为小国的宋国实施仁政，如何能抵挡齐、楚两个大国的攻击。也就是，在万章看来，施行仁政是有条件的。

孟子没有直接回答，用他一贯的讲故事、以古喻今的方式，讲述了商汤时期的小国是怎样一步步强大起来的历史。这个故事在卷二《梁惠王章句下》第11章里孟子与齐宣王讲过。其核心是行仁政、得民心，一定会立于不败之地。“民之望之，若大旱之望雨也。归市者弗止，芸者不变。诛其君，吊其民，如时雨降。民大悦。”“苟行王政，四海之内皆举首而望之，欲以为君；齐、楚虽大，何畏焉？”

仁政、王政，在孔子、孟子的时代都没有实现，后来真正实现的也没有。但是，安民、保民之仁政、王政一定是人类共同的理想，也一定是人类必将实现的未来，就像马克思的共产主义一样。现在，党和政府一再强调“必须坚持以人民为中心的发展思想”，其实质不就是孟子说的“民为贵”吗？

6.6 近朱者赤：环境的作用到底有多大

孟子谓戴不胜曰：“子欲子之王之善与？我明告子。有楚大夫于此，欲其子之齐语也，则使齐人傅诸？使楚人傅诸？”

曰：“使齐人傅之。”

曰：“一齐人傅之，众楚人咻之，虽日挞而求其齐也，不可得矣；引而置之庄岳之间数年，虽日挞而求其楚，亦不可得矣。子谓薛居州，善士也，使之居于王所。在于王所者，长幼卑尊，皆薛居州也，王谁与为不善？在王所者，长幼卑尊，皆非薛居州也，王谁与为善？一薛居州，独如宋王何？”

这一章孟子对宋国大臣戴不胜讲环境影响人的道理。

孟子先讲了语言环境对人学语言的影响。他说，有个楚国大夫，要他的儿子学习齐国话。让一个齐国人教他，同时许多楚国人在旁边干扰、喧哗。这样的话，就是天天打他逼着他说齐国话也不可能。如果把他放在临淄的闹市区，就是天天打他逼着他说楚国话，也不可能。接着，孟子话锋一转，对戴不胜说：你说薛居州是位善士，让他住在王宫里，待在宋王身边。（这样就能影响宋王也做好人了吗？）你有没有想到：在宋王身边的老幼尊卑都像薛居州的话，宋王和谁做不好的事呢？在王身边的长幼尊卑都不是薛居州一样的善士，宋王又和谁一起做好事呢？单独一个薛居州，怎能影响宋王去从善呢？

孟子讲道理善于打比方，善于类比推理，善用排比、设问、反问和富有气势的语言，让你来不及细细推敲思考，在滔滔不绝、扑面而来的语势下接受了他的观点。但冷静下来，仔细琢磨会发现，有些问题不是孟子论证的那么简单。以本章为例，我们来作一点分析。

孟子从楚子学齐语说起，说明语言环境对学习语言起了决定作用。这是有道理的，在生活中可以得到证实。这也给我们启示，小孩子学习一种语言，必须创造良好的语言环境。接下来，孟子从“语言环境”转到“行为环境”。他认为如果宋王周围都是善人，宋王一定为善；宋王周围都是不善之人，宋王也就不为善。孟子的意思，“子欲子之王之善”，就要把宋王周围的人先变成善人。

简单的语言学习，更多的是一种生理行为、自然行为，是模仿式的刺激反应；而学做人，是心理行为、意志行为，是复杂的心智过程，不像学习语言那样简单。固然，良好的环境有利于人形成好的品行，但是，做什么样的人最终是由自己决定的。况且，好的做人环境又是由一个个好人形成的，没有一个固定的、现成的、外在于人的环境。再说，要宋王身边的“长幼尊卑，皆薛居州”，是不可能的。虽说，“人皆可为尧、舜”，但现实中“尧、舜”毕竟是少数。

因此，由“语言环境”决定人语言学习的效果推出“为人环境”决定为人的效果，是不能成立的，也不符合生活现实。我们在学习、运用孟子比喻论证、类比推理的时候要慎重，防止简单推断得出不当的结论。

固然，再伟大的人物、伟大的思想，都有瑕疵和不完全严密之处。孟子作为伟大的智者、人道主义者、语言大师，肯定值得我们尊敬和学习。但是，在阅读过程中，作出一些自己的分析判断，为的是培养独立思考的习惯，提高阅读理解和鉴赏的能力。

6.7 君子坦荡荡

公孙丑问曰："不见诸侯何义？"

孟子曰："古者不为臣不见。段干木逾垣而辟之，泄柳闭门而不纳，是皆已甚；迫，斯可以见矣。阳货欲见孔子而恶无礼，大夫有赐于士，不得受于其家，则往拜其门。阳货瞰孔子之亡也，而馈孔子蒸豚；孔子亦瞰其亡也，而往拜之。当是时，阳货先，岂得不见？曾子曰：'胁肩谄笑，病于夏畦。'子路曰：'未同而言，观其色赧赧然，非由之所知也。'由是观之，则君子之所养，可知已矣。"

这一章是弟子公孙丑对孟子的质询。

大概，孟子又要起脾气，不去见某个诸侯，公孙丑于是发问：老师你不去见诸侯，是什么道理呢？

其实，从前面孟子与梁惠王、齐宣王的故事我们知道，孟子的见与不见诸侯，情况是复杂的。孟子见梁惠王、齐宣王，都是孟子主动见的。但是，也有特殊情况。有一次，齐宣王因为感冒不能见孟子，派身边人去请孟子上朝，孟子耍脾气故意装病，不接受齐宣王的召见。

面对公孙丑的质询，孟子是怎么回答的呢？

孟子首先说出古人的一条原则：古者不为臣不见。没有成为大臣不见君主。接着讲历史上两个贤士不愿为官的故事。一是段干木，魏文侯去看他时，他越过自家的围墙而躲避了。二是泄柳，鲁穆公去看他，紧闭大门不接待。孟子认为：这两个人都太过分了，如果君主已经到了你的门前，就可以相见。

接着，孟子又讲了阳货见孔子的故事。这在《论语·阳货》有详细的记载。孟子猜测，如果阳货礼贤下士，主动登门见孔子，孔子怎么会不见呢？但是，这个例子有点小问题。公孙丑问的是"不见诸侯何义"，阳货不是诸侯，而是季氏的家臣。那时，孔子也不是臣子，这与"古者不为臣不见"没有关系。

再接下来，孟子引用曾子和子路的话，说明人不可违背自己的意愿奉承迁就他人而失去自己独立的人格。曾子说，耸起两肩做出一副讨好人的笑脸，这真比顶着夏天的烈日在田里干活还要令人难受啊！子路说：志不同道不合却要勉强去谈，我看他的脸色有羞愧的样子，这不是我所能理解的。孟子引用这两个人的话，用意很明确，做人不要迎合讨好别人，而应该光明磊落、坚守不屈。

上面的三个故事，在论说文中是论据。但是，孟子的议论，与“不为臣不见”的论点关联不大。对不是臣子的段干木、泄柳而言，他认为“迫，斯可以见矣”；对孔子，他认为“阳货先，岂得不见？”这又与曾子、子路的话相矛盾。

最后孟子得出结论“由是观之，则君子之所养，可知已矣”。“是”应该是三个人的故事和两个人的话，从上面的分析看出，它们之间不能形成一致的观点，因此由“是”观之，并不能得出明确的结论。公孙丑问的是“不见诸侯何义”，而孟子最后指向了“君子之所养”，并未回答清楚学生的提问。“可知已矣”，似乎随嘴说来。因为，前面论据和议论、论据之间迷离不清、似是若非，“可知”也就不知所云。

6.8 知错，何时改

戴盈之曰：“什一，去关市之征，今兹未能。请轻之，以待来年，然后已，何如？”

孟子曰：“今有人日攘其邻之鸡者，或告之曰：‘是非君子之道。’曰：‘请损之，月攘一鸡，以待来年，然后已。’如知其非义，斯速已矣，何待来年？”

宋国大夫戴盈之就征收赋税的事情询问孟子：税率十分抽一，免去边关、集市的税收，今年做不到，先减轻一点，明年到位。怎么样？

孟子没有直接回答可以还是不可以。他又编了一个故事，让戴大夫自己去做决定。

作为古代的智者、语言大师、教育家，善于“讲”故事、“编”故事，是孟子最突出的能力，也是我最佩服他的地方。他的治国理念也好，修身思想也好，生活智慧也好，绝大多数蕴含在一个个生动、有趣的故事中。故事结束了，里面藏着的“理”“法”“情”，自然而然流露出来，让听的人获得感悟和启发。当然，其中也有一些小小的瑕疵，但是不影响其智慧“美玉”的光泽。当代教育的“启发式”“建构理论”“对话学习”等，与孟子“故事教育法”的理念和方法异曲同工，相映成趣。孟子的“故事教育法”值得借鉴、创新。固然，有时候故事用于说理逻辑上不够严密。但是，对于社科、人文学科，“讲故事”的作用是不可替代的。

回到这一章的故事。孟子说，现在有一个人，正好住在养鸡大户的旁边，每天偷邻居一只鸡。有人对他说，这不是正派人做的事情。这个人回答：请允许我大大减少，一个月偷一只。等到第二年，我坚决洗手不干。因为征税的事情关系到老百姓的切身利益，这一次，孟子故事讲完了，急切地把道理讲了出来——“如知其非义，斯速已矣，何待来年？”

知错即改，有一个前提，犯错的人是个“君子”。如果是个君子，大概不会说出“请损之，月攘一鸡，以待来年，然后已”这样的话。

宋国的税收改革迟缓，要么有实际的困难，要么统治者没有这样的诚心。否则，明知不对却不能立即更改，就讲不通。

6.9 正本清源，梳理道统

公都子曰：“外人皆称夫子好辩，敢问何也？”

孟子曰：“予岂好辩哉？予不得已也。天下之生久矣，一治一乱。当尧之时，水逆行，泛滥于中国，蛇龙居之，民无所定；下者为巢，上者为营窟。

《书》曰：'洚水警余。'洚水者，洪水也。使禹治之。禹掘地而注之海，驱蛇龙而放之菹；水由地中行，江、淮、河、汉是也。险阻既远，鸟兽之害人者消，然后人得平土而居之。

"尧、舜既没，圣人之道衰，暴君代作。坏宫室以为污池，民无所安息；弃田以为园囿，使民不得衣食。邪说暴行又作，园囿、污池、沛泽多而禽兽至。及纣之身，天下又大乱。周公相武王诛纣，伐奄三年讨其君，驱飞廉于海隅而戮之，灭国者五十，驱虎、豹、犀、象而远之，天下大悦。《书》曰：'丕显哉，文王谟！丕承哉，武王烈！佑启我后人，咸以正无缺。'

"世衰道微，邪说暴行有作，臣弑其君者有之，子弑其父者有之。孔子惧，作《春秋》。《春秋》，天子之事也。是故孔子曰：'知我者，其惟《春秋》乎！罪我者，其惟《春秋》乎！'

"圣王不作，诸侯放恣，处士横议，杨朱、墨翟之言盈天下。天下之言不归杨，则归墨。杨氏为我，是无君也；墨氏兼爱，是无父也。无父无君，是禽兽也。公明仪曰：'庖有肥肉，厩有肥马；民有饥色，野有饿莩，此率兽而食人也。'杨、墨之道不息，孔子之道不著，是邪说诬民，充塞仁义也。仁义充塞，则率兽食人，人将相食。吾为此惧，闲先圣之道，距杨、墨，放淫辞，邪说者不得作。作于其心，害于其事；作于其事，害于其政。圣人复起，不易吾言矣。

"昔者禹抑洪水而天下平，周公兼夷狄，驱猛兽而百姓宁，孔子成《春秋》而乱臣贼子惧。《诗》云：'戎狄是膺，荆舒是惩，则莫我敢承。'无父无君，是周公所膺也。我亦欲正人心，息邪说，距诐行，放淫辞，以承三圣者。岂好辩哉？予不得已也。能言距杨、墨者，圣人之徒也。"

这一章发问的是孟子的弟子公都子。我们读《孟子》到此，已经领略到了孟子对自己认为不正当的言论、行为主动论辩的事实和他辩论的能力。接下去的内容，我们还将对孟子的"好辩"有更充分的感受。

公都子听外面人说，他们的老师喜欢耍嘴皮子，经常与人辩论。于是，他忍不住问老师：“外人皆称夫子好辩，敢问何也？”这一次，公都子的问题戳到了老师的疼处。“外人皆称”，在孟子和弟子的团队之外，说孟子“好辩”的人很多，可谓众口一词。“众口一词”，往往就会“众口铄金”。孟子的“好辩”似乎成了“贬义”，为人们私下里所诟病和攻讦。公都子用了“敢问何也”，敢，有冒昧的意思，由此推出，外人所说的“好辩”不是赞扬孟子，而是对孟子的负面评价。

孟子是怎样回答、解释的呢？孟子的博学、敏捷、机智，由一个个问题而引发，得到充分彰显。一个“好辩”的质询，让孟子上溯几百年，从尧、舜、禹三代，说到文王、武王、周公，再到孔子，一路正本清源、梳理道统。此番宏论，成为后来儒家学说历史渊源的基础。最后，说到自己的时候，孟子“有话则短”，三言两语结束。他即便再好辩，也不能把自己的功劳充分、具体地说出来，只能留待千百年后的韩愈、朱熹再续道统时，把孟子归入儒教圣贤之列。

孟子首先表明，他人所谓的“好辩”，对他来说是“不得已也”。

接下来，孟子用一贯的讲故事的方法，表明他“好辩”的缘由。这一次，他讲的是历史故事。

尧、舜、禹治理山川大河，驱除野兽，使得“人得平土而居之”。尧、舜既没，夏桀、商纣等暴君间隔出现，奢侈放荡，以致民不聊生。周文王、周武王、周公讨伐暴君，“天下大悦”。周朝“封建”制度运行几百年后，“世衰道微，邪说暴行又作，臣弑其君者有之，子弑其父者有之”。面对这样“礼崩乐坏”的局面，孔子很担心，编写了《春秋》，以彰显正义，揭露邪恶。孔子的努力没有扭转“世风日下”的局势，当下的形势是：

“圣王不作，诸侯放恣，处士横议，杨朱、墨翟之言盈天下。天下之言不归杨，则归墨。杨氏为我，是无君也；墨氏兼爱，是无父也。无父无君，是禽兽也。公明仪曰：‘庖有肥肉，厩有肥马；民有饥色，野有饿莩，此率兽而食人也。’杨、墨之道不息，孔子之道不著，是邪说诬民，充塞仁义也。仁义充塞，则率兽食人，人将相食。吾为此惧，闲先圣之道，距杨、墨，放淫辞，邪说者不得作。作于其心，害于其事；作于其事，害于其政。圣人复起，不易吾言矣。”

最后，孟子概括全文，再次说出了自己的心声：

“昔者禹抑洪水而天下平，周公兼夷狄，驱猛兽而百姓宁，孔子成《春秋》而乱臣贼子惧。《诗》云：‘戎狄是膺，荆舒是惩，则莫我敢承。’无父无君，是周公所膺也。我亦欲正人心，息邪说，距诐行，放淫辞，以承三圣者。岂好辩哉？予不得已也。能言距杨、墨者，圣人之徒也。”

由此，孟子说出了他的心里话。他不遗余力地和墨家、农家、杨朱学派、纵横家等辩论，为的是“闲先圣之道，距杨、墨，放淫辞，邪说者不得作”，而达到尧、舜、禹时的“天下平”，周公时的“百姓宁”。

至此，我们可以理解，孟子不是为了逞口舌、显才华、谋功利去“好辩”，而是带着天下情怀，为了实现自己的人生追求和目的。他的人生追求是什么呢？就是他一贯的“仁政”“民本”“民贵”理想。他奔走呼号、交锋论辩，为的是天下太平、百姓安宁。

这样的悲壮，让人感动！

6.10 何为“廉士”

匡章曰：“陈仲子岂不诚廉士哉？居於陵，三日不食，耳无闻，目无见也。井上有李，螬食实者过半矣，匍匐往，将食之，三咽，然后耳有闻，目有见。”

孟子曰：“于齐国之士，吾必以仲子为巨擘焉。虽然，仲子恶能廉？充仲子之操，则蚓而后可者也。夫蚓，上食槁壤，下饮黄泉。仲子所居之室，伯夷之所筑与？抑亦盗跖之所筑与？所食之粟，伯夷之所树与？抑亦盗跖之所树与？是未可知也。”

曰：“是何伤哉？彼身织屦，妻辟纑，以易之也。”

曰：“仲子，齐之世家也；兄戴，盖禄万钟；以兄之禄为不义之禄而不食也，以兄之室为不义之室而不居也，辟兄离母，处于於陵。他日归，则有馈其兄生鹅者，己频顣曰：‘恶用是鶃鶃者为哉？’他日，其母杀是鹅也，与之食之。其兄自外至，曰：‘是鶃鶃之肉也。’出而哇之。以母则不食，以妻则食之；以兄之室则弗居，以於陵则居之，是尚为能充其类也乎？若仲子者，蚓而后充其操者也。”

这一章发问的是齐国的武将匡章。讨论的话题是“廉士”。讨论借由当时齐国的名人陈仲子展开。

陈仲子是战国时期齐国著名的思想家、隐士。他的祖先即是“田陈代齐”的陈国贵族，年轻时曾在稷下学宫学习、讲学，荀子曾把他列为战国时六大家代表人物之一。后因看不惯当时的社会风气，他先迁居於陵（於，音“乌”），再隐居长白山中。对他的评价分两种，一说其为高洁之廉士，“不入污君之朝，不食乱世之食”。另一方面，荀子认为陈仲子的行为是混淆视听，欺世盗名。韩非子则把陈仲子比作一无用处的“实心葫芦”。那么，孟子是怎么评价的呢？

首先看匡章对陈仲子的描述。“居於陵，三日不食，耳无闻，目无见也。井上有李，螬食实者过半矣，匍匐往，将食之，三咽，然后耳有闻，目有见。”三天不吃，饿到耳朵听不见、眼睛看不见的地步，才爬着去找李子吃。这样的特行异举，是不是太奇葩？如果，这是廉士的举动的话，试问，有几个人能做得了，又有几个人敢于做廉士呢？

听了匡章的描述，孟子回答道：在齐国的士人中间，我一定认为陈仲子是“巨擘”。孟子认为陈仲子是齐国士人的翘楚，大概是因为陈仲子的才华。在隐居之前，陈仲子也被齐王请到稷下学宫讲学。尽管后来荀子不赞同陈仲子的行为，但是，在稷下学宫期间，作为稷下学宫掌门人的荀子把陈仲子列为战国六大家之一。孟子接着说，尽管这样，陈仲子怎么能说廉洁呢？如果想做陈仲子这样操行的人，那么先要把自己变成蚯蚓才行。孟子的话很幽默戏谑。因为，蚯蚓只要吃地上的泥土，喝地下的泉水，其他什么都不要吃喝。孟子这样的比方，是从匡章描述中“居於陵，三日不食，耳无闻，目无见也”而来的。这里似乎有些淡淡的讥讽。作为人，不管你是“廉士”“贤士”还是“隐士”，哪怕是“圣人”，总不能像蚯蚓一样不食人间烟火而以槁壤、黄泉维生吧。况且，你陈仲子住的、吃的，来源到底是正当还是非法，也不知道啊。

面对孟子质疑陈仲子吃、住的来处，匡章回答：“是何伤哉？彼身织屦，妻辟纑，以易之也。”

孟子接着讲了陈仲子的情况，还讲了一个“吃鹅吐鹅”的故事。最后，孟子得出结论，如果要像陈仲子这样做所谓的“廉士”，先要变成蚯蚓才行。

在孟子看来，廉士不是不食人间烟火，不是逃避现实隐于世外。

但是，孟子所说“以母则不食，以妻则食之；以兄之室则弗居，以於陵则居之，是尚为能充其类也乎？”则有些强词夺理。陈仲子吐出鹅肉，不是因为鹅肉是母亲烧的，而是因为他知道了鹅子是别人送给他哥哥的礼物。他不住哥哥的房子，是因为他觉得哥哥的房子是不劳而获的现成享用，他自己住的地方尽管简陋，但，是他自己搭建起来的。

陈仲子极端的做法不值得提倡，但可以宽容。他以自己的行为，反对送礼行贿，反对世袭不劳而获，也有其积极意义。

卷七　离娄章句上

——居仁由义，人间大道

《孟子》卷一《梁惠王章句上》、卷二《梁惠王章句下》，记述了孟子游访诸侯、推广自己政治理想——“仁政”“王道”的历程。他言说的对象主要是两个人，一位是“梁惠王”，一位是“齐宣王”。从对话君王、传播思想这件事来讲，孟子是成功的，心中获得了满满的成就感。梁惠王在和孟子对话了三次后，竟如学生般说出“寡人愿安承教”这样的话，多么谦逊有礼。齐宣王和孟子讨论齐桓公、晋文公称霸诸侯的事。孟子从齐宣王的恻隐之心出发，循循诱导，两人近乎心心相印、心有灵犀。齐宣王说：“‘他人有心，予忖度之。’夫子之谓也。夫子言之，于我心有戚戚焉。”可以看出，这两位战国时期重要的君王很尊重孟子，对孟子的“仁政”主张也很认同，只是并未在行动上落实。

说到论辩的能力、说话的水平，孟子可谓当时天下第一，乃至招人嫉妒，说他“好辩”“好为人师”。语言的力量有时也只能抵达心灵，无法到达“手脚”。孟子与诸侯交往、对话，劝导他们施行“仁政”，但是，没有一个真正去做的。孟子的“布道”在现实中没有成功，在与弟子们虚幻的构想中继续“仁政”理想的飞翔。在念念不忘他“仁政”理想的同时，孟子像晚年的孔子一样，读书、讲学、教育弟子。

接下来的卷七《离娄章句上》，仍然讲仁政、仁道、仁义。这一卷的开头都是“孟子曰”，是孟子的“自说自话”，没有和他人的对话、讨论、辩论。就像现在的“讲授法”，一人独自发表自己的观点。而卷一、卷二讲仁道、仁政，是和梁惠王、齐宣王的对话，有具体的语境，有话题、由头，既就事论事，又引申阐发，针对的是具体的治国理政方略。

从开头（卷一、卷二）的推销“仁政”，到中途（卷三至卷六）的梦幻

"仁政"，再到这里（卷七）的议论"仁政"，从事理、义理、逻辑、人性等角度进行阐述，具有抽象性、普遍性。"仁政"思想贯穿《孟子》全书始终，"仁政"乃孟子终身之追求、志业，"仁义"是孟子思想的核心价值。为了"仁义""仁政"，孟子奔走呼号、孜孜以求，其天下民生情怀令人感佩。当今之时，正需要像孟子这样的人，为了众生直言抒怀。

7.1 不以规矩，不成方圆——仁政，为政之规矩

孟子曰："离娄之明，公输子之巧，不以规矩，不能成方圆；师旷之聪，不以六律，不能正五音；尧、舜之道，不以仁政，不能平治天下。今有仁心仁闻而民不被其泽，不可法于后世者，不行先王之道也。故曰，徒善不足以为政，徒法不能以自行。《诗》云：'不愆不忘，率由旧章。'遵先王之法而过者，未之有也。圣人既竭目力焉，继之以规矩准绳，以为方员平直，不可胜用也；既竭耳力焉，继之以六律，正五音，不可胜用也；既竭心思焉，继之以不忍人之政，而仁覆天下矣。故曰，为高必因丘陵，为下必因川泽。为政不因先王之道，可谓智乎？是以惟仁者宜在高位。不仁而在高位，是播其恶于众也。上无道揆也，下无法守也，朝不信道，工不信度，君子犯义，小人犯刑，国之所存者幸也。故曰，城郭不完，兵甲不多，非国之灾也；田野不辟，货财不聚，非国之害也。上无礼，下无学，贼民兴，丧无日矣。《诗》曰：'天之方蹶，无然泄泄。'泄泄，犹沓沓也。事君无义，进退无礼，言则非先王之道者，犹沓沓也。故曰，责难于君谓之恭，陈善闭邪谓之敬，吾君不能谓之贼。"

离娄，相传黄帝时代的人，目力极强，于百步之外见秋毫之末。公输子，又名班，即公输班，鲁国人，又称鲁班。他们明、巧的天性，加之"规矩"的使用，造就了精致的器物。师旷，晋平公的太师（乐官之长），中国古代著名的音乐家。他的耳朵、听力再敏锐，也要借助于"律"（正音的竹

管），才能使五音标准而不偏差。这是成事、成功的普遍规律，内在的天性、素质，与外在的客观条件、凭借相配合、对接，方能生成行为、创造世界。

从类似的现象、事实，推出自己的思想，是孟子一贯的逻辑和方法。由“不以规矩，不能成方圆”“不以六律，不能正五音”，顺势推出“不以仁政，不能平治天下”。这里，孟子暗含了一个预设：仁政，就是治国理政、平治天下的规矩和法宝。你有好的眼力、好的巧手、好的耳朵，如果没有“规矩”“律吕”，创造不出精致的“作品”；你有“仁心仁闻”，“不行先王之道”（仁政），则“民不被其泽，不可法于后世”。所以说，“徒善不足以为政，徒法不能以自行”。要实施“仁政”，要有具体的方略措施，而这些措施就是“先王之法”。当然，“尊先王之法”的同时，也要与时俱进。只要以民生为本，心怀仁义，仁政之路定成康庄大道。

接着，孟子从正反两方面阐述了行仁政而平治天下的道理。正面：圣人竭尽视力之后，接着用圆规、曲尺、水准（测量水平的器具）、墨线等工具，来制作方的、圆的、平的、直的东西，那些东西就用之不尽了；圣人竭尽听力之后，接着用六律来校正五音，各种音乐就被无限创作出来了；圣人竭尽心思之后，接着又施行同情关心百姓的仁政，他的仁爱之德就覆盖天下了。反面：不仁的人占据了统治地位，这是在老百姓中传播恶行败德。在上位的人没有道义规范，在下位的人没有法规可遵守，朝廷不信仰道义，工匠不相信尺度，官吏冒犯义理，百姓触犯刑律，国家还能存在真是太侥幸了。有正反比较，孟子得出结论：城墙不坚固，武器不充足，不是国家的灾难；荒田没开辟，物资不聚集，不是国家的祸害。在上位的人缺乏礼义，在下位的人缺乏教育，违法乱纪的人越来越多，国家的灭亡也就快了。孟子这里强调整个社会的道义，似乎有些过分，好像经济发展不那么重要。但是，社会风气、社会正义，确实是一个国家安全、强大的保障。这一点值得当代人深思：在经济发展的同时，如何保证社会的公平正义，提升全民道德素养，让整个国家既充满生机活力，又在文化层面形成强大的凝聚力？

最后，孟子不忘指出士大夫的担当和责任：侍奉君主不讲道义，行为进退不讲礼法，说话便诋毁古代先王的治国之道，这就是多嘴多舌或者无由抱怨。所以说，责求君王行仁政叫作“恭”，向君王陈述仁义来堵塞其邪念叫作“敬”，认为自己的君王不能行仁政就叫作“贼”。

7.2 殷鉴不远，在夏后之世

孟子曰：“规矩，方员之至也；圣人，人伦之至也。欲为君，尽君道；欲为臣，尽臣道。二者皆法尧、舜而已矣。不以舜之所以事尧事君，不敬其君者也；不以尧之所以治民治民，贼其民者也。孔子曰：‘道二：仁与不仁而已矣。’暴其民甚，则身弑国亡；不甚，则身危国削，名之曰‘幽’‘厉’，虽孝子慈孙，百世不能改也。《诗》云‘殷鉴不远，在夏后之世’，此之谓也。”

接着上一章，本章继续阐述“不以规矩，不能成方圆”的为政之道。“欲为君，尽君道；欲为臣，尽臣道。”“尽君道”“尽臣道”，就是要求君臣都按照“规矩”行事，而“规矩”就是“尧、舜之道”“仁义之道”。孟子又列举周幽王、周厉王两个暴虐的君主为反例，说明不以“规矩”、不行“仁政”的可悲下场，殃及自身和国家，死了之后还被叫作“幽”“厉”，“虽孝子慈孙，百世不能改也”。

最后，孟子引用《诗经》的话——“殷鉴不远，在夏后之世”——告诫后人，引以为鉴。这里的“后”是君主、帝王的意思。夏代多位君主前冠以“后”——后启、后羿等。夏后，就是夏王的意思。世，朝代。“殷鉴不远，在夏后之世”的意思是，殷商值得借鉴的事不远，就在前面夏王的朝代。

7.3 人的行为悖论：“恶醉而强酒”

孟子曰：“三代之得天下也以仁，其失天下也以不仁。国之所以废兴存亡者亦然。天子不仁，不保四海；诸侯不仁，不保社稷；卿大夫不仁，不保宗庙；士庶人不仁，不保四体。今恶死亡而乐不仁，是犹恶醉而强酒。”

每个人心里都想着好的方向。天子、诸侯没有不想保住国家的，普通老百姓没有不想保住自己性命的。可是，有时候，有些人往往想的和做的不一致，心意与行为往往矛盾。这就是明知不好不对的事又不得不做的“人性悖论”。对这种现象，孟子用了一个巧妙的比喻：“今恶死亡而乐不仁，是犹恶醉而强酒。”害怕“死亡”而又去乐此不疲地做通往“死亡”的“不仁”之事，就好像讨厌“酒醉”却偏要去喝酒一样。这个喝酒的比喻，不由想到孔子的一句话“出则事公卿，入则事父兄。丧事不敢不勉，不为酒困。何有于我哉”。孔子还说过“唯酒无量，不及乱”。孔子提醒自己“不为酒困”“不被酒乱”，可见，当时“为酒所困”“酒后乱性”的人不少。当今社会，从官商到百姓，“为酒所困”的现象仍然存在。孟子的感慨是，人之“所困”“所乱”何止于酒，不行仁义，唯利是图，乃人类之“大困”。“天子不仁，不保四海；诸侯不仁，不保社稷；卿大夫不仁，不保宗庙；士庶人不仁，不保四体。”在孟子看来，人类社会也好，个体也好，“仁”是“人”的命根。后面的章节，在阐述“仁”作为“人”的本性时，孟子说，仁者，人也（参读卷十四《尽心章句下》第16章前后诸章节）。

两千多年前，孟子就大声疾呼，离开了“仁”，“国将不国”“人将不人”。

7.4－7.5 君子求诸己：行“仁政”的基础在修身

7.4 孟子曰：“爱人不亲，反其仁；治人不治，反其智；礼人不答，反其敬。行有不得者皆反求诸己，其身正而天下归之。《诗》云：‘永言配命，自求多福。’”

7.5 孟子曰：“人有恒言，皆曰：‘天下国家。’天下之本在国，国之本在家，家之本在身。”

此两章与《大学》里的“修身齐家治国平天下”有相通之处。

7.6 “仁义”的典范：巨室

孟子曰：“为政不难，不得罪于巨室。巨室之所慕，一国慕之；一国之所慕，天下慕之；故沛然德教溢乎四海。”

巨室，就是贤卿大夫之家。一个品德贤良的大家族，在社会上的示范引领作用是巨大的。孟子说“为政不难，不得罪于巨室”，就是要发挥他们的带头作用，以移风易俗，教化天下。

7.7 “国君好仁，天下无敌”

孟子曰：“天下有道，小德役大德，小贤役大贤；天下无道，小役大，弱役强。斯二者，天也。顺天者存，逆天者亡。齐景公曰：‘既不能令，又不受命，是绝物也。’涕出而女于吴。今也小国师大国而耻受命焉，是犹弟子而耻受命于先师也。如耻之，莫若师文王。师文王，大国五年，小国七年，必为政于天下矣。《诗》云：‘商之孙子，其丽不亿。上帝既命，侯于周服。侯服于周，天命靡常。殷士肤敏，祼将于京。’孔子曰：‘仁不可为众也。夫国君好仁，天下无敌。’今也欲无敌于天下而不以仁，是犹执热而不以濯也。《诗》云：‘谁能执热，逝不以濯？’”

孟子以周文王为例，说明“国君好仁，天下无敌”，警醒当时的君主“今也欲无敌于天下而不以仁”，“是犹执热而不以濯也”——忍受着燥热，而不用冷水冲凉。这和前面的比喻“犹恶醉而强酒”相同，都是表达“君子求诸己”“行有不得者皆反求诸己”的自主意识。

7.8 沧浪之水，“自取之也”

孟子曰：“不仁者可与言哉？安其危而利其灾，乐其所以亡者。不仁而可与言，则何亡国败家之有？有孺子歌曰：‘沧浪之水清兮，可以濯我缨；沧浪之水浊兮，可以濯我足。’孔子曰：‘小子听之！清斯濯缨，浊斯濯足矣，自取之也。’夫人必自侮，然后人侮之；家必自毁，而后人毁之；国必自伐，而后人伐之。《太甲》曰：‘天作孽，犹可违；自作孽，不可活。’此之谓也。”

看着那些国君沉溺于“不仁”而即将导致亡国，不知反省反而乐在其中，孟子多么着急和痛心。他借孔子对“沧浪之水”的评说，告诫君主，行仁在己，“我欲仁，斯仁至矣”。

“夫人必自侮，然后人侮之；家必自毁，而后人毁之；国必自伐，而后人伐之。”孟子从反面告诫人们自身修养的重要，就像水的“清”与“浊”一样。国君的仁与不仁，人的自侮与自尊，家的自毁与自全，国的自伐与自保，是由人自己决定的。

7.9 为渊驱鱼，为丛驱雀：“苟不志于仁，终身忧辱，以陷于死亡”

孟子曰：“桀、纣之失天下也，失其民也；失其民者，失其心也。得天下有道：得其民，斯得天下矣；得其民有道：得其心，斯得民矣；得其心有道：所欲与之聚之，所恶勿施，尔也。民之归仁也，犹水之就下、兽之走圹也。故为渊驱鱼者，獭也；为丛驱爵者，鹯也；为汤、武驱民者，桀与纣也。今天下之君有好仁者，则诸侯皆为之驱矣。虽欲无王，不可得已。今之欲王者，犹七年之病求三年之艾也。苟为不畜，终身不得。苟不志于仁，终身忧辱，以陷于死亡。诗云：'其何能淑，载胥及溺。'此之谓也。"

桀、纣，作为与文王相反不行"仁政"的典型，孟子经常拿出来作为反面教材。桀、纣的残暴行为，像"为渊驱鱼，为丛驱雀"，自己把老百姓驱赶到商汤和武王那里。

孟子不厌其烦，正正反反，反反复复，有事实，有说理，有比喻，有劝诫，目的只有一个，劝导君王行仁政，以利天下苍生。

孟子的语言才能，固然有天赋，亦有其强烈的表达欲望驱使。因为，他要反复、不断地说同一件事、同一个道理，逼着他想出不同的方式去表达。从他丰富的表达、精妙的比喻、独特的寓言故事看出他语言才能的同时，我们亦感受到他为天下太平、众生安宁殚精竭虑、鞠躬尽瘁的情怀。

7.10 "自暴自弃"者，即逃离"仁义"之家的心灵"流浪汉"

孟子曰："自暴者，不可与有言也；自弃者，不可与有为也。言非礼义，谓之自暴也；吾身不能居仁由义，谓之自弃也。仁，人之安宅也；义，人之正路也。旷安宅而弗居，舍正路而不由，哀哉！"

孟子感叹，一些人不走"仁义礼智"的大道，诋毁"礼义"，背弃"仁义"，可谓"自暴自弃"。当下，物欲正在毁灭一些人的精神世界，他们的暴戾、痛苦、粗劣，正是"仁义"缺失的体现，因为"利欲熏心"而"无所不为"。

人的精神家园在哪里？孟子说得很清楚——"仁，人之安宅也；义，人之正路也"。可惜，不少人"旷安宅而弗居，舍正路而不由"。为此，孟子痛心疾首，由衷喟叹："哀哉！"孟子为人们本性良知的丧失而哀叹，为人类的未来而忧心。

以上诸章孟子从正反等各方面阐述仁政在治理国家中的重要性和必要性。

7.11－7.14 行“仁政”的途径：尊亲、孝悌，明善、诚意

7.11 孟子曰：“道在迩而求诸远，事在易而求诸难：人人亲其亲，长其长，而天下平。”

孟子的意思是，行“仁政”平天下，无须舍近求远，可以从身边的小事做起——“亲其亲，长其长”。

“舍近求远”“舍易求难”，这样的思维方式、行为方式，倒是值得我们去思考的。“人人亲其亲，长其长，而天下平”与《论语》里有子的一番话一样，虽然有相关性，但是缺乏逻辑的必然性。

《论语·学而》第2章，有子曰：“其为人也孝弟，而好犯上者，鲜矣！不好犯上，而好作乱者，未之有也。君子务本，本立而道生。孝弟也者，其为仁之本与？”同样，“本立而道生”是有道理的。孝悌，是家庭内亲情关系；犯上，是社会、政治关系。两条思路，不能放在一起推论。仁之本为孝悌，也是对的。但是，有仁德、仁心，不等于不能“犯上”。这一点，孟子的态度很鲜明。孟子告齐宣王曰：“君之视臣如手足，则臣视君如腹心；君之视臣如犬马，则臣视君如国人；君之视臣如土芥，则臣视君如寇雠。”“不犯上”的前提是，“上”必须是贤能之人。按照孟子的意思，如其“不能不贤”，则必须“犯上”。

所以，孟子的“人人亲其亲，长其长，而天下平”和有子的“其为人也孝悌，而好犯上者，鲜矣”，推论不够严谨。

7.12 孟子曰：“居下位而不获于上，民不可得而治也。获于上有道：不信于友，弗获于上矣。信于友有道：事亲弗悦，弗信于友矣。悦亲有道：反

身不诚，不悦于亲矣。诚身有道：不明乎善，不诚其身矣。是故诚者，天之道也；思诚者，人之道也。至诚而不动者，未之有也；不诚，未有能动者也。”

孟子从“居下位而不获于上”“民不可得而治也”，得出以下推论：不信于友，弗获于上；事亲弗悦，弗信于友；反身不诚，不悦于亲；不明乎善，不诚其身。

由此，孟子得出结论：“是故诚者，天之道也；思诚者，人之道也。至诚而不动者，未之有也；不诚，未有能动者也。”

这里，孟子指出了践行“仁义”以“治民”的路径：明善→诚身，身诚→亲悦，亲悦→友信，友信→获于上，获于上→民治。

这个路径符不符合逻辑，能不能行得通，要作具体分析。

首先对“居下位而不获于上”作分析。

“居下位”，是分工的不同，责任的不同。下位者与上位者的关系，应该是双向的、互动的。如果是绝对服从的关系，那不是做事和工作的常态。这一点，在现代社会几乎已经是常识。就是在孟子的时代，孟子自己也表示过，作为管理人员的独立性。在卷二《梁惠王章句下》中，孟子对齐宣王说：“至于治国家，则曰：‘姑舍女所学而从我。’则何以异于教玉人雕琢玉哉？”孟子鲜明地反对君王对大臣指手画脚地乱指挥。臣下管理国家，按照自己所学礼义，根据国家规矩，而不是一切听从君主。“不以规矩，不成方圆”也是孟子信奉、强调的治国理政的原则。

因此，这里的“居下位而获于上”，是指居于“上”“下”岗位的管理者相互沟通，形成共识，而不仅仅指“得到上级的信任”这样单向的关系。这种单向的关系，是“人治”思维，双向互动、按章办事，才是“法治”思维。

再看，孟子路径的逻辑。

由明善→诚身，身诚→亲悦，亲悦→友信，友信→获于上，获于上→

民治。

由“明善→诚身”、“身诚→亲悦”，这一路径是“亲情逻辑”“伦理逻辑”，说得通。当我们与人为善、以善待人，我们的身心一定是真诚的、澄明的，以这样澄明的态度对待父母长辈，长辈们一定是高兴而开心的。

但是，当走出家庭，走上社会，就不仅仅是“亲情逻辑”。你在家里能让父母开心，未必能深谙交友之道。交友之道，朋友间的信任，不是简单、直接的关系。孔子就说过：“事君数，斯辱矣。朋友数，斯疏矣。”获得朋友的信任，就可以获得上级的信任。这也不是直接的关系。交友之道与上下级之间的交往，不是同一层面的问题。获得上级的信任，就可以管理好民众，也没有直接关系。当然，一个人心地善良、心胸宽广、心地无私，可以交更多的朋友，获得上级信任的可能性更大。但是，“信友”“获于上”“民治”是“人际逻辑”“社会逻辑”，与“亲情逻辑”不完全一样。由“悦于亲”到“信于友”再到“获于上”，不是简单的直接的逻辑关系。

孟子的推论，自有他自己的想法和依据。这里只是说出我自己的理解，希望得到读者的指正。

“精诚所至，金石为开”，是路径，是策略，更是理想和信念。我们不能因为“金石不开”，而放弃“精诚”。就像“善有善报，恶有恶报”，我们为善，不是为了“报”，而是“良知”“良能”，是“天之道”，也是孟子始终坚持的“人性向善”。

有些事，暂时看不到效果，但是，我们不能不做；有些事，本就是“为人之道”，不为任何目的，而应该去做。

孟子说“是故诚者，天之道也；思诚者，人之道也”，我相信。孟子说“至诚而不动者，未之有也；不诚，未有能动者也”，我并不全信。从理性的角度看，“至诚而不动者”，可能会有；“不诚”，亦可能会有“动者”。否则，骗术就不会流行，花言巧语也不会有人相信。

7.13 孟子曰：“伯夷辟纣，居北海之滨，闻文王作，兴曰：‘盍归乎来！

吾闻西伯善养老者。'太公辟纣，居东海之滨，闻文王作，兴曰：'盍归乎来！吾闻西伯善养老者。'二老者，天下之大老也，而归之，是天下之父归之也。天下之父归之，其子焉往？诸侯有行文王之政者，七年之内，必为政于天下矣。"

孟子以古代两位贤臣、能人的取舍为例，证明行"仁政"者必得天下。伯夷，孤竹国的公子；太公，即姜子牙，姜姓，吕氏，名尚，字子牙，商朝贵族，其先祖封于吕，故以吕为氏，也称吕尚。

他们俩遇到残暴的商纣王，采取的是同一行为"避"——"伯夷辟纣，居北海之滨"，"太公辟纣，居东海之滨"。而当他们听到文王兴起时，居然说了同样的话："盍归乎来！吾闻西伯善养老者。"这里的"善养老者"，是借用具体的"善养老"行为，表达出周文王是行"仁政"的君主。

两位贤老一"辟"一"归"的选择，人心的向背不言而喻啊！由此，孟子感叹："二老者，天下之大老也，而归之，是天下之父归之也。天下之父归之，其子焉往？"从这样的历史，面对当下的现实，孟子断言："诸侯有行文王之政者，七年之内，必为政于天下矣。"

这里指出的行"仁政"途径，其实很简单，就是"敬老、养老"，与本卷第11章的"人人亲其亲，长其长，而天下平"相呼应。"王天下"其实不难，善待每个人而已。人性简单——向善；人性又复杂——人组成了社会，人力资源的整合让人的智慧和力量得以充分发挥，但同时会出现各种违背人性的怪异现象。

7.14 孟子曰："求也为季氏宰，无能改于其德，而赋粟倍他日。孔子曰：'求非我徒也，小子鸣鼓而攻之可也。'由此观之，君不行仁政而富之，皆弃于孔子者也。况于为之强战？争地以战，杀人盈野；争城以战，杀人盈城。此所谓率土地而食人肉，罪不容于死。故善战者服上刑，连诸侯者次之，辟草莱、任土地者次之。"

这一章，孟子表达了自己一贯的“求安民”“反战争”的态度。他对发动战争而杀人的行为，表达了极端的痛恨和愤慨。

孟子从孔子和孔子的弟子冉有的故事说起。《论语·先进》第17章：季氏富于周公，而求也为之聚敛而附益之。子曰：“非吾徒也，小子鸣鼓而攻之可也！”

孟子解释，“求也为季氏宰，无能改于其德，而赋粟倍他日。”孟子从冉有“为之聚敛而附益之”的行为，还读出了冉有“无能改于其德”的责任。在孟子看来，作为孔子的弟子，冉有根本不应该做出为虎作伥的“赋粟倍他日”之事，而应该引导、促使季氏善待百姓，改变其不好的德行。

孟子从孔子对冉有“为富不仁”行为的唾弃，引出对战争者的鞭挞和痛击。“由此观之，君不行仁政而富之，皆弃于孔子者也。况于为之强战？争地以战，杀人盈野；争城以战，杀人盈城，此所谓率土地而食人肉，罪不容于死。故善战者服上刑，连诸侯者次之，辟草莱、任土地者次之。”

在孟子看来，战争即“杀人”，“率土地而食人肉”，孟子对战争者的态度很鲜明——“罪不容于死”！他认为，对战争者、与战争有关者都要进行严厉的惩罚：善于打仗的不仅不能奖励，还要“服上刑”，接受最重的刑罚；像苏秦、张仪那样联络、挑拨诸侯，使之战争的，接受次一等的刑罚；为了增加军费开辟土地的，接受再次一等的刑罚。

当今世界，还不太平，孟子坚定的“反战主义”思想，值得我们好好反思和借鉴。

本章孟子从《论语》中的一篇说起，又一次体现了孟子“述仲尼之意”的意图。

7.15 眼睛，是心灵的窗户

孟子曰：“存乎人者，莫良于眸子。眸子不能掩其恶。胸中正，则眸子瞭焉；胸中不正，则眸子眊焉。听其言也，观其眸子，人焉廋哉？”

以上几章孟子把反暴政推仁政说到了极致，接着的这一章改变节奏、宕开一笔，讲“洞人心扉”的法门。“知人者智”，智者总是能看准人，看透人心的。孟子看人心的方法是，看人的眼睛。“眼睛是心灵的窗户”，孟子与达·芬奇所见略同。

孟子首先亮出自己的观点——存放在人心里的思想、情绪、态度等，其表现于外，没有比眼珠（眼神）更清楚的了。眼珠，是不能掩饰其内心恶意的。我们都有这样的经验，当你真的想要揣摩别人的心思的时候，一定是看他的眼睛，盯着他的眼珠看。

接着，他从正反两面阐述内在的“胸中”和外在的“眸子”的关系。内心坦荡，那么眼珠（眼神）“瞭焉”（明亮）；内心不正，那么眼珠（眼神）“眊焉”（晦暗、躲闪、暧昧）。像孔子一样，孟子也是看人的高手。当我们盯着别人看的时候，这样的体验每个人都有。心中有鬼的人，是不敢和人长时间对视的。就像齐宣王“顾左右而言他”，不敢正视孟子。

最后，孟子得出结论：“听其言也，观其眸子，人焉廋哉？”听人说话还不够，再看看他的眼珠（眼神），人就无法隐藏自己啦！言为心声，但可能“言不由衷”，但是眼珠（眼神）像透明的玻璃窗户，把人的内心世界敞亮出来。

上一章孟子“述仲尼之意”，这一章孟子“述仲尼之道”。孔子的察人之道，《论语》里有记载。《论语·为政》第 10 章，子曰：“视其所以，观其所由，察其所安，人焉廋哉？人焉廋哉？”

7.16 为君之道，敬人律己

孟子曰：“恭者不侮人，俭者不夺人。侮夺人之君，惟恐不顺焉，恶得为恭俭？恭俭岂可以声音笑貌为哉？”

孟子这里提到的“恭俭”，应该来自《论语》的“温、良、恭、俭、让”。子贡用这五个字，夸赞他老师孔子的品行。后来，“温、良、恭、俭、让”成为君子优良品质的标识。在我看来，这里的“俭”不是“节俭、节约”的意思，而是“约束、不放纵”的意思。

孟子认为，一个恭敬别人的人不会去侮辱他人，一个约束、不放纵自己的人不会掠夺别人（不侮夺他人，才会善待他人，具有这样品质的诸侯才可能施行“仁政”）。而有些诸侯，不尊重别人侮辱他人，贪心不足掠夺他人财物。这样的诸侯只怕别人不顺从自己，怎么会做到“恭俭”呢？做不到“恭俭”，怎么能行“仁政”呢？“恭俭”是一种内在的品质和真诚的心态，还要有具体的行为，不能看表面的“声音笑貌”。这又呼应了孔子的判断——“巧言令色，鲜矣仁”。

7.17 “英雄”救不救“美人”

淳于髡曰：“男女授受不亲，礼与？”

孟子曰：“礼也。”

曰：“嫂溺则援之以手乎？”

曰：“嫂溺不援，是豺狼也。男女授受不亲，礼也；嫂溺援之以手者，权也。”

曰：“今天下溺矣，夫子之不援，何也？”

曰：“天下溺，援之以道；嫂溺，援之以手。子欲手援天下乎？”

这一章是孟子和他同时代且同在稷下学宫的一位名人淳于髡的对话。

淳于髡，战国时期齐国的政治家和思想家，齐威王拜其为政卿大夫。淳于髡身长不满七尺，滑稽多辩，数度出使诸侯，未尝屈辱。齐威王八年（前606），楚发兵伐齐。齐王使淳于髡至赵国请救兵，赵王与之精兵十万，革车千乘。楚国闻之退兵。淳于髡以博学多才、善于辩论著称，是稷下学宫中最具影响力的学者之一。他长期活跃在齐国的政治和学术领域，上说下教，不治而议论，曾对齐国新兴封建制度的巩固和发展，对齐国的振兴与强盛，对威、宣之际稷下之学的发展，做出了重要的贡献。齐威王“不飞则已，一飞冲天”“不鸣则已，一鸣惊人”的故事，就与淳于髡有关。

虽然两人都善辩，由于性格相异，个性不同，淳于髡有些故意刁难孟子，而孟子能从容应对。两位高手的对决，还有一次是在卷十二《告子章句下》第6章。这两次都以孟子占上风而告终。我猜想，孟子和淳于髡的对话不止一两次，也不是每一次都是孟子“获胜”。《孟子》里记载的这两次可能是经过选择的。

淳于髡设计了一个两难的情景，让孟子选择。从表面看，选哪一个都难。自己的嫂子掉在河里，伸手去拉吧，违背了礼；见危不救吧，不合人之常情。淳于髡心里得意：看重视礼节的孟子你怎么处理。

孟子一点没有慌张、犹豫，回答得很干脆：不伸手拉掉在河里的嫂嫂，那是豺狼啊！意思是，看到这种情况，应该毫不犹豫地、迅速地伸手救嫂，根本不需要考虑什么“男女授受不亲”的“礼”。在这样毫不含糊地回答后，孟子还解释了行为背后的道理——“男女授受不亲，礼也；嫂溺，援之以手者，权也”，就是我们现在讲的“原则性与灵活性的统一”。孔子、孟子都很重视“礼”的规范，孔子讲过“君君臣臣父父子子”，孟子讲过“不以规矩，不成方圆”。但是，孔、孟更重视“礼”的行为背后的“动机”，这就是“仁”。孔子说，“人而不仁，如礼何？人而不仁，如乐何？”“仁”的情感、思想，是一切行为的根本。这和康德提出的“人是目的”的现代命题是相通的。康德指出：“一切人都是目的，而且一切人又彼此地都是手段。”嫂嫂掉下河了，救嫂嫂这个“人”，就成了唯一目的。为了“人”“仁”，在具体事情上是需要权变的。

至此，淳于髡没有占到便宜，也没有难住孟子。但是，淳于髡没有就此罢休，话锋一转，又抛出一个问题：“今天下溺矣，夫子之不援，何也？”现在，整个天下都掉在水里了，你不去援救，为什么呢？我们不能不佩服淳于髡的能说会道。他由“嫂溺”想到“天下溺”，从男女间的“援手”想到孟子的“援手”。一刹那间能生成如此精妙的问题，我们不能不惊叹其聪明睿智。

孟子的回答，更是“道高一丈”。孟子回答：“天下溺，援之以道；嫂溺，援之以手——子欲手援天下乎？”孟子首先表明，救天下于水火，不是用“手”而是用“道”。然后，孟子反问淳于髡：救嫂子要伸出手去拉拽，你淳于髡也想用手把天下从“水里”“救”上来吗？孟子的回答中有两个具体的技巧。一是，他把淳于髡问他的“夫子之不援”的“不援”定位为“不援手”，这样才有最后的反问“子欲手援天下乎”。二是，孟子把淳于髡踢过来的“球”，回踢过去——你问我“今天下溺矣，夫子之不援，何也”，我反过来问你“子欲手援天下乎”。孟子这样的反问，其实是和淳于髡开了个玩笑，语言幽默诙谐。两人可以会心一笑。

7.18 “易子而教”是正论，还是悖论

公孙丑曰：“君子之不教子，何也？”

孟子曰：“势不行也。教者必以正；以正不行，继之以怒。继之以怒，则反夷矣。‘夫子教我以正，夫子未出于正也。’则是父子相夷也。父子相夷，则恶矣。古者易子而教之，父子之间不责善。责善则离，离则不祥莫大焉。”

这一章孟子和公孙丑讨论了“易子而教”的问题。

公孙丑发问：“君子之不教子，何也？”君子，可以指“君主”，可以指“贵族”，可以指“有文化修养”的人。“父母是孩子的第一任教师”，“养不教父之过”。按理说，君子自己有身份，有地位，有文化，有修养，应该承担起教子的责任。因此，公孙丑不理解，向老师请教——君子不教育自己的孩子，为什么呢？

孟子的回答，概括地说是四个字“势不行也”，关键字是“势”。接着，

孟子分析了父教子的“势”及其“势不行”的原因。

“教者必以正；以正不行，继之以怒。继之以怒，则反夷矣。”教育人的人，一定以正道教育之。因为正道（暂时不被受教者接受）而不能执行，紧接着教者就会发怒。一发怒，就伤害了教者和受教者之间的感情。这里的“势”，是教者的意图与受教者接受之间的矛盾所引起的伤害。这个“势”的主体在教者，当教者的意图不被接受，是不是就应该“怒”？这值得教者反省！

“‘夫子教我以正，夫子未出于正也。’则是父子相夷也。父子相夷，则恶矣。”这里假设作为受教者的儿子的口吻说：你用正道教我，你自己却没有按照正道去做。这样责怪、抱怨，父子之间就伤感情了。父子之间伤了感情，那是不好的事情啊。这里的“势”，是儿子抱怨父亲的“不正”所引起的伤害。这个“势”的主体仍然是教者，教者“不正”，受教者应不应该“责怨”呢？这更值得教者反思！

“古者易子而教之，父子之间不责善。责善则离，离则不祥莫大焉。”最后，孟子得出结论：古代人交换子女教育，父子之间不因为求好而相互责备。因为求好而相互责备，父子之间就会产生隔阂，那是最不好的事情。从中可以看出，“易子而教”为的是不伤害父子之间的感情。

这就是孟子所说的“势”。而造成这个“势”的原因，第一是“教而不行”的“怒”，第二是“夫子未出于正”，第三是“父子责善”。但是，这三个原因都是作为“教者”“父亲”可以避免的。从正面说，当“教而不行”时，不发怒而是“循循善诱”；作为教者，本来就应该“其身正”“以身作则”；父子之间可以放弃“责善”，而共同“向善”。如果这样，“反势”就成了“正势”，父亲就真正成了孩子“最好的老师”。

回到“君子之不教子”，其“君子”应该是指“君主”“诸侯”“公卿”等贵族、统治者。因为，他们被“政治”绑架了，身上附着了更多利益、纷争等，已经不能成为一个单纯的教育者的角色。此处的“教”，更多的是“成人”之教，而非技能、知识的教。孟子大概是从这个意义上阐述“君子之不教子，势不行也”的。

其实，教育是件复杂的事。教育者是人，受教者也是人。一人已复杂，人加人更复杂，大人加小人（未来的大人）又复杂。所有的复杂都源于人性。人无完人，为什么都要“教子成完人”呢？教，应该是在常态下的教；非常态的教，以后回到常态怎么办？因此，普通、正常的家庭，不必“易子而教”。

7.19 事亲守身，人之大本

孟子曰：“事，孰为大？事亲为大；守，孰为大？守身为大。不失其身而能事其亲者，吾闻之矣；失其身而能事其亲者，吾未之闻也。孰不为事？事亲，事之本也；孰不为守？守身，守之本也。曾子养曾皙，必有酒肉。将彻，必请所与。问有余，必曰‘有’。曾皙死，曾元养曾子，必有酒肉。将彻，不请所与。问有余，曰‘亡矣’，将以复进也。此所谓养口体者也。若曾子，则可谓养志也。事亲若曾子者，可也。”

这里孟子讲了自身修养的两个基本点。一是“事亲”，即侍奉、孝敬父母；二是“守身”，即保持自身的品德和操守。两者都是人之为人最重要、最根本的事情。所以，孟子说，“事，孰为大？事亲为大；守，孰为大？守身为大”，“孰不为事？事亲，事之本也；孰不为守？守身，守之本也”。两者的关系是：“不失其身而能事其亲者，吾闻之矣；失其身而能事其亲者，吾未之闻也。”

最后，孟子举例——曾子奉养其父亲、曾子的儿子奉养他——说明事亲在“养志”而非“养口体”，以此呼应《论语》里“孝”的根本在“敬”的思想。（子游问孝。子曰：“今之孝者，是谓能养。至于犬马，皆能有养；不敬，何以别乎？”子夏问孝。子曰：“色难。有事，弟子服其劳；有酒食，先生馔。曾是以为孝乎？”）

另，作为道德典范的曾子，其养父之道让人敬佩、为人榜样，正如孟子所言“事亲若曾子者，可也”。但是，令人遗憾的是，这样的示范在他自己家里并未发生作用。他的儿子曾元与他事亲的“养志”相反，用“养口体”的方式对待他，没有了孔子强调的“敬”。这对环境教化作用是反例。当然，现代社会作为年轻人，更多的时间、精力，应该花在创业谋事上；到了中年之后，事亲守身则应该是重点了。

7.20 榜样之力，到底有多大

孟子曰：“人不足与适也，政不足间也；唯大人为能格君心之非。君仁，莫不仁；君义，莫不义；君正，莫不正。一正君而国定矣。”

这里的人，其实是指那些不行仁义，为政不合规矩的君主。君子，是人心目中正面的形象。但是，有居“君子”之位不行“君子”之道的，孟子不称其“君”，称其为“人”。有些君主是这样的人，他们（人品）已经不值得批评、责备了，他们的政事也不值得议论、挑剔了。这些“人”在孟子看来，已是不可救药，彻底坏死了。（适，古同“谪”，责备、惩罚；间，间隙、空隙，引申为找空隙、找茬儿，即批评、挑剔。）桀、纣就是这样的“人”。

有些君主虽无“尧、舜之德”，但尚有改造、挽救之可能，虽然掉在水里，但没有淹没，援手可救。孟子希望有人援之以手——“唯大人为能格君心之非”。这里的“大人”，不是指“王公贵族”。用“王公贵族”去格“王公贵族”，显然说不通。这里的“大人”指德行高尚的大德大才者。孟子在后面的《告子章句上》中说：“从其大体为大人，从其小体为小人。”孟子这句话的意思是，只有大德大才的人能纠正君主的非分、非法之想。这里，有两个条件。一是，君主有改过的可能，其“良知”没有被完全遮蔽。否则，就会成为上一句说的“不足与适”“不足间”的死不悔改的家伙了。二是，“大人”的德才具有相当的能量，足以转变已经走上邪路的君主。

最后，孟子说："君仁，莫不仁；君义，莫不义；君正，莫不正。一正君而国定矣。"这样的判断，只是一种理想化。尧不可谓不仁，可是他的儿子丹朱却不肖；舜不可谓不义，可是他的父亲、哥哥却不义。

这就引出另一个话题：榜样的力量到底有多大？孔子说，君子之德风，小人之德草，草上之风必偃；其身正，不令而行，等等。毛泽东说，向雷锋同志学习。我们的社会非常重视榜样的力量。可是，无数事实证明，榜样有力量，但是榜样的力量是有限的。孟子在不同的篇章，反复、多次从不同的角度用不同的方式，肯定、颂扬尧、舜之道，鞭挞、批判桀、纣之行，可是，后世君王真正学习尧、舜之道的甚微。孟子的性善论，是他内心的信仰和理想，他希望君王能行仁政，让天下太平，苍生安宁。而君王行仁政的前提是，孟子所说的"恻隐之心、羞恶之心、辞让之心、是非之心"没有被蒙蔽。

问题是，人性转化为人的行为不是简单直接的关系，加上政治就复杂得令人不可想象、不可思议。齐宣王可以怜悯一头牛，但是，不一定怜悯上战场的老百姓。人的痛苦和纠结往往就在抽象的人性和具体的行为之间。孟子的"仁政"理想，中国古代的"天下大同"思想，离人类仍然十分遥远。在政治上，孔子、孟子强调德治、人治，是过于理想化和简单化了，用于治理国家，只能是助力和补充。但是，值得我们佩服的是，他们的天下情怀和众生情怀，他们坚持自己的理想而不迎合当时君王的可贵精神。

7.21 特别的"毁誉"

孟子曰："有不虞之誉，有求全之毁。"

这是孟子对一种社会现象的敏感。有的时候，你没有想到，荣誉、表彰、赞美到了你的面前。有的时候，你觉得自己工作、为人各方面都做得周全，没有问题、瑕疵，可是突然受到诋毁、责难。（虞，意料、预料。）

面对这样的意外，怎么办？孟子没有给出对策，他只是提醒人们可能有这样的情况发生。一般人不会超脱于毁誉之上，总是喜欢听赞美之词，听到鄙视、诋毁、嘲讽、诛伐的话，肯定不开心、郁闷甚至气愤。这是人之常情。当我们知道“有不虞之誉，有求全之毁”这样的现象，可以有个心理准备。尽管不能“宠辱不惊，闲看庭前花开花落；去留无意，漫随天上云卷云舒”，但也不至于猝不及防、方寸大乱。

7.22 无语境、无背景的话，怎么理解

孟子曰：“人之易其言也，无责耳矣。”

杨伯峻先生的译文：人把什么话都轻易地说出口，那便不足责备了。这样的翻译或解释，前后句之间似乎义理不通。

我尝试着想出了四种解释：

一是，人这样轻易地说话，不值得责备。

二是，人轻易说话的原因是，没有受到责备。

三是，人轻易说话，是不负责任。

四是，人改变自己说的话，是不负责任。

孟子这句话，似乎是从反面解释孔子的“敏于事而慎于言”。说话要慎重，对自己负责，对别人负责。因为，有时候语言对人、对事、对社会的影响是很大的。大的极致是孔子说的“一言而兴邦”。

7.23 孟子自省：莫好为人师

孟子曰：“人之患在好为人师。”

孟子把“好为人师”看成人的一种毛病。我认为这是他自己的一种反

省。孟子与齐宣王、梁惠王的对话，孟子和学生的对话，孟子和告子、陈相等人的辩论，从这些看，孟子的气势、定位，是有居高临下、好为人师的意味。从孟子的辩才、学识来看，他确实是一位优秀的老师，“大师”的称号他也当之无愧。孟子能够自觉反省，表现出担心，让我们对他格外尊重。他已经意识到，水平再高，人也不能时时、处处、事事正确，人不可能是完人。老师是有责任和担当的，老师要是教错了的话，那可是天大的责任和罪过。这是为师的敬畏之心，值得当今所有教师警醒。于永正老师说，只有当自己读透了课文，对课文有了自己的深切感悟，才“敢”走进课堂。这个“敢”字，表现了于老师对教育、对学生、对语文的敬畏之心。这个“敢”字，也就是防止自己“轻率而教”。

7.24 尊师，应在第一时间

乐正子从于子敖之齐。

乐正子见孟子。孟子曰：“子亦来见我乎？”

曰：“先生何为出此言也？”

曰：“子来几日矣？”

曰：“昔者。”

曰：“昔者，则我出此言也，不亦宜乎？”

曰：“舍馆未定。”

曰：“子闻之也，舍馆定，然后求见长者乎？”

曰：“克有罪。”

上一章孟子刚刚反省“人之患在好为人师”。这里的“好为人师”，主要是指不谦虚，自以为是，喜欢教导别人甚至教训别人。这一章，孟子还真的“好”“为人师”，喜欢做人的老师，希望做得到学生尊重的老师。

乐正子是孟子的学生，虽没有公孙丑、万章名气高，但也是孟子中意的好学生。乐正子在鲁国从政时，曾经向鲁平公引见孟子。由于身边侍臣的挑拨，鲁平公最终未曾见孟子。（卷二《梁惠王章句下》第16章）这一次，乐正子到齐国来，孟子正好在齐国。第二天，乐正子来拜望老师。学生来看望，孟子没有表现出高兴，而是不开心，对乐正子说："子亦来见我乎？"你也来看我啊，意思是，你早就把老师给忘了。乐正子纳闷：老师今天心情为什么不好？便回答："先生何为出此言也？"孟子接着问："子来几日矣？"这时，作为读者，我们应该已经猜到孟子不开心的原因了。原来，乐正子没有在到了齐国的当天就来看他。乐正子回答："昔者。"乐正子已经做得不错了，第二天就来看老师。可是，孟子还是不满意，说："昔者，则我出此言也，不亦宜乎？"意思是，你昨天没有来看我，我那样说表示我的不开心，不是很应该吗？乐正子找了个理由辩解，说："舍馆未定。"孟子不依不饶，说："子闻之也，舍馆定，然后求见长者乎？"你听说过，要找好住处再来求见长者吗？乐正子只得认错，"克有罪"。

这样一件小事，写出了师生间的关系，也反映了孟子对学生尊敬他是多么的看重。或者，乐正子是他所中意的弟子，理应拜见老师为先，知道老师在哪里，应该第一时间来看望。乐正子在第二天看望是常态，孟子本不应该"求全责备"。孟子的"苛刻"，正从反面表现出师生间的亲密。不是关系亲密，不会说出这样直白知心的话。

孟子和乐正子直话直说，在下一章再一次体现。

7.25 君子不为"稻粱谋"

孟子谓乐正子曰："子之从于子敖来，徒餔啜也。我不意子学古之道而以餔啜也。"

在齐国从政的乐正子，过了一段时间又来看望孟子。大概是孟子了解到乐正子在齐国没什么作为，更没有去推行他的"仁政"理想。于是对乐正子说：你跟着子敖来齐国只是混饭吃的，我想不到你学习古人的道义（仁义之道），竟然只是为了填饱肚皮。孟子的遗憾、不满之情溢于言表。孟子对于推行“仁政”真是到了痴迷的程度。他不仅自己念兹在兹，对弟子也是严格要求，满怀期待。

7.26 不孝有三，无后为大

孟子曰：“不孝有三，无后为大。舜不告而娶，为无后也，君子以为犹告也。”

孟子的这句话有些语焉不详，好像在为舜辩护。

不孝有三，是哪三？没有说明。生育子女是人的本能，生命的本能，没有特殊情况，绝大多数人是不会有意“无后”的。像孔子的父亲，六十几岁了，还要实现生个健康的儿子的梦想，真是“有后”的典范。所以，我认为“不孝”之中，“无后”不是最大的过错。孟子为什么这么说呢？是为了他心目中的“圣贤”“完人”舜辩解，故预设了这个前提。

“父母之命媒妁之言”是古代婚姻的程序。卷六《滕文公章句下》第 3 章中孟子提到，舜娶的是尧的两个女儿娥皇、女英，因为舜的父母怪异、乖戾，要是舜告诉了父母，就娶不成了，所以“舜不告而娶”。

“无后为大”，南怀瑾解释，“有后”是“有后世的影响，做了有益社会、众生的好事、善举”，“无后”则相反。还有人解释为，没有尽到后辈的责任。对文本的解读，固然可以见仁见智，充分发挥自己的想象，但是，像这样有上下文的语境，就不要再去挖空心思想出其他的解释。联系下一句的“舜不告而娶，为无后也”，那么上一句的“无后”，一定是“没有后代”的意思，没有别的解释。

“君子以为犹告也。”君子认为舜这样做，好像等于告诉了父母，也就是舜的“不告”，并不是“不孝”。因为，他是为了最大的“孝”——“有后”。

7.27 手舞足蹈："仁""义"乃快乐之源

孟子曰："仁之实，事亲是也；义之实，从兄是也；智之实，知斯二者弗去是也；礼之实，节文斯二者是也；乐之实，乐斯二者，乐则生矣；生则恶可已也；恶可已，则不知足之蹈之、手之舞之。"

孟子认为，仁的内涵是事奉双亲，义的内涵是顺从兄长，智的内涵是知道"仁""义"这两者的价值而不离开它们，礼的内涵是节制并修饰"仁""义"二者，乐的内涵是以"仁""义"为乐，快乐就产生了。快乐产生就不能停止了；不能停止（沉浸在快乐之中）就不知不觉手舞足蹈了。

作为理想主义者的孟子，想象着让人们进入"仁义"的精神世界，并在其中活得幸福和快乐。孟子的快乐观止于"亲情之乐"，固有道理。在现代社会，从更大范围看，尚有自身之乐、自然之乐，等等。"忠孝仁义礼智信"，为人伦大纲，但不能成为认识世界的最终范围。在后面的卷十三《尽心章句上》第 20 章，孟子说："君子有三乐，而王天下不与存焉。父母俱存，兄弟无故，一乐也。仰不愧于天，俯不怍于人，二乐也。得天下英才而教育之，三乐也。"作为推崇"仁义"的伦理学家，孟子的很多思想值得借鉴。但当今社会，其中束缚人性、妨碍进取、视野狭隘的思想需要与时俱进。如，仁的内涵，不仅仅是"事亲"，还需要达至所有的人，乃至整个自然界（在劝说君王行"仁政"治国理政的时候，他也说"老吾老，以及人之老"）。义的内涵是顺从兄长，但是在自主、自由的当代，一味顺从肯定是不行的。智的内涵，也不仅仅是对"仁""义"二者的理解和坚持。

7.28 超然物外，视天下为草芥

孟子曰："天下大悦而将归己，视天下悦而归己，犹草芥也，惟舜为然。

不得乎亲，不可以为人；不顺乎亲，不可以为子。舜尽事亲之道而瞽瞍厎豫，瞽瞍厎豫而天下化，瞽瞍厎豫而天下之为父子者定，此之谓大孝。”

舜的境界值得推崇，视天下为草芥。“不得乎亲，不可以为人；不顺乎亲，不可以为子”，过于将人羁绊于亲情和家庭之内，这样的思想传于后世，压抑了个人潜能的发挥，削弱了向外进取的热情。“老婆孩子热炕头”，在过去的岁月里，成为不少年轻人的人生追求。

“舜尽事亲之道而瞽瞍厎豫，瞽瞍厎豫而天下化，瞽瞍厎豫而天下之为父子者定，此之谓大孝。”

孟子再次闭起眼睛，想象“仁义”的风潮、河水鼓涌向前，势无阻挡，一切尽皆俯首从流。一“瞽瞍厎豫”，天下怎么可能就“化”了呢？就像孔子说“其身正，不令而行”。孔、孟都是政治上的理想主义者，不经意间就显示出“政治幼稚”的可爱。

卷八 离娄章句下

——以仁义存心，修身敬人

接着上一卷，本卷的重点还是言说仁义和践行仁义的修行之道。孟子或以先贤舜、文王、禹、稷等为例，赞美他们仁爱众生的天下情怀；或以简洁的语言表达自己对仁义的见解，如“君仁，莫不仁；君义，莫不义”。在修行之道方面，孟子提出“君子所以异于人者，以其存心也”，为卷十三的“存其心，养其性”埋下伏笔。最后一章“齐人有一妻一妾”的寓言故事，辛辣地讽刺了丧失良知、蝇营狗苟的无耻行为，激醒脱离正道、浑浑噩噩之人。梭罗说：“只有我们醒着的时候，黎明才会到来。”要践行仁义，就需要去除心灵的污垢，使自己的心像镜子一样时时刻刻澄明光洁，保持清醒明智的状态。

8.1 先圣后圣，其揆一也

孟子曰：“舜生于诸冯，迁于负夏，卒于鸣条，东夷之人也。文王生于岐周，卒于毕郢，西夷之人也。地之相去也，千有余里；世之相后也，千有余岁。得志行乎中国，若合符节。先圣后圣，其揆一也。”

舜是古代部落时代的首领，东夷之人；文王姬昌，周朝的奠基者，是西夷人也。从空间看，两人相距千里；从时间看，两人相距千年。但是，“得志行乎中国，若合符节”，他们心意相通、行为相通。“先圣后圣，其揆一也。”揆，是“准则、道理”的意思。他们之所以能“得志行乎中国，若合符节”，是因为内心所遵守的准则是一致的。这个准则是——“爱民”“仁政”。

这就告诉我们，文化、人性既有地域性，即所谓“一方水土养一方人”，又有超越性，即所谓“人同此心，心同此理”。“得志行乎中国”，杨伯峻先生解释为“得意时在中国的所作所为”，把“得志”理解为“得意”，我认为不妥当。一是，不符合两位圣人的品德，他们“行乎中国”为的不是自己的“得意”，为的是天下众生。二是，“志”的古义是“心之所往”“心意、意愿”。“得志”，就是实现了自己的意愿——为天下苍生建立安宁平和的社会。

这里孟子虽然没有讲两位圣人“仁政”的具体事例（因为在《孟子》的很多地方都讲过了），但，其实还是讲舜、文王背后的“仁政”，启发当世的君王：王者的出现，与时间、地点没有关系，“为仁由己”。

8.2 为政之道不在小节，而在“平其政”

子产听郑国之政，以其乘舆济人于溱洧。孟子曰：“惠而不知为政。岁十一月徒杠成，十二月舆梁成，民未病涉也。君子平其政，行辟人可也，焉得人人而济之？故为政者，每人而悦之，日亦不足矣。”

这一章是孟子对子产一行为——“子产听郑国之政，以其乘舆济人于溱洧”的议论。

子产主持郑国的国事，用他自己的车子让溱洧两岸的人渡河。孟子说，这样的小恩小惠帮助人，是不懂得为政之道。如果，他十一月修成过人的小桥，十二月修成过车马的大桥，老百姓就不会为渡河而发愁了。是的，社会管理，不是为了解决眼前的一时一事，而是要考虑长远，谋划全局。

孟子接着说，“君子平其政，行辟人可也，焉得人人而济之？”当政者只要处理好自己的政务，社会安宁，百姓安生，那么，自己出行时，就是让百姓避让都可以，哪里需要一个一个去帮助呢？

最后，孟子说，“故为政者，每人而悦之，日亦不足矣”。所以执政的人，一个个地去让人欢心，时间可就太不够用了。为政者不一定凡事都要亲力亲为，而是要认真分析问题，抓大放小，从全局解决问题，讲究效率。

孟子从子产的一件小事出发，说明为政应该从大局出发、讲效率的道理，有其价值。但是，子产的这一行为，如果是临时应急于一特殊情况，也无可厚非；如果经常这样，不考虑长远，确实需要改进。

8.3 为君之道：尊重臣下，宽以待人；与人为善，则善反己

孟子告齐宣王曰："君之视臣如手足，则臣视君如腹心；君之视臣如犬马，则臣视君如国人；君之视臣如土芥，则臣视君如寇雠。"

王曰："礼，为旧君有服，何如斯可为服矣？"

曰："谏行言听，膏泽下于民；有故而去，则君使人导之出疆，又先于其所往；去三年不反，然后收其田里。此之谓三有礼焉。如此，则为之服矣。今也为臣，谏则不行，言则不听，膏泽不下于民；有故而去，则君搏执之，又极之于其所往；去之日，遂收其田里。此之谓寇雠。寇雠，何服之有？"

孟子和君王对话，一般是君王发问，孟子"对曰"。如果是孟子直接说，一般用"谓"（如卷二《梁惠王下》"孟子谓齐宣王"）。这一章是，孟子"告"齐宣王。这里的"告"，是"告诫、劝勉"的意思，《论语·颜渊》里有"忠告而善道之"。为什么这里用"告"而不是"谓"呢？因为，这是个十分严肃、沉重的话题。因为君臣关系决定君王的领导地位和国家前途。

孟子把君臣关系说得直白且大胆。所谓大胆，首先孟子把君臣关系的主导因素放在了"君"身上，而不是先要求臣子怎么做。只有"君"做好自己，"君"尊重、关心臣，才能处理好君臣关系。也就是孔子讲的"君君臣臣

父父子子”，所谓“君君臣臣”，就是君王要做出君王的样子，臣下才能按照臣下的要求尊重君王你，去做事。“君君臣臣父父子子”，被我们误解为只是讲森严的等级，其实，等级只是外在的表象，内在的为人之道才是本质的人与人之间的关系。你是无道的君王，不关心、尊重臣下，那么即便你的位置在上面，臣下也不会真正尊重你。现在的上下级关系亦如是。其次，孟子用“手足”“腹心”“犬马”“国人”“草芥”“寇雠”这三组词，说出了君臣关系正反两面的严重程度，没有躲闪、暧昧，给人触目惊心的感觉。君视臣如“手足”，手足之情，何等温暖；那回报必然是“臣视君如腹心”，“腹心”是何等忠诚。反之，君视臣如“犬马”，不把人当人看待了，只是使用其劳力，还要加之以鞭打的驱使，完全不尊重其人格；那回报必然是，臣视君如“国人”，形同路人，毫无感情、毫无感觉，只是在那里混饭吃而已。君视臣如“土芥”，连犬马都不如了，随意践踏、抛弃；那回报必然是，臣视君如“寇雠”，在臣子眼里，君主是个强盗、仇人，那只能是避之唯恐不及，甚至奋起而攻击之。

接着，齐宣王问：君主怎样做，已经离职的旧臣会为其服孝？

孟子的回答其实是对上面君臣关系三句话的具体阐释。

君主听从臣子的建议并执行了，老百姓从中得到了恩惠（这就让臣子有了成就感，实现了自己的人生价值）。臣子有原因要离开国家，那么君主派人护送出境，并且向他所去的地方预先打招呼。等他离开了 3 年还没有回来，才收回他的土地和房屋。这就是礼遇有加。这样的话，那个旧臣就会为他服孝。如今做臣下，劝谏不被接受，建议不被采纳；老百姓得不到恩惠（臣子的价值得不到体现）；有原因要离开国家，君主便把他抓捕起来，且在他所去的地方设计障碍和麻烦；离开的那一天，立即没收他的土地和房屋。这样做就是强盗、仇敌。像强盗和仇敌一样，臣子怎么会为之服孝呢？

因此，君臣互相尊重，你敬我一寸，我敬你一尺。君不敬臣，则反目成仇，两败俱伤，也就君不君，臣不臣，领导不领导，被领导不被领导了。其责任在君主、领导，因为君主、领导在前、在上。这是孟子对君主、为上者、领导者的劝诫，更是忠告。可以说，至今还振聋发聩，发人深省，具有现实意义，值得管理者借鉴。

8.4 君主无道，则士大夫说“不”

孟子曰：“无罪而杀士，则大夫可以去；无罪而戮民，则士可以徙。”

无罪被杀，说明君主的不仁不义。大夫的离开，士的迁走，表明他们的愤怒和抗议。

8.5 上行下效

孟子曰：“君仁，莫不仁；君义，莫不义。”

孟子这样说，是要求君主做榜样、表率。前面我说过，榜样的力量不是无穷的，有时甚至是微弱的。但是，君主的仁和义，不仅仅是为了示范他人，更是他自身必须做到的。“上行”未必“下效”，但是，下“不效”，上也要“行”。

8.6 大人“遵礼守义”

孟子曰：“非礼之礼，非义之义，大人弗为。”

不符合礼的所谓“礼”，不符合义的所谓“义”，君子或有德行的人是不会去做的。这里暗含的意思是，作为“大人”，首先要辨别“礼义”的真伪虚实，然后按照真正的礼义行事。因为，静态、客观的礼义，在不同情况下，会被不懂的人误用，被别有用心的人滥用、歪用。

8.7 好为人师与主动施教

孟子曰："中也养不中，才也养不才，故人乐有贤父兄也。如中也弃不中，才也弃不才，则贤不肖之相去，其间不能以寸。"

前面，孟子说"人之患在好为人师"。这里，孟子说有用的人、有德的人、有才的人，可以影响、教育"不中、不才"的人。所以，每个人都希望有个好的父兄。如果中用的人、品德好的人抛弃不中用的人、品德不好的人，那么贤与不贤之间的差距、间隙就不能用尺寸来计量啦，也就是他们之间的差距会越来越大。这里"贤与不肖"的距离到底是远还是近呢？杨伯峻先生的解释是"他们中间的距离也相近得不能用分寸来计量了"，"金惠福之笑问苍天的博客"解释为"贤能的人与不贤能的人的差距，相隔（之远）就不能用寸来计量了"。

从贤者弃不肖者产生的效果看，应该是两者之间的差距越来越大；从贤者应该承担责任而其放弃了自己的责任这样的行为的角度看，孟子是在批评、责怪贤者，作为贤者没有自觉地承担"养不贤者"的责任，这也是一种不肖。在下一卷卷九《万章章句上》第7章中，孟子引用伊尹的话"天之生此民也，使先知觉后知，使先觉觉后觉也。予，天民之先觉者也；予将以斯道觉斯民也。非予觉之，而谁也？"，强调"先知先觉"者应该"觉后知"，也就是贤者的责任。

8.8 为与不为

孟子曰："人有不为也，而后可以有为。"

人生有所作为需要选择和取舍，取舍+坚持+改进=成就、成长。人生苦短，世事茫茫。成大事者，首先要在目标的选择。如果事必躬亲，必然陷入忙忙碌碌之中，难成大事。所以，一定要舍弃一些事不做，然后才能成就大事，有所作为。《论语·子张》里子夏说："虽小道，必有可观者焉，致远恐泥，是以君子不为也。"就是防止小事捆住自己的手脚。孟子所说的"不为"是为了"有为"，只不过是要有所选择而为，与老庄清静"无为"的思想是不一样的。

就君王行"仁政"而言，像齐宣王的"匹夫之勇"、梁惠王的"立沼而乐"，就是该"不为"的。抛弃了这样的个人享乐，才能以天下为己任，施行王道，惠及众生，也成就自己的光辉人生。

8.9 君子慎于言

孟子曰："言人之不善，当如后患何？"

"谁人背后无人说，哪个人前不说人？"这是普遍的人性。如果有人专以窥人隐私为快，以背后说人家的坏话为乐，人品就有问题。孟子告诫人们，说别人的不好，是有后患的。说人家不好，你自己就不能犯同样的错误。其实，这是对自己提出了更高的要求。孔子说，"敏于事而慎于言"。说话要慎重，尤其是评价别人的话。

8.10 做事之度

孟子曰："仲尼不为已甚者。"

已，太、过分。孔子不做太过分、严重的事。这样说孔子有些矛盾。孔子骂宰我"朽木不可雕也，粪土之墙不可杇也"，应该说是骂人的极致，很过分、很严重；守城门的人说孔子“知其不可为而为之”，也很过分。孟子说孔子“不为已甚者”应该是有语境有前提的，可惜文本没有提供。

8.11 “言不必信，行不必果”

孟子曰：“大人者，言不必信，行不必果，惟义所在。”

这里的“大人”，是王公贵族或德行高尚的人。他们做事的底线在“义”，不必纠结于小事情的“信”和“果”。在《论语·子路》里，孔子与子贡讨论士的标准时说过：“言必信，行必果，硁硁然小人哉！”孟子“述仲尼之道”，为“言不必信，行不必果”提供了判断的依据——“惟义所在”。“信”是儒家的核心价值之一，最典型的就是孔子所说“人而无信，不知其可也”（《论语·为政》）；但另一方面，又不能拘泥固执于“信”而不知变通。最为极端的情况就是，难道对你的敌人也要讲“信用”吗？根据具体情况而通权达变，其标准就是孟子这里所说的“惟义所在”。

8.12 修养之道：赤子之心

孟子曰：“大人者，不失其赤子之心者也。”

抛开世俗、功利，回到个人修养，孟子的追求是“不失赤子之心”。这就是孔孟的思维方式、人生哲学，在外从政，可以“言不必信，行不必果”，因为世事复杂，必须通权达变。回到家里，个人静处，则抛却尘世喧嚣，回归自我，回归本心，这个自我、本心就是“赤子之心”，也就是真心、良知。不管尘世如何繁杂、纷乱，要保住真心、良知。出世有为和守住良知，不需要对立起来，君子既能出世做事，又能超越凡尘保住本心。

8.13 质疑“厚葬”

孟子曰：“养生者不足以当大事，惟送死可以当大事。”

孟子说“送死”应当是“大事”，不免让人理解为“厚葬”，除了态度的重视，物质上肯定不能简薄。孟子过于强调厚葬，后来演变成“薄养厚葬”的形式主义，是需要转变的。现在，山东有些村庄，成立红白喜事理事会，统一办理红白喜事，以节约资源，值得提倡。

8.14 为学之道：修养之根在“自得”，修养之境在“逢源”

孟子曰：“君子深造之以道，欲其自得之也。自得之，则居之安；居之安，则资之深；资之深，则取之左右逢其原。故君子欲其自得之也。”

这一段话，在孟子的言论中含金量很高。“深造”“资深”“左右逢源”，现在还是使用频率很高的词。创造了为大众使用、流传千古的词汇，是作为语言大师的孟子对中国文化的贡献。

深造，其实是“造深”的倒装，造，达到，到……去。深造，即到达高深的境界、层次。“深造之”，在某方面达到高深境界，“之”的对象孟子没有交代，可能是学术、人品、治国，等等。我理解为一个人的综合素质，做人、做事、做学问的全面能力。孟子希望，君子追求道德、人品、能力等达到较高的境界。要达到这样的境界，必须走“正道”，必须遵循一定的规律，必须讲究科学的方法，这就是“以道”。除了“以道”“深造”外，还需“亲身经历”“亲自实践”，靠自己的“摸爬滚打”，掌握知识，形成能力。这就是孟子说的“自得”。“欲其自得之也”，就是“希望自己得到它”。“君子深造之以道，欲其自得之也”，一般解释为条件复句，我以为是并列关系。“以道”“深造之”是路径，“欲其自得之也”是方式，都是以“君子”为主语。在这段话的最后，孟子再次强调“故君子欲其自得之也”。“欲其自得”是君子为学之道的根本。孟子为何重视“自得”？

“自得之，则居之安；居之安，则资之深；资之深，则取之左右逢其原。”这是达到熟能生巧、融会贯通、运用自如的纯妙之境。居，本义居住、住所，这里可以理解为掌握、拥有。居之安，字面意思是“安稳地居住”，这里比喻“从容、稳定地拥有”。自己得到的知识、能力、素养，自己把玩、使用，如同住在自己家里，无须刻意用功，一切自然纯熟。资，积蓄、积累；资深，积累深厚。稳固地把握之后，积累就越来越深厚。积累深厚了，便可“深入浅出”“厚积薄发”“随手拈来”，达到学问的“妙境”，也就是孟子说的“取之左右逢其原”。这是学问的高境界，也是人生的高境界。用孔子的话说，就是“从心所欲不逾矩”。在朱光潜先生的书《无言之美》中，《精进的程序》一文中谈到作文、写字的四境界：疵境、稳境、醇境、化境。化境，就是“取之左右逢其原”。

孟子的君子为学之道，值得为师者借鉴。

8.15 深入浅出，出博返约

孟子曰：“博学而详说之，将以反说约也。”

这是另一种为学之道、为学之境。为了“自得之”，为了学而“资之深”，为了学而“融通之”，需要“博学而详说之”，广博地吸纳，且详细地说出来，才能真正掌握且内化。《如何阅读一本书》中说，说出来、写出来，这本书才属于你。你融会贯通地掌握了知识，还要回过来用简约的语言表达出来，这是更高的境界。读书、学习的过程，是由薄到厚，再由厚到薄的过程。能用一两句简洁的话把深刻的道理讲清楚明白，才是高手。

8.16 对“服从”思维的思考

孟子曰：“以善服人者，未有能服人者也；以善养人，然后能服天下。天下不心服而王者，未之有也。”

服，在此有两义：服从、降服；敬佩、信服。孟子的意思是，即便用善的手段让人服从，没有能让人信服的。用善来教化熏陶滋养人（提高人的修养），这样才能让天下人信服。天下人不从内心信服却能称王的，没有这样的事。这里，孟子强调的还是人心的向背，照应前面的“以德服人，心悦诚服”（卷三《公孙丑章句上》第 3 章）、“得道者多助，失道者寡助”（卷四《公孙丑章句下》第 1 章）。

服从，潜在的意思是不平等。现代社会提倡人格独立，而不是单方面的服从；现代管理追求的不应该是“服从”，而是调动每个人的主观能动性，共同感知、共同创造；“以善养人”，也不是为了“服天下”。

8.17 “假大空套”，其害无穷

孟子曰：“言无实不祥。不祥之实，蔽贤者当之。”

实，实际、事实。孟子说，说话没有具体事实，也就是说空话，会产生不好的后果。“大跃进”“文革”期间，“假大空”盛行，其造成的恶果，至今让人心惊。可惜，当下“假大空”的影响尚未彻底清除。这样不好的结果，谁来承担？——“蔽贤者”，不选贤任能，遮蔽、阻碍贤者进用的人。这样的人一般说来就是最高领导，也就是君王，孟子没有明说，说成“蔽贤者”。因为他们“亲小人，远贤者”，身边的奸佞之臣必然“言无实”，都说假话、甜言蜜语糊弄他们。诸葛亮在《出师表》里忧心忡忡近乎痛心地告诫刘备的儿子刘禅——“亲贤臣，远小人，此先汉所以兴隆也；亲小人，远贤臣，此后汉所以倾颓也”。蔽贤者，等于是“蔽”自己，“蔽”自己的国家。心怀天下者，是不会“蔽贤”的。这里，孟子其实是在劝告君王“见贤者，然后用之”（卷二《梁惠王章句下》第7章），“尊贤使能，俊杰在位”（卷三《公孙丑章句上》第5章）。

8.18 智者乐水：孟子对孔子“水哲学”的解读

徐子曰：“仲尼亟称于水，曰：‘水哉，水哉！’何取于水也？”

孟子曰：“源泉混混，不舍昼夜，盈科而后进，放乎四海。有本者如是，是之取尔。苟为无本，七八月之间雨集，沟浍皆盈；其涸也，可立而待也。故声闻过情，君子耻之。”

孟子的“述仲尼之意”，在本章又一次得到体现。孔子爱水、喜欢水，“仁者乐山，智者乐水”。子在川上，曰：“逝者如斯夫，不舍昼夜。”孔子还曾说过“水之八德”。孔子真是个智者，他从水里读出了文化、哲学、思想。孔子对水的观察、思考，得到很多后来者的“同声共应”“同频共振”，“逝者如斯”成为多少人慨叹时光流逝的口头语。孟子的学生徐辟，就是这里的徐子，他很敏感，似乎和孔子有心灵感应，忍不住问孟子，孔子屡次称赞水，经常站在河边说：“水呀，水呀！”他选取水（对水情有独钟）是要说什么呢？前面我说过，一个好的问题真是太重要了！学生问的好问题往往成就老师，老师很多精辟的见解，都是学生“问”出来的。孟子的“我善养吾浩然之气”，是学生万章问出来的。这里，又是一个学生的好问题，引发了孟子的头脑风暴。请看孟子的阐述、发挥。

孟子说，有源头的泉水滚滚涌出，水势盛大，昼夜不息。它向前流淌，遇到洼地，必填满后继续奔涌向前，直至大海。有本源的水才能做到这样，孔子取它的这一点。（“逝者如斯夫”，孔子看到的是眼前的水，想象到的是水的源头。在孔子看来，水之所以“不舍昼夜”，是因为那不竭的源头。人的学识修养也一样，有了深厚的积淀，才会有不断的发挥。这又呼应了前面的“资之深，则取之左右逢其原”。）如果没有本源，七八月间雨水下得很集中，田间沟渠都满了；但是，不几天就干涸了。所以，一个人的名声超过了实际情况，这是君子引以为耻的。孟子的意思是，一个人要有立身之本，要有深厚的积淀，而不是绣花枕头、哗众取宠、徒有虚名。孟子从源源不断的泉水，想到做人的根本，想到君子的“名副其实”，解释了孔子喜欢水的原因。从自然现象，悟出为人之道、生活之哲理，就是智者的高明之处。

8.19 人兽之别：仁义

孟子曰：“人之所以异于禽兽者几希，庶民去之，君子存之。舜明于庶物，察于人伦，由仁义行，非行仁义也。”

几希，很少、一点点。孟子认为，人和动物的不同之处就那么一点点。这一点点是什么？就是孟子在下面说到的“仁义”。就这么一点点人的特质，普通人去掉了它，君子保存了它。孟子以舜为例，舜明白万物的道理，懂得人伦关系，遵循仁义行事，而不是把仁义当作手段来使用。也就是，舜行仁义，是那个“几希”的“异于禽兽”的人性的自然流露。

这是孟子讲人之异于禽兽的根本。如果没有“仁义”之心，不知道关心、帮助他人，只顾自己的吃喝玩乐，那和禽兽就没有区别。

8.20 圣贤之道：夜以继日，坐以待旦，为的是天下民生

孟子曰：“禹恶旨酒而好善言。汤执中，立贤无方。文王视民如伤，望道而未之见。武王不泄迩，不忘远。周公思兼三王，以施四事；其有不合者，仰而思之，夜以继日；幸而得之，坐以待旦。”

这是孟子讲贤君施行仁政的具体表现，赞美之情，溢于言表。“禹恶旨酒而好善言”和“禹闻善言则拜”相呼应。禹，“恶旨酒”，克制自己的欲望，不喜欢美酒；“好善言”，喜欢听有价值，有利于治国理政的话，“好善言”的目的是做善事。

汤执守中正之道，“中正”绝不是“中间路线”，中正之道，首先是忠诚于心中的良知，其次是符合现实的人伦、正义。商汤，坚守正义，任用贤人没有定规。

文王心存仁爱，看待老百姓就像他们受了伤一样，给予关心、抚慰，追求、景仰道义好像没有看见道义，就是行仁政“永远在路上”，永不满足、不懈努力。

武王不轻侮身边的大臣，不忘记（关心）远方的诸侯。

周公想同时学习夏、商、周三代贤明的君王，用他们的贤能实践禹、汤、文王、武王的功业。周公的“思”真是“日间行事夜间思”，令人感动。如果想到有与先贤美德不相符合的，抬起头瞑目反思，白天想不好，晚上继续想；有幸想通了，便坐着等待天亮。想通了，那么开心、兴奋，以至于睡不着觉了，想着天一亮就去付诸实施。

夜以继日、坐以待旦，是一种怎样的精神、情怀啊！

8.21 从“诗”到“史”，以史为鉴，惩恶扬善

孟子曰：“王者之迹熄而《诗》亡，《诗》亡然后《春秋》作。晋之《乘》，楚之《梼杌》，鲁之《春秋》，一也。其事则齐桓、晋文，其文则史。孔子曰：‘其义则丘窃取之矣。’”

孟子说，先王追踪诗的踪迹（有意识地去采集民间诗歌）停止了，《诗》的延续就消失了。《诗》没有了，孔子的《春秋》出现了。晋国的《乘》、楚国的《梼杌》、鲁国的《春秋》，都是一样的史书。所记载的事情就是齐桓

公、晋文公等诸侯，其文字则是历史书的文字。孔子的《春秋》则不同，孔子说：《诗》里面的褒贬之义我私下里拿来用到《春秋》里了。孔子的“春秋笔法”正是爱憎分明、褒贬清晰，也就是孟子说的“孔子成《春秋》而乱臣贼子惧”。

8.22 传承孔子之道，义不容辞

孟子曰：“君子之泽五世而斩，小人之泽五世而斩。予未得为孔子徒也，予私淑诸人也。”

在卷三《公孙丑章句上》第2章里，孟子竭力推崇孔子，多次说“自有生民以来，未有盛于孔子也”。他表态道：“乃所愿，则学孔子也。”这一章，孟子再次说，他要以孔子的诸弟子为师，其实是以孔子为师。“予未得为孔子徒也，予私淑诸人也。”淑，一说通“叔”，拾取。私淑，私下里取得某人的学问。一说，淑，美好善良，私淑，私下善之于某人。从意义上理解，私淑就是指没有得到某人的亲身教授，而又敬仰他的学问并受其影响、尊之为师。孟子这里没有说明“私淑孔子”而是说“私淑诸人”，胸襟广阔、思路宽阔，“私淑诸人”，向更多的人学习，为的是更好地学习孔子的思想精髓（因为孔子的学说思想被不同的人继承，如果仅仅学习一两个人就偏颇了），以传承“君子之泽”。这表明孟子对孔子的崇敬，和传承孔子思想的决心。孟子的担心是，君子的惠泽五代之后就会断绝，他要自觉地承担起传承孔子之道的责任。

8.23 选择之难

孟子曰：“可以取，可以无取，取伤廉；可以与，可以无与，与伤惠；可以死，可以无死，死伤勇。”

取伤廉，可以理解。与伤惠、死伤勇，这样的思维视角和辩证关系，值得细细琢磨。

8.24 逄蒙杀羿，羿也有过

逄蒙学射于羿，尽羿之道，思天下惟羿为愈己，于是杀羿。孟子曰："是亦羿有罪焉。"

公明仪曰："宜若无罪焉。"

曰："薄乎云尔，恶得无罪？郑人使子濯孺子侵卫。卫使庾公之斯追之。子濯孺子曰：'今日我疾作，不可以执弓，吾死矣夫！'问其仆曰：'追我者谁也？'其仆曰：'庾公之斯也。'曰：'吾生矣。'其仆曰：'庾公之斯，卫之善射者也，夫子曰吾生，何谓也？'曰：'庾公之斯学射于尹公之他，尹公之他学射于我。夫尹公之他，端人也，其取友必端矣。'庾公之斯至，曰：'夫子何为不执弓？'曰：'今日我疾作，不可以执弓。'曰：'小人学射于尹公之他，尹公之他学射于夫子。我不忍以夫子之道反害夫子。虽然，今日之事，君事也，我不敢废。'抽矢，扣轮，去其金，发乘矢而后反。"

一位技艺高超的师父，教出了一个技艺高超的徒弟。可惜，师父被徒弟杀了。这位师父是射九日的后羿，那个徒弟是逼了嫦娥吞仙药奔月的逄蒙。

面对这样的事实，孟子认为是后羿自身的过失和错误。而公明仪却说，后羿好像没有罪过吧。后羿错在何处呢？孟子未直接回答，而是讲了另外一个故事。和上一章一样，孟子独特的思维视角，发人深省。

郑国人让子濯孺子侵犯卫国，卫国派庾公之斯追击他。看着气势威猛的追兵不断逼近，子濯孺子说：今天，我病痛发作，拿不起弓来，我等着死吧。说完，子濯孺子问车夫：追我的人是谁啊？车夫说，是庾公之斯。子濯孺子说：我能活下来了。车夫（困惑不解）说：庾公之斯，是卫国射箭水平最高的人啊，你说能活下来，为什么呢？子濯孺子回答说：庾公之斯的射箭技术是向尹公之他学的，而尹公之他又是向我学的。尹公之他，是位正直的人，他选择朋友一定以正直为标准。正说着，庾公之斯到了面前，一看，被追的敌人原来是自己的师爷。在逐渐逼近前面逃跑的车马时，庾公之斯应该已经纳闷——逃跑的人手上为什么没有拿着弓箭？此刻，他不禁问道：老师，你为什么不拿着弓？子濯孺子说：今天我病痛发作，拿不起弓来。庾公之斯说：我向尹公之他学习射箭，尹公之他又是向你学的。我不忍心用您的技术反过来伤害您。虽然这样，今天的事是君王交代我做的，我不敢不做。说完，庾公之斯拔出箭来，在车轮上敲打，去掉金属的箭头，射出 4 支箭，然后返回。

孟子的故事讲完了，戛然而止，没有分析，没有解读，让发问者公明仪自己去思考。

民间有俗语，“教好徒弟，饿煞师父”。逄蒙杀羿，就是生动的案例。而反过来说，也可以“教好徒弟，救了自己”，这就是上面“子濯孺子”的故事。这一反一正两个故事，对当代人还有警示，值得我们常常记起、讲讲。

孟子没有从故事中阐发道理，但意思很明了。老子讲，知人者智，子濯孺子善于选择和教育学生，不仅注重技术的传授，更注重学生的人品。他相信学生尹公之他也会像他一样选择和教育学生，自信庾公之斯不会杀他。羿没注意选择和教育学生，对于逄蒙的人品失察失教，结果招致杀身之祸，有点“咎由自取”的味道。

逄蒙艺成害师，历来为人所不齿，孟子却认为羿自己有一定的责任。其独特的思维视角，给我们启示。现在，我们选拔干部要求德才兼备，对文艺者要求德艺双馨。同样，我们的教育，一定要重视学生的品行培养。一个人能力、技艺很强，如果品德有问题，其贻害社会就更严重。

其实，“教会徒弟，饿煞师父”是个复杂的话题。要看师父的人品和智慧，要看徒弟的人品，还要看师徒的关系。从正面说，也可以教了徒弟，提升了自己，所谓“教学相长”。

8.25 内外兼修，身心共美

孟子曰："西子蒙不洁，则人皆掩鼻而过之。虽有恶人，齐戒沐浴，则可以祀上帝。"

皎皎者易污，美人"保洁"更难。像西施一样的美人，如果覆盖（沾染）了脏东西（这里不仅仅指外表，也指言行的污点），那么人们也都将捂着鼻子经过她。即便长相丑陋的人，按照规矩斋戒沐浴，把自己清洗得干干净净，也可以祭祀上帝（上天）。

孟子这里强调的是，人内在的美好品德比外在的美貌更重要。外表美，内心丑恶，令人嗤之以鼻。外表丑陋，内心善良，则令人尊敬。典型的例子就是，雨果笔下面貌奇丑的卡西莫多，这个巴黎圣母院的敲钟人，其形象在读者心目中由丑到美，不断升华。

8.26 孰为大智，顺乎自然

孟子曰："天下之言性也，则故而已矣。故者以利为本。所恶于智者，为其凿也。如智者若禹之行水也，则无恶于智矣。禹之行水也，行其所无事也。如智者亦行其所无事，则智亦大矣。天之高也，星辰之远也，苟求其故，千岁之日至，可坐而致也。"

聪明、有智慧的人，一般受人尊敬。在这一章里，孟子却提出了一个让智者警醒的话题——"所恶于智者，为其凿也"。智者，有时候也让人讨厌，为什么呢？因为他自以为聪明而"穿凿附会"，纠缠于枝枝节节，把没有某种意思的说成有某种意思，把某些没有关系的事情硬说成有关系，从而表现自己的"聪明"。在孟子看来，这只是"小智"。如何克服这种"小智"？

孟子认为，“天下之言性也，则故而已矣。故者以利为本”。天下人谈事物的本性（规律），就是寻求其原因和本源而已。而事物的本源、规律又是以顺乎自然为根本的。也就是，我们认识世界，不能仅仅看表象，要透过现象看本质。浮于表面、急功近利的行为，看上去“智慧”，其实是耍“小聪明”。当下中国功利的氛围中，这样的“凿者”不少。

为了阐述自己的观点，孟子用“大禹治水”的事实来论证。“禹之行水也，行其所无事也。”禹治水，就是让水“运行”到大海里去，而不是淤积在人们生活的平地。“行其所无事”，并不是禹什么事情也不干，而是顺其自然、顺势而为，不折腾，不做无用功，更不节外生枝另外造成麻烦的事。

孟子认为，如果智者也像禹这样“行其所无事”，那么其智慧也就是“大智慧”了。如果真正认识了事物的本原，把握了事物的规律，天这么高，星辰这么远，天地茫茫，千年之后的冬至，现在坐着也可以推算出来。

孟子这样的灵感和思考，既是哲学思维，又是科学思维。可惜，这样的灵光，在中国历史上一闪而过了。历史上令人痛惜的很多弯路、挫折，都是不尊重自然、事物规律造成的。

8.27 孟子和王驩的隔阂

公行子有子之丧。右师往吊。入门，有进而与右师言者，有就右师之位而与右师言者。孟子不与右师言。右师不悦曰：“诸君子皆与驩言，孟子独不与驩言，是简驩也。”

孟子闻之，曰：“礼，朝廷不历位而相与言，不逾阶而相揖也。我欲行礼，子敖以我为简，不亦异乎？”

王驩是齐国的大夫，曾做过县宰。前面两次提过王驩，一次是齐宣王要王驩陪孟子到滕国吊丧，一路上孟子和他没有交流，公孙丑还感到奇怪。第二次是孟子的学生乐正子跟随王驩来齐国做事，当天乐正子没有来看孟子，孟子不开心。这是第三次，齐国大夫公行子办理儿子的丧事，孟子去吊丧或在那儿帮忙，王驩也来吊丧。王驩进了门，有人走上去和他打招呼，有人走到他的座位旁和他说话。孟子没有和王驩说话。王驩不高兴地说：各位大夫都和我说话，只有孟子不和我说话，这是怠慢我、瞧不起我。

孟子听到了，回应说，按照礼节，在朝廷上不越过座位相互交谈，不越过台阶而相互作揖。我想着按礼行事，王驩以为我怠慢了他，不也奇怪吗？

我的猜测是，孟子心里不喜欢王驩（但是，什么原因不知道），于是不屑于和他交往。如果真正是好朋友，想打招呼，那可以走到他面前，从上面的叙述可以看出就有人这样做，孟子找的理由不充分，他说的是朝廷上的礼节，而不是家庭里的礼节，有点牵强。从中可以看出孟子的率性，他对自己不喜欢的人，不会逢迎，不会假装。

8.28 “终身之忧”与“一朝之患”

孟子曰：“君子所以异于人者，以其存心也。君子以仁存心，以礼存心。仁者爱人，有礼者敬人。爱人者，人恒爱之；敬人者，人恒敬之。有人于此，其待我以横逆，则君子必自反也：我必不仁也，必无礼也，此物奚宜至哉？其自反而仁矣，自反而有礼矣，其横逆由是也，君子必自反也：我必不忠。自反而忠矣，其横逆由是也，君子曰：‘此亦妄人也已矣。如此，则与禽兽奚择哉？于禽兽又何难焉？’是故，君子有终身之忧，无一朝之患也。乃若所忧则有之：舜，人也；我，亦人也。舜为法于天下，可传于后世，我由未免为乡人也，是则可忧也。忧之如何？如舜而已矣。若夫君子所患则亡矣。非仁无为也，非礼无行也。如有一朝之患，则君子不患矣。”

本章与第19章呼应，孟子曰：“人之所以异于禽兽者几希，庶民去之，君子存之。”君子存的“异于禽兽”的是什么？这里孟子交代得更明白——“君子所以异于人者，以其存心也。君子以仁存心，以礼存心。仁者爱人，有礼者敬人。”仁和礼（礼中其实含着义），就是君子存放在心里，为人的行为规范。有仁义之心，必然爱人敬人。

接着，孟子讲作为主动者的爱人者、敬人者应得的回报——“爱人者，人恒爱之；敬人者，人恒敬之”。可是，现实中不都是这样简单的互敬互爱。面对非礼之人、之行为，怎么办？

“有人于此，其待我以横逆，则君子必自反也：我必不仁也，必无礼也，此物奚宜至哉？其自反而仁矣，自反而有礼矣，其横逆由是也，君子必自反也：我必不忠。自反而忠矣，其横逆由是也，君子曰：‘此亦妄人也矣。如此，则与禽兽奚择哉？于禽兽又何难焉？’”也就是说，不要计较别人对你的态度，不管别人对你怎样，你的仁义之心不改。行仁义，不是为了交换和回报，不是为了投桃报李，更不是为了自己的私利。孟子的思维更理性，其不计较的理由是，这样的蛮横狂妄之人，和禽兽没有区别，已经不是人了，对禽兽有什么责难的呢？如果责难，你也是禽兽了，还谈什么仁义？孟子说“人之异于禽兽者几希”，人和禽兽的区别，就在一念之间。

君子除了不跟“妄人”计较，不“以眼还眼以牙还牙”外，还应该怎么做呢？

孟子说：“是故君子有终身之忧，无一朝之患也。乃若所忧则有之：舜，人也；我，亦人也。舜为法于天下，可传于后世，我由未免为乡人也，是则可忧也。忧之如何？如舜而已矣。若夫君子所患则亡矣。非仁无为也，非礼无行也。如有一朝之患，则君子不患矣。”孟子的意思是，君子如果终身修炼，像舜一样做一个仁义之人，那就没有一时一事的担忧。所谓“终身之忧”，就是担心自己的人格修养有没有达到“仁义礼智”的境界。正如孔子所说：“德之不修，学之不讲，闻义不能徙，不善不能改，是吾忧也。”

从个人修养的角度看，只能“严于律己，宽以待人”，“躬自厚而薄责于人，则远怨矣”。但是，现代公民社会，除了人际情感、个人修养，人与人更是契约关系。“人皆可为尧、舜”，只能是理想。在强调个人修养的同时，加强法治意识、公共意识、规则意识，是当下中国文化建设的当务之急。

8.29 圣人之德，心怀天下

禹、稷当平世，三过其门而不入，孔子贤之。颜子当乱世，居于陋巷。一箪食，一瓢饮。人不堪其忧，颜子不改其乐，孔子贤之。孟子曰："禹、稷、颜回同道。禹思天下有溺者，由己溺之也；稷思天下有饥者，由己饥之也，是以如是其急也。禹、稷、颜子易地则皆然。今有同室之人斗者，救之，虽被发缨冠而救之，可也。乡邻有斗者，被发缨冠而往救之，则惑也；虽闭户可也。"

这一章孟子用具体事例说明上一章的"君子所以异于人者，以其存心也"，"仁者爱人"。

孟子推崇的仁者是大禹、后稷、颜回。他没有自己直接说，而是借孔子的评价来说。

"禹、稷当平世，三过其门而不入，孔子贤之。颜子当乱世，居于陋巷。一箪食，一瓢饮。人不堪其忧，颜子不改其乐，孔子贤之。"孔子称赞他们是能人、贤才，其评价标准正是孟子说的"达则兼济天下，穷则独善其身"。大禹、后稷身处太平之世，他们一门心思治水、种植，为了天下众生，多次经过自己的家门都不回去。他们存的是"天下之心"。颜回面对乱世，守身自乐，不苟且、不屈从，不迎合、不自弃，这样洁身自好，在乱世就是做人的标杆。他不能改变污浊的社会，但保持自己的清白，就是在释放做人的正能量。

这是对三位贤人的描述和孔子的评价，下面是孟子的议论。

孟子首先说，禹、稷、颜回，虽然他们所处时代不同，做的事不同，处世方式不一样，但是他们"同道"，即心中遵循的价值观是相同的。这个"道"，或者说这个价值观是什么呢？从禹、稷的心思可以看出来。

"禹思天下有溺者，由己溺之也；稷思天下有饥者，由己饥之也，是以如是其急也。”大禹想，天下有被水淹死的人，好像是我自己把他们淹死的；后稷想，天下有挨饿的人，好像是我让他们挨饿的。因为这样的想法，他们“治水”“种庄稼”才那么急切，甚至“三过家门而不入”。

这样的情怀和境界，高度不言而喻啊。一般来说，看到有人溺水，由“同理之心”会想到我自己也有可能会有这样的遭遇。而大禹、后稷则更进一步，他们居然想到这样的灾难就是自己造成的。这是何等的高境界！不仅是一般意义上的“推己及人”“心中存他人”，而是主动担当，以“仁”存“心”。这就是佛说的“我不下地狱谁下地狱”的精神，“我下地狱”为的是“众生上天堂”。有这样的担当，不管治世、乱世，都能守住自己，尽力为众生发出自己生命的正能量，也就是孟子接着说的“禹、稷、颜子易地则皆然”。

“由己溺之也”，有人翻译成“就好像自己也淹在水里”，我认为不恰当。如果那样，就不需要“之”这个字，应该写成“由己溺也”。“由己溺之”，溺，是使动用法，“溺之”，使他溺水了。

最后，孟子用一般人对待事情的态度，从反面表达“君子所以异于人者，以其存心也”。前面读到的《孟子》，没有像这两章联系这么紧密的。一般人是怎么处理纠纷的呢？看到家里人吵架、打架，去解救，哪怕披头散发、衣冠不整，也愿意。看到乡邻有争吵斗殴的，披头散发、衣冠不整去解救，就疑惑了、犹豫了，于是关起门、掩起耳，也心安。这就是一般人的只顾自己、自己的亲人，“自扫门前雪”思维，远离自己的事，可以不闻不问。

现代教育提倡弘扬学生的个性，让每个人成为自己。过去，我们传统文化里，确实缺乏对个体的尊重。现代教育强调弘扬个性，非常必要。但是，成为什么样的“自己”，十分重要。我们千万要注意的是，这里的“自己”不是关起门来的封闭的狭隘的心中只有自己的“自己”。应该是心中有他人，做好了自己之后，主动发挥力量惠及众生的“自己”，而不能培养出钱理群教授说的“精致的利己主义者”。

存疑：杨伯峻先生根据朱熹的注解，把最后一句比附为禹、稷、颜回的行为，我以为没有文本的依据。

8.30 清官难断家务事

公都子曰："匡章，通国皆称不孝焉。夫子与之游，又从而礼貌之，敢问何也？"

孟子曰："世俗所谓不孝者五：惰其四支，不顾父母之养，一不孝也；博弈好饮酒，不顾父母之养，二不孝也；好货财，私妻子，不顾父母之养，三不孝也；从耳目之欲，以为父母戮，四不孝也；好勇斗很，以危父母，五不孝也。章子有一于是乎？夫章子，子父责善而不相遇也。责善，朋友之道也；父子责善，贼恩之大者。夫章子，岂不欲有夫妻子母之属哉？为得罪于父，不得近，出妻屏子，终身不养焉。其设心以为不若是，是则罪之大者，是则章子已矣。"

匡章，是齐国的将领。也许两个人个性都好强，匡章与父亲因矛盾而不相往来，匡章自己"出妻屏子"，家庭解散。这样的人，孟子却很尊重他。孟子的学生公都子感到困惑不解，忍不住问老师："匡章，通国皆称不孝焉，夫子与之游，又从而礼貌之，敢问何也？"

孟子喜欢因人而异造出不同的标准，以自圆其说。前面，为了舜不告父母而娶尧的两个女儿娥皇、女英，孟子说"不孝有三，无后为大"。这里孟子又说出了当时认为不孝的五种情况：

"世俗所谓不孝者五：惰其四支，不顾父母之养，一不孝也；博弈好饮酒，不顾父母之养，二不孝也；好货财，私妻子，不顾父母之养，三不孝也；从耳目之欲，以为父母戮，四不孝也；好勇斗很，以危父母，五不孝也。"

孟子说，这五种情况匡章一种也没有啊。（怎么能说他不孝呢？）那么，匡章为什么离开自己的父亲，父子形同陌路呢？孟子解释道："夫章子，子父责善而不相遇也。责善，朋友之道也；父子责善，贼恩之大者。”责善，意思是责备别人做了不好的事从而劝勉其从善。不知什么原因，匡章的母亲得罪了丈夫，被匡章的父亲杀了，埋在马棚的下面。匡章认为父亲过分了，责怪了父亲，以致父子不和，不相往来。因为不能和父亲在一起和睦相处，父亲一人独居，匡章就“出妻屏子”，自己也一人独居，否则的话，看着父亲孤苦伶仃，自己却一家团圆，自己的罪过就更大了。

匡章的家庭故事，真是让人同情和心痛。孟子作为讲仁义，特别注重孝道的人，没有仅仅看事情的表象，而是体会到匡章内心的伤痛。孟子很理解匡章，和他来往，而且很尊重他。对这样因为特殊情况而遭遇家庭不幸的人，孟子没有不分青红皂白地责怪，也没有像一般人那样认为其不孝，而是表现出真诚的关心和安慰。

8.31 同情异处，皆出于道

曾子居武城，有越寇。或曰：“寇至，盍去诸？”曰：“无寓人于我室，毁伤其薪木。”寇退，则曰：“修我墙屋，我将反。”寇退，曾子反。左右曰：“待先生如此其忠且敬也。寇至，则先去以为民望；寇退，则反，殆于不可。”沈犹行曰：“是非汝所知也。昔沈犹有负刍之祸，从先生者七十人，未有与焉。”

子思居于卫，有齐寇。或曰：“寇至，盍去诸？”子思曰：“如伋去，君谁与守？”

孟子曰：“曾子、子思同道。曾子，师也，父兄也；子思，臣也，微也。曾子、子思易地则皆然。”

面对同一种情况，作出相反的选择，孟子是如何评价的？

曾子遇寇而退，子思遇寇而守。孟子认为，他们的所作所为皆符合他们的身份地位以及伦理道德的要求。曾子是师长，理应受到尊重和优待；子思是人臣，理应尽忠竭力，保家卫国。因而敌军来犯时他们作出的反应不同。如果曾子是地方官员，那他决不会选择离去，而是要守土御敌。如果子思是老师，那么他也会选择离去，不去影响青壮子弟御敌。这就是孟子所想表达的，最佳行为方式不是一成不变的，也就是孔子、孟子常常说的“权变”。

8.32 君子异于人乎

储子曰：“王使人瞯夫子，果有以异于人乎？”

孟子曰：“何以异于人哉？尧、舜与人同耳。”

齐王派人窥探孟子，齐人储子问孟子：你果真有什么与别人不一样吗？孟子说：我有什么跟别人不同，就是尧、舜跟大家也一样啊。

前面孟子讲“人之所以异于禽兽者几希”，“君子所以异于人者，以其存心也”。人与人，“大”同“小”异。但是，这个“小异”正是人之为人所在。就是尧、舜，在本能、动物性层面，衣食住行、吃喝拉撒，都与人同。其不同之处，是他们的那颗仁义之心与天下情怀。

孟子的意思是：你们看到的，是我与一般人相同的地方，而我与他人不一样的地方，我的“仰望星空”的抱负和理想，你们是看不到的。你们真是“以小人之心，度君子之腹也”。

8.33 无耻钻营，自古有之

齐人有一妻一妾而处室者，其良人出，则必厌酒肉而后反。其妻问所与饮食者，则尽富贵也。其妻告其妾曰：“良人出，则必厌酒肉而后反；问其与饮食者，尽富贵也，而未尝有显者来，吾将瞯良人之所之也。”

蚤起，施从良人之所之，遍国中无与立谈者。卒之东郭墦间，之祭者，乞其余；不足，又顾而之他，此其为厌足之道也。

其妻归，告其妾曰："良人者，所仰望而终身也。今若此……"与其妾讪其良人，而相泣于中庭。而良人未之知也，施施从外来，骄其妻妾。

由君子观之，则人之所以求富贵利达者，其妻妾不羞也，而不相泣者，几希矣。

读着这样的故事，仿佛进入了梦境：真有这样的"良人"吗？未必。孟子也说过，就是即将饿死的人，嗟来之食亦不食。孟子兴奋地讲这个故事，在想象中，他鞭挞的绝不是所谓的"良人"，而是那些丧失人格、卑躬屈膝、追求名利的无耻之徒。孟子既嘲笑不止，又痛心无奈。然当今之世，此情犹在，悲夫，悲夫！

这是《孟子》里讥讽强度最大，最刺痛人心的一则寓言。

卷九　万章章句上

——先贤之德，万古流芳；民族楷模，亟待弘扬

《孟子》的表达驱动是两种形式，一种是他人（以弟子为主）提问，孟子应答；一种是孟子自说自话。前面的第七、八两卷，绝大多数是孟子独语。本卷又是孟子对弟子提问的应答。独语和应答交替，构成全书表达形式的节奏。

本卷 9 章，除第 4 章外，都是万章提问，孟子回答。司马迁在《史记·孟子荀卿列传》中提到的孟子的弟子只有万章——“退而与万章之徒序《诗》《书》，述仲尼之意，作《孟子》七篇。”作为孟子最亲近的弟子，《孟子》里万章的提问最多，引发老师的思考也最多。这一卷万章提问的视角很特别，都是他听说的对圣贤之人——尧、舜、禹、伊尹、孔子、百里奚——行为的质疑。其问话的最后一个词是“何也”“有诸”“信乎”，由于万章的提问，我们得以听到孟子讲述这些中国古代名人的故事，以及孟子对他们的评价。前面已经说过，孟子的很多思想都是学生“问”出来的，往往是弟子的问话只有一两句甚至几个字，而孟子的回答却是或洋洋洒洒或娓娓道来。这是中国历史上最典型的“教学相长”。

9.1　大孝无疆

万章问曰：“舜往于田，号泣于旻天，何为其号泣也？”

孟子曰：“怨慕也。”

万章曰：“‘父母爱之，喜而不忘；父母恶之，劳而不怨。’然则舜怨乎？”

曰：“长息问于公明高曰：‘舜往于田，则吾既得闻命矣；号泣于旻天，于父母，则吾不知也。’公明高曰：‘是非尔所知也。’夫公明高以孝子之心，为不若是恝：我竭力耕田，共为子职而已矣，父母之不我爱，于我何哉？帝使其子九男二女，百官牛羊仓廪备，以事舜于畎亩之中。天下之士多就之者，帝将胥天下而迁之焉。为不顺于父母，如穷人无所归。天下之士悦之，人之所欲也，而不足以解忧；好色，人之所欲，妻帝之二女，而不足以解忧；富，人之所欲，富有天下，而不足以解忧；贵，人之所欲，贵为天子，而不足以解忧。人悦之、好色、富贵，无足以解忧者，惟顺于父母，可以解忧。人少，则慕父母；知好色，则慕少艾；有妻子，则慕妻子；仕则慕君，不得于君则热中。大孝终身慕父母。五十而慕者，予于大舜见之矣。”

万章问曰："舜往于田，号泣于旻天，何为其号泣也？"万章对舜的一个特别的行为感到不解——大舜来到田野里，对着天空呼号哭泣，他为什么呼告哭泣呢？——于是向老师提问。卷三第8章，孟子已经提到舜的身世，"自耕稼、陶、渔，以至为帝，无非取于人者"。舜是从田野里走出来的贤人，真是值得人思考。在田野里，舜有时会放下农具，仰天号泣。他有什么苦恼和愁痛呢？需要如此大尺度地发泄？

孟子像是心理医生，又像是舜的知音，他清楚地回答："怨慕也。"慕，想念、依恋。怨恨和依恋这两种似乎对立的情感纠缠着舜的心，让他不得不在旷野仰天长号，否则心痛不能缓解。

万章感到不解，作为圣贤的舜，怎么会像常人一样也有怨恨呢？他继续追问，曾子说过，父母喜爱他，高兴而不懈怠；父母讨厌他，忧愁而不怨恨。那么，舜怨恨父母吗？（据杨伯峻先生《孟子译注》，万章引用的话是曾子说的。忘，是懈怠的意思；劳，本义费力、吃力，这里是忧愁的意思。）

孟子回答，舜不是怨恨父母，而是忧愁自己的父母不开心。孟子先引用曾子的弟子公明高的观点，表示真正的孝子不光是尽到自己的责任，还要关注父母的心情。公明高认为，孝子的心态不应该像这样无动于衷：我竭尽全力耕种田地，恭敬地尽到儿子的职责就行了，父母不宠爱我，对我来说有什么办法呢？而舜不是这样，舜“为不顺于父母，如穷人无所归”。舜因为与父母不和顺，没有让父母顺心，就像走投无路的人找不到归宿一样苦恼。可见，舜对父母的感受是多么看重！

即便具有了天下人看来最高贵的享受，和父母关系不好，舜还是无法解忧。“人悦之、好色、富贵，无足以解忧者，惟顺于父母，可以解忧。”舜对父母的感情深沉似海，超越一切。他真是把孝作为了做人的根本来追求（与卷七《离娄章句上》第28章相呼应）。舜“五十而慕”，在孟子看来就是“终身慕父母”的“大孝”之人。孟子感慨：我在大舜身上看到了真正的“大孝”。

9.2 孝悌有道，以德报怨

万章问曰：“《诗》云：‘娶妻如之何？必告父母。’信斯言也，宜莫如舜。舜之不告而娶，何也？”

孟子曰：“告则不得娶。男女居室，人之大伦也。如告，则废人之大伦，以怼父母，是以不告也。”

万章曰：“舜之不告而娶，则吾既得闻命矣；帝之妻舜而不告，何也？”

曰：“帝亦知告焉则不得妻也。”

万章曰：“父母使舜完廪，捐阶，瞽瞍焚廪。使浚井，出，从而揜之。象曰：‘谟盖都君咸我绩，牛羊父母，仓廪父母，干戈朕，琴朕，弤朕，二嫂使治朕栖。’象往入舜宫，舜在床琴。象曰：‘郁陶思君尔。’忸怩。舜曰：‘惟兹臣庶，汝其于予治。’不识舜不知象之将杀己与？”

曰：“奚而不知也？象忧亦忧，象喜亦喜。”

曰：“然则舜伪喜者与？”

曰：“否。昔者有馈生鱼于郑子产，子产使校人畜之池。校人烹之，反命曰：‘始舍之，圉圉焉，少则洋洋焉，攸然而逝。’子产曰：‘得其所哉！得其所哉！’校人出，曰：‘孰谓子产智？予既烹而食之，曰，得其所哉，得其所哉。’故君子可欺以其方，难罔以非其道。彼以爱兄之道来，故诚信而喜之，奚伪焉？”

在古代，娶妻要“父母之命，媒妁之言”。孟子在卷六第3章说过“不待父母之命、媒妁之言，钻穴隙相窥，逾墙相从，则父母国人皆贱之。”而舜却“不告而娶”，卷七第26章里孟子已经为此作了解释。这次，万章就此事问孟子。

孟子的解释是，如果告诉了父母，就娶不了妻子。而男女结合成家，是最大的人伦。如果禀告了，就成不了家，废弃了这个大伦，因此而怨恨父母，所以舜没有报告父母。

接着，万章讲了舜的父亲和弟弟共同谋害舜的事实，可是舜并不计较。万章认为舜是假装出来的，孟子作了解释。作为君子，即便是在被骗以后，仍然真诚地对待、宽容对方。就像舜一样，明知父亲和弟弟要害他，但他不与父亲和弟弟为仇，不以牙还牙，而是“以德报怨”，表现出大道孝悌的最高境界。接下来的一章万章和孟子继续讨论舜宽容对待弟弟的话题。

9.3 宽容待弟

万章问曰：“象日以杀舜为事，立为天子，则放之，何也？”

孟子曰：“封之也，或曰放焉。”

万章曰：“舜流共工于幽州，放驩兜于崇山，杀三苗于三危，殛鲧于羽山，四罪而天下咸服，诛不仁也。象至不仁，封之有庳。有庳之人奚罪焉？仁人固如是乎？——在他人则诛之，在弟则封之。”

曰：“仁人之于弟也，不藏怒焉，不宿怨焉，亲爱之而已矣。亲之欲其贵也，爱之欲其富也。封之有庳，富贵之也。身为天子，弟为匹夫，可谓亲爱之乎？”

“敢问或曰放者，何谓也？”

曰："象不得有为于其国，天子使吏治其国，而纳其贡税焉，故谓之放。岂得暴彼民哉？虽然，欲常常而见之，故源源而来。'不及贡，以政接于有庳'，此之谓也。"

舜这样对待谋杀他的弟弟，万章难以理解。

万章不能理解的还有，舜流放了共工、驩兜，诛杀了三苗、鲧，却分封了自己的弟弟。

存疑：孟子的解释和观点，是不是过分了？"亲之欲其贵也，爱之欲其富也。"为了亲情，一定要让家里人富贵？舜做了天子，就一定要使弟弟富贵？如果弟弟还是一介平民，就是不爱这个弟弟？

下一章，讲舜如何对待父亲，也有同样的疑问。孟子说："孝子之至，莫大乎尊亲；尊亲之至，莫大乎以天下养。为天子父，尊之至也；以天下养，养之至也。"儿子做了天子，父亲就是最尊贵的了；尊重父母，就以天下来养他们。这是不是过分了？这样的观点，就是在那个时代也是有问题的。尊重孝敬父母，关爱兄弟，是人应有的品行。但是，用天下的资源来让父母兄弟富贵，是不可取的，也不符合孟子的"仁义"之道。怎样处理好孝悌亲情和天下众生的关系，这是孟子思想的一个矛盾之点，也是我的困惑。

9.4 以意逆志，不以文害辞，不以辞害志

咸丘蒙问曰："语云：'盛德之士，君不得而臣，父不得而子。'舜南面而立，尧帅诸侯北面而朝之，瞽瞍亦北面而朝之。舜见瞽瞍，其容有蹙。孔子曰：'于斯时也，天下殆哉，岌岌乎！'不识此语诚然乎哉？"

孟子曰："否。此非君子之言，齐东野人之语也。尧老而舜摄也。《尧典》曰：'二十有八载，放勋乃徂落，百姓如丧考妣，三年，四海遏密八音。'孔子曰：'天无二日，民无二王。'舜既为天子矣，又帅天下诸侯以为尧三年丧，是二天子矣。"

咸丘蒙曰："舜之不臣尧，则吾既得闻命矣。《诗》云：'普天之下，莫非王土；率土之滨，莫非王臣。'而舜既为天子矣，敢问瞽瞍之非臣，如何？"

曰："是诗也，非是之谓也；劳于王事，而不得养父母也。曰：'此莫非王事，我独贤劳也。'故说诗者，不以文害辞，不以辞害志。以意逆志，是为得之。如以辞而已矣，《云汉》之诗曰：'周余黎民，靡有孑遗。'信斯言也，是周无遗民也。孝子之至，莫大乎尊亲；尊亲之至，莫大乎以天下养。为天子父，尊之至也；以天下养，养之至也。《诗》曰：'永言孝思，孝思维则。'此之谓也。《书》曰：'祗载见瞽瞍，夔夔齐栗，瞽瞍亦允若。'是为父不得而子也？"

这一章讲舜做了天子，如何对待尧和自己的父亲。总的意思还是表达，舜做了天子，作为儿子孝敬尊重父亲还是放在首位。这倒是为人子的榜样。有些人一旦自立了、升官发财了，就将父母养育之恩抛在脑后，自以为了不得，嫌弃父母，嫌贫爱富。

本章的价值，是对话中孟子生成的如何解读文本的观点，这就是对后世文学批评、文本解读产生影响的"以意逆志"的观点。

以意逆志，是个复杂的话题。其"意"是读者之意，还是作者之意，还是文本之意？大多认为是读者之意，而孟子对此又没有交代。如果是以读者之意，加上孟子的"尽信《书》不如无《书》"，固有其可取之处，但是，也容易以自己的意志强加于人，固执己见而不顾作者、文本之意。

我以为，以意逆志的"意"，最好还是以文本之意、语境之意为主，作者不在场，读者多主观，唯文字、文本是在眼前的，可以触摸和揣摩的。但是，这个文本之"意"，不能以文害辞、以辞害志。就是，把文字的意思搞错了，就误解了词句，把词句的意思搞错了，文本的意旨也就错了。怎样正确地理解文字和词句？一要用好工具书，理解字的原意，不要望文生义。二要联系语境、联系全文，不要断章取义。例如，前面提到的"不孝有三，无后为大"，南怀瑾说"后"是"有后世的影响"，有人解释"无后"是"没有尽到后辈的责任”。那一章是讲舜娶妻不告，联系这个语境，这两种解释都是毫无根据的。三是要揣摩作者的“言外之意”“弦外之音”。

9.5－9.6 君子道，民为本；民之道，仁义为本

9.5 万章曰：“尧以天下与舜，有诸？”

孟子曰：“否；天子不能以天下与人。”

“然则舜有天下也，孰与之？”

曰：“天与之。”

“天与之者，谆谆然命之乎？”

曰：“否；天不言，以行与事示之而已矣。”

曰：“以行与事示之者，如之何？”

曰：“天子能荐人于天，不能使天与之天下；诸侯能荐人于天子，不能使天子与之诸侯；大夫能荐人于诸侯，不能使诸侯与之大夫。昔者尧荐舜于天，而天受之；暴之于民，而民受之；故曰，天不言，以行与事示之而已矣。”

曰：“敢问荐之于天，而天受之；暴之于民，而民受之，如何？”

曰：“使之主祭而百神享之，是天受之；使之主事而事治，百姓安之，是民受之也。天与之，人与之，故曰，天子不能以天下与人。舜相尧二十有八载，非人之所能为也，天也。尧崩，三年之丧毕，舜避尧之子于南河之南。天下诸侯朝觐者，不之尧之子而之舜；讼狱者，不之尧之子而之舜；讴歌者，不讴歌尧之子而讴歌舜，故曰，天也。夫然后之中国，践天子位焉。而居尧之宫，逼尧之子，是篡也，非天与也。《太誓》曰：‘天视自我民视，天听自我民听。’此之谓也。”

这两章是孟子对远古时代部落首领位置传承问题的讨论。尧、舜、禹三代都是禅让制，从禹开始父传子。

关于禅让制，万章曰："尧以天下与舜，有诸？"万章问的情况是社会上流行的一般说法，现在大家还这么说——禅让，就是贤者尧把自己的首领岗位传给了另一个贤者舜，而不是自己的儿子。

孟子回答说，是"天"把天下交给了舜。万章又产生疑问，"天"会像老师那样诲人不倦给舜以嘱托和希望吗？言下之意，天是不会说话的，怎么会把天下给舜呢？孟子说，天是不说话的，用行动和事情表示。这里的"行与事"其实不是"天"自己的"行与事"，而是现实社会呈现出的"事实"。这个事实，抽象上说是"天受之"，实际上就是"暴之于民，而民受之"，老百姓的认同才是能否"与之天下"的唯一根据。

万章对孟子的阐述还有疑问，他继续问："敢问荐之于天，而天受之；暴之于民，而民受之，如何？"就是说，斗胆请教，推荐给天，天接受了他；公开介绍给老百姓，老百姓也接受了他，是怎么回事呢？

最后孟子亮出了自己的主旨"使之主事而事治，百姓安之，是民受之也"。这和现在"为人民服务"的思想，"让人民满意"的准则，"以人民为发展中心"的理念，是何等一致。孟子思想的超前性、本质性真是太高明了！孟子这里说的"天"，其实是最高的道德标准。而这个标准又是以民意为依据的，民意又是以"仁义"为内涵的。爱民者、安民者、为民者、保民者，则顺乎"天意"，故"天""与之天下"。

最后一句引用《太誓》的话，鲜明直白地说明"民意"就是"天意"。因此，"天与之"只是比喻、象征，"民与之"才是实质。因为"天视自我民视"，"天听自我民听"。天看到的来自百姓看到的，天听到的来自百姓听到的。在这里孟子阐述了他的政治哲学和向往。其"事治民安"的选人、任人标准，就是现在也适用。一位公务员主政一方，做到了既"事治"又"民安"，那是多大的功劳，对社会的贡献多大啊。孟子是如何阐述他的这个观点的呢？他认为，把天下给舜的，不是尧，而是"天"和"民"。孟子的民本思想在这里又一次充分体现。

回到开头万章的提问，舜得到天下不是尧给的、禅让的，而是天下百姓给的。而天下百姓之所以愿意把天下交给舜，是因为舜是仁义之人，是保民、安民之人。因此，所谓的禅让，其实是天下对贤者的尊重和信任，也是贤者自身的责任和担当。

万章五次追问，终于让老师的思想得到充分、丰富的展示。

可惜，这样美好的时光不长。万章继续提问。

9.6 万章问曰："人有言：'至于禹而德衰，不传于贤而传于子。'有诸？"

孟子曰："否，不然也。天与贤，则与贤；天与子，则与子。昔者舜荐禹于天，十有七年，舜崩，三年之丧毕，禹避舜之子于阳城，天下之民从之，若尧崩之后，不从尧之子而从舜也。禹荐益于天，七年，禹崩，三年之丧毕，益避禹之子于箕山之阴。朝觐讼狱者不之益而之启，曰：'吾君之子也。'讴歌者不讴歌益而讴歌启，曰：'吾君之子也。'丹朱之不肖，舜之子亦不肖。舜之相尧，禹之相舜也，历年多，施泽于民久。启贤，能敬承继禹之道。益之相禹也，历年少，施泽于民未久。舜、禹、益相去久远，其子之贤不肖，皆天也，非人之所能为也。莫之为而为者，天也；莫之致而至者，命也。匹夫而有天下者，德必若舜、禹，而又有天子荐之者，故仲尼不有天下。继世以有天下，天之所废，必若桀、纣者也，故益、伊尹、周公不有天下。伊尹相汤以王于天下，汤崩，太丁未立，外丙二年，仲壬四年，太甲颠覆汤之典刑，伊尹放之于桐。三年，太甲悔过，自怨自艾，于桐处仁迁义，三年，以听伊尹之训己也，复归于亳。周公之不有天下，犹益之于夏、伊尹之于殷也。孔子曰：'唐虞禅，夏后、殷、周继，其义一也。'"

孟子讲述了尧、舜、禹相传的历史，以及接替禹的不是禹推荐的益而是他自己的儿子的历史。其核心就是，天子必须是"居仁由义""处仁迁义"者，至于是他人来做还是自己的儿子来做，那不重要。

除了"禅让"的主题外，这两章的另一个事实，引起我的思考。这个事实是，尧、舜两位大贤大圣的儿子都不肖。这样的事实说明，孟子常说的环境对人的影响是有条件的、有限度的。孟子说到环境对人的影响，往往充满信心，有夸大之嫌。他说过："君仁，莫不仁；君义，莫不义；君正，莫不正。一正君而国定矣。"尧、舜肯定教育自己的子女，希望他们成为贤能之人。但是，事实上尧、舜的儿子都不像尧、舜那样贤良。在本章，孟子没有理性地分析其原因，而是归因于天意。那么，尧、舜的贤德也是天生的，不需要后天的努力。这就与他的自觉修为理论相矛盾。当然，思想家的思想体系内部之间有矛盾是难免的。世界本身就是矛盾的统一体，一个大的系统内有微小的、部分的矛盾是正常现象。只是作为读者，我们要弄清楚，并作出自己的判断。

本卷最后三章，讲的是当时社会上有些人对名人的议论、挑刺，说的是名人的缺点乃至丑闻。这跟现代社会一样，做人难，做名人更难。名人有被赞美的资源，有被众人追捧的风光，也有被"人肉搜索""捣烂搞臭"的风险。这几位历史上的名人，第一位是伊尹，伊姓，名挚，"尹"是官名。第二位是孔子，大家熟悉。第三位是百里奚，春秋虞国人，秦穆公时贤臣名相，著名的政治家、思想家，又称"五羖大夫"，是秦穆公用五张黑羊皮从楚国赎回的。当时的人，质疑的都是他们的"入仕之道"，说他们采取不正当途径乃至卑鄙的手段接近君王，取得君王信任而走上仕途。万章看到或者听到这些传闻，感到困惑不解，便向孟子提问。孟子的回答很干脆，三个回答都一样"否，不然（也）"，然后讲出自己知道的历史，以正视听。因为，孟子非常鄙视"入仕不以其道"。他说："古之人未尝不欲仕也，又恶不由其道。不由其道而往者，与钻穴隙之类也。"把不按正道、逢迎拍马而入仕的，讥讽为偷偷摸摸的"钻隙逾墙"之徒。

那么，这三位名人到底是怎样的人呢？他们的入仕之路是正道吗？

9.7 从避世自乐者，到出世担当者——伟大的伊尹

万章问曰："人有言：'伊尹以割烹要汤。'有诸？"

孟子曰："否，不然；伊尹耕于有莘之野，而乐尧、舜之道焉。非其义也，非其道也，禄之以天下，弗顾也；系马千驷，弗视也。非其义也，非其道也，一介不以与人，一介不以取诸人。汤使人以币聘之，嚣嚣然曰：'我何以汤之聘币为哉？我岂若处畎亩之中，由是以乐尧、舜之道哉？'汤三使往聘之，既而幡然改曰：'与我处畎亩之中，由是以乐尧、舜之道，吾岂若使是君为尧、舜之君哉？吾岂若使是民为尧、舜之民哉？吾岂若于吾身亲见之哉？天之生此民也，使先知觉后知，使先觉觉后觉也。予，天民之先觉者也；予将以斯道觉斯民也。非予觉之，而谁也？'思天下之民匹夫匹妇有不被尧、舜之泽者，若己推而内之沟中。其自任以天下之重如此，故就汤而说之以伐夏救民。吾未闻枉己而正人者也，况辱己以正天下者乎？圣人之行不同也，或远，或近；或去，或不去；归洁其身而已矣。吾闻其以尧、舜之道要汤，未闻以割烹也。《伊训》曰：'天诛造攻自牧宫，朕载自亳。'"

人们说，伊尹是商汤的厨师，用割肉烹调技术、美味佳肴来求取商汤的注意和任用。因此，万章问曰："人有言：'伊尹以割烹要汤。'有诸？"这句的关键词是"要"，其意是"求取，设法取得某人的信任和重用"。

孟子回答，"否，不然"，不，不是这样。这一回答肯定，干脆，自信。伊尹不仅不是"求取仕途"的人，反而是一个清高、超然物外的洁身自好之人。他自食其力，耕种于乡野、田间，以尧、舜之道为人生之乐。不符合他的道义，就是把天下作为俸禄给他，他头也不会回一下；4 000 匹马系在那儿，他也不看一眼。不符合道义，就是一点点也不给别人，一点点也不拿别人的。商汤派人用礼物去聘请他，他悠闲淡然地说，我怎么会因为汤的聘礼而出来做事呢？我为什么不住在田野里，在这样空旷、安静的环境里以尧、舜之道自得其乐呢？还好，有商汤这样的贤君，为天下众生着想，真正重视人才、尊重人才，不因为一次未果就放弃，"三使往聘之"。其实，贤君明臣、圣君贤臣是知音，他们心里装的都是天下，他们的理想都是百姓安宁。因为商汤的诚心，伊尹心灵深处被触动，幡然醒悟，改变了自己的主张。伊尹接着说的一番话，在当今之时，犹为箴言，响彻人类天空。

“与我处畎亩之中，由是以乐尧、舜之道，吾岂若使是君为尧、舜之君哉？吾岂若使是民为尧、舜之民哉？吾岂若于吾身亲见之哉？天之生此民也，使先知觉后知，使先觉觉后觉也。予，天民之先觉者也；予将以斯道觉斯民也。非予觉之，而谁也？”

“使先知觉后知，使先觉觉后觉”，这是何等的自觉和担当，这正是现代社会所需要的。作为一个“天生之民”，心中装的是“天下众生”。具有这样的思维，人类才有美好的未来。

孟子的解释，把伊尹的境界提升到和前面的大禹、后稷一样的高度。孟子说伊尹，“思天下之民匹夫匹妇有不被尧、舜之泽者，若己推而内之沟中。其自任以天下之重如此，故就汤而说之以伐夏救民”。这和“禹思天下有溺者，由己溺之也；稷思天下有饥者，由己饥之也，是以如是其急也”一样，面对众生的苦难，深度介入，而非袖手旁观、事不关己。

最后，孟子回应万章的疑惑，就是说伊尹“要”汤而从政，也不是“以割烹要”，而是“以尧、舜之道要”。这是为天下而“要”，而不是为自己而“要”。这种“要”，正是我们需要的。

还有人污化孔子，说什么呢？

9.8 道不同，不相为谋

万章问曰：“或谓孔子于卫主痈疽，于齐主侍人瘠环，有诸乎？”

孟子曰：“否，不然也。好事者为之也。于卫主颜雠由。弥子之妻与子路之妻，兄弟也。弥子谓子路曰：‘孔子主我，卫卿可得也。’子路以告。孔子曰：‘有命。’孔子进以礼，退以义，得之不得曰‘有命’。而主痈疽与侍人瘠环，是无义无命也。孔子不悦于鲁、卫，遭宋桓司马将要而杀之，微服而过宋。是时孔子当厄，主司城贞子，为陈侯周臣。吾闻观近臣，以其所为主；观远臣，以其所主。若孔子主痈疽与侍人瘠环，何以为孔子？”

万章问道，有人说孔子在卫国的时候住在卫灵公宠幸的宦官痈疽家里，在齐国的时候住在宦官瘠环的家里。意思是，孔子为了获得君王的重用，不顾自己的尊严和人格与君王身边的人亲近，走的是人所不屑的不干净的途径。万章问孟子，有这回事吗？

其实，孔子在世时，在大多数学生心目中已经是圣人的形象了。但要注意，古代所说的圣人和现在我们说的圣人不完全一样。现在我们说圣人，更多的注重道德层面的高大全，圣人给人的感觉是高不可攀、高山仰止，已经神化了。古代的圣人，主要是从生活智慧、睿智程度说的，对自然、社会、人生有通透的认识，且具有很强的做事能力。也许是他的影响太大遭人妒忌，也许他生前得罪了人让人记恨，孔子刚刚过世，就有人诋毁他了，“叔孙武叔毁仲尼”（《论语·子张》）。关于万章问的传闻，孟子说，不，不是这样。这是好事者捏造出来的。孔子在卫国时住在颜雠由家里的。当时，子路和卫国卫灵公的宠臣弥子是连襟。弥子对子路说：孔子如果住在我家里，一定能做到卿大夫。子路告诉孔子。孔子没有同意，而说，“有命”。

“有命”，其实是孔子用委婉的语句回绝。孔子说的“有命”，并非迷信、放弃、被动无为，而是理性地面对现实。他知道，很多事不能完全由自己决定，有客观原因、条件制约事态的发展。谋事在人，成事在诸因素的共同作用。因此，有些事不刻意为之，更不能“枉道而行”。这是耶稣式的只管播种不刻意收获的大度和气魄。孔子讲究“权变”，但是不会突破人格的底线，这个底线就是“进退以礼义”。这样的话，这个人就永远是“立”着的。孔子的“三十而立”，是人格的独立和站立。

最后，孟子以孔子不悦于鲁、卫，微服过宋甚至可能遇害的事实，证明孔子不是屈己逢迎的人。最后孟子用一句俗语——“吾闻观近臣，以其所为主；观远臣，以其所主”——讲了交友识人之道。“我听说，察看在朝大臣的为人，看他做主人招待什么样的客人；察看远方的大臣，看他居住在什么样的主人那儿。”这是讲“物以类聚，人以群分”的道理。与什么人交往，就能看出你是什么人。孔子的“无友不如己者”，在这里可以找到注脚。一般解释是，不和不如自己的人交朋友。但是，这样解释与“三人行，必有我师”相矛盾。如，有“像、如同”的意思。这句话也可以解释为，不和不如同自己（与自己不同道）的人交朋友，也就是孔子说的另一句话“道不同，不相为谋”。

9.9 智者，知其进退者也

万章问曰：“或曰：‘百里奚自鬻于秦养牲者五羊之皮，食牛以要秦穆公。’信乎？”

孟子曰：“否，不然；好事者为之也。百里奚，虞人也。晋人以垂棘之璧与屈产之乘假道于虞以伐虢。宫之奇谏，百里奚不谏。知虞公之不可谏而去之秦，年已七十矣；曾不知以食牛干秦穆公之为污也，可谓智乎？不可谏而不谏，可谓不智乎？知虞公之将亡而先去之，不可谓不智也。时举于秦，知穆公之可与有行也而相之，可谓不智乎？相秦而显其君于天下，可传于后世，不贤而能之乎？自鬻以成其君，乡党自好者不为，而谓贤者为之乎？”

有人说百里奚把自己贱卖到秦国，以找机会接近秦穆公。万章问，这可以相信吗？

孟子的回答同样是“否，不然；好事者为之也”。接着，孟子讲了百里奚的故事，侧重于表现百里奚的智慧。百里奚是虞国人。春秋时期，虞国、虢国是两个相邻的小国，晋国是和虞国相邻的大国。为了抵抗晋国，虞国、虢国团结合作共同防御晋国。后来，虞国国君被晋国买通，借道给晋国灭掉虢国。不久，虞国也被晋国吞没。这就是“假道伐虢”“唇亡齿寒”背后的故事。当时，百里奚正在虞国做大臣。百里奚知道虞公贪婪，不可劝谏，就离开虞国来到了秦国。到了秦国后，百里奚知道秦穆公是个贤能的君主，可以辅助他干一番事业。他被推荐给秦穆公时，欣然应允。孟子赞赏百里奚的就是这种识人的智慧，找到贤能的君主，自己的才能才会有用武之地。

孟子讲百里奚的故事，并没有交代他被秦穆公任用的细节，只是含糊地说“时举于秦”。司马迁《史记》记载有两说，一说即“自鬻于秦养牲者五羊之皮，食牛”，一说为“百里奚虞国大夫，虞灭后被转卖到楚国，秦穆公听说他有贤才，遂以五张羊皮的代价将他赎出，任命他为秦国大夫”。孟子认为“自鬻以成其君，乡党自好者不为，而谓贤者为之乎？”自鬻不自鬻并不重要，是否不择手段获得重用才是关键。最根本的是，得到重用辅助君主的目的是什么？是为一己私利，还是为了天下众生？百里奚辅佐秦穆公成就春秋霸业，并不是为了自己的功名富贵。当时强大的晋国以伤害百姓利益富国强兵。百里奚只能去辅佐秦国对抗晋国，以保持天下平衡和百姓安宁。

卷十　万章章句下

——士人，如何安身立命、立身处世

本卷9章围绕这样一个主题：士这样一个高于平民而处于贵族最底层的群体，如何立身处世、安身立命？具体说，他们如何与君王、卿大夫交往，既不阿谀奉承，丧失自己的独立人格，又能找到适当的位置，养活自己、家庭，并且发挥自己的才干，做点有益天下、有益众生的事。为了更好地理解士阶层的生存处世之道，我们先回顾一下士阶层的由来和历史。

士的金文像是有手柄（即，是“又”的变形）的宽刃战斧。造字本义：手持大斧作战的武夫。（士的字源还有其他说法，这里不讨论。）士，古代作为一阶层，是贵族的最底层。周朝时，周王是天下最高共主。周王分封诸侯国，诸侯国首领称国君，国君分封自己的儿子为大夫，大夫之家由长子继承，没有继承权的其他儿子，就成为士。成为士，就失去了家族传承的资源，只能靠自己的努力奋斗生存。如果自己有才能，自强不息，可能有上升的空间，也可能重回大夫行列；如果能力有限，自暴自弃，则将沦落为庶民甚至流浪者。

孔子、孟子等很多古代名人的身份都是士，因为自己的不懈努力和孜孜以求，才走上人生的高峰，成为中华民族文化的源头和人格的典范。用现代的话说，他们才是“成功学”最经典的案例。当然，他们的成功不是现在仅仅为了自己的狭隘的成功，而是“成”就天下众生之“功”。他们的心里装的是“为天地立心，为生民立命，为往圣继绝学，为万世开太平”的天下情怀。这种“士成功”现象，值得好好研究，是中华传统重要的文化资源。简单地说，除了他们自身的素质之外，士阶层的位置，给了他们人生的动力。他们既有贵族的基因，又处于底层，需要自己奋斗才能生存发展，因此，逐渐形成奋发有为的“士精神”。《论语》中曾子说的一句话最能体现这种“士精神”：“士不可以不弘毅，任重而道远。仁以为己任，不亦重乎？死而后已，不亦远乎？”当今社会，我们仍然需要弘扬这种“士精神”，给处于底层的群体更多的关心、机会，让人力资源得到充分的发挥，以有益于社会的进步。

10.1 推四贤以为榜样

孟子曰：“伯夷，目不视恶色，耳不听恶声。非其君，不事；非其民，不使。治则进，乱则退。横政之所出，横民之所止，不忍居也。思与乡人处，如以朝衣朝冠坐于涂炭也。当纣之时，居北海之滨，以待天下之清也。故闻伯夷之风者，顽夫廉，懦夫有立志。

“伊尹曰：‘何事非君，何使非民？’治亦进，乱亦进。曰：‘天之生斯民也，使先知觉后知，使先觉觉后觉。予，天民之先觉者也。予将以此道觉此民也。’思天下之民匹夫匹妇有不与被尧、舜之泽者，若己推而内之沟中——其自任以天下之重也。

“柳下惠不羞污君，不辞小官。进不隐贤，必以其道。遗佚而不怨，厄穷而不悯。与乡人处，由由然不忍去也。‘尔为尔，我为我，虽袒裼裸裎于我侧，尔焉能浼我哉？’故闻柳下惠之风者，鄙夫宽，薄夫敦。

“孔子之去齐，接淅而行；去鲁，曰：‘迟迟吾行也，去父母国之道也。’可以速而速，可以久而久，可以处而处，可以仕而仕，孔子也。”

孟子曰：“伯夷，圣之清者也；伊尹，圣之任者也；柳下惠，圣之和者也；孔子，圣之时者也。孔子之谓集大成。集大成也者，金声而玉振之也。金声也者，始条理也；玉振之也者，终条理也。始条理者，智之事也；终条理者，圣之事也。智，譬则巧也；圣，譬则力也。由射于百步之外也，其至，尔力也；其中，非尔力也。”

本章孟子先提出四位历史上的贤者，作为士人的榜样。

第 1 位贤者是伯夷。

孟子是怎么评价伯夷的呢？孟子说，伯夷眼睛不看丑陋污秽的颜色，耳朵不听污浊鄙陋的声音。不是他认同的君主，不去为其做事；不是他认同的百姓，不去管理、使用。天下太平就出来做事，天下混乱则退出隐居。暴政横行的地方，暴民居住的地方，不能容忍自己住在那儿。他认为与没有教养的乡下人相处，就像穿着上朝的衣服，戴着上朝的帽子，坐在泥土和炭灰上一样。当商纣统治天下的时候，他住在北海的边上，以等待天下太平。所以，听到过伯夷风范的人，贪得无厌的会变得廉洁，懦弱的会立志做个人格独立的人。

伯夷不入污泥，用佛学的话说，是“净而不染”，干净得一尘不染。

第 2 位贤者是伊尹。

孟子介绍，伊尹的态度与伯夷正好相反。伊尹说：什么样的君主不能为其做事，什么样的百姓不能管理和使用？伊尹天下平治出来做官，天下大乱也出来做官。伊尹为什么会这样呢？他说：上天生养这些百姓，让先明白道理的人去开导后明白道理的人，让先觉悟的人去开导后觉悟的人。我是上天所生民众中的先觉悟者。我将用尧、舜之道开导这些人。伊尹觉得，天下的老百姓，有一个男子或女子没有享受到尧、舜之道的恩惠，就像是自己把他们推到了河沟中。他把天下的重任扛在了自己肩上。

伊尹主动入世，用佛学的话说，是“觉而不迷”，自觉担当，不迷失于自己的小世界。

第 3 位贤者是柳下惠。

孟子说，柳下惠不以事奉不好的君主为耻辱，也不因为官职小而辞职。出来做官不隐藏自己的才能，一定按照道义行事。被遗弃，不被重用，也不抱怨，陷入困境不忧愁。与乡人相处，悠然自得不忍心离去。柳下惠为什么会这样呢？他的理念是：你是你，我是我，虽然你赤身裸体在我身边，你又怎么能污染我呢？所以，孟子说，听到柳下惠风范的人，鄙陋的人会宽容起来，刻薄的人会敦厚起来。

柳下惠出淤泥而不染，用佛学的话说，是“正而不邪”，身处尘世始终保持端正，不因环境而扭曲自己。

第4位贤者是孔子。

孟子介绍说，孔子离开齐国，捞起淘着的米（不等淘的米滤干）就走。而离开鲁国时，孔子说，我们慢慢走吧，这是离开父母之邦的态度。孟子认为孔子的行为方式是，应该马上走就马上走，应该停留就停留，应该住在家里就住在家里（不出来做官），应该做官就做官。这就是孔子。

我勉强造个词，孔子是“权而不苟”，权变而不苟且，坚守内心的“道”，并一以贯之。

介绍了4位贤者后，孟子点出了他们的显著特征，给人以鲜明的印象。在孟子看来，他们都是圣人。古代称为圣人的，不仅仅指道德品行，更侧重其睿智聪慧。伯夷，“圣之清者”，清高，洁身自好；伊尹，“圣之任者”，担责，自觉觉他；柳下惠，“圣之和者”，随和，处于众而不染；孔子，“圣之时者”，识时，进退有度。孟子对前三位的“圣”一字点明，对孔子的“圣”作了阐述。

孟子说，孔子是集大成的圣人，也就是汇集各位圣人的优点，是个完人。什么是集大成呢？集大成的意思，就好像演奏乐曲，由敲响镈钟开头，由特磬振动收尾。镈钟，声音洪亮，以此开始一鸣惊人；特磬，声音悠扬，以此结束余音袅袅。这样的开头结尾，条理清楚，引人入胜。开头引人注目，结尾余韵无穷，这就是智慧、灵动的安排。智，好比是技巧；圣，好比是力气。（其实，“始条理者，智之事也；终条理者，圣之事也。智，譬则巧也；圣，譬则力也”可以作为互文来理解，始、终的条理，都是智、圣之事，智、圣都有技巧和力气两方面。）犹如在百步之外射箭，能够射到箭靶的位置，是靠力气；射中箭靶，是靠技巧。

孟子自认是孔子的“私淑弟子”，在孟子心中孔子的地位是其他人不能替代的。这一点，在卷三《公孙丑章句上》第2章，孟子已经表过态：“非其君不事，非其民不使；治则进，乱则退，伯夷也。何事非君，何使非民；治亦进，乱亦进，伊尹也。可以仕则仕，可以止则止，可以久则久，可以速则速，孔子也。皆古圣人也，吾未能有行焉；乃所愿，则学孔子也。”因为对孔子的尊敬、崇拜，孟子对孔子的感觉更深、认识更透。他认为孔子是古代圣人的“集大成者”，从事迹看：孔子也“清”，“道不同不相为谋”；孔子也“任”，“知不可为而为之”；孔子也“和”，“三人行必有我师焉”。从孔子的理念看，就是始终条理，善始善终，对事情有通盘的考虑，而不是顾此失彼。尽管他处理不同事情用不同的方式，但是正如他自己所说，“吾道一以贯之”。孟子说孔子是“圣之时者”，如果仅仅理解为“把握时机”“识时务者”，则矮化了孔子。“时”，只是表面的、技术的层面，我们不能仅仅看到孔子表面的“权变”。他“速”也好，“久”也好，“处”也好，“仕”也好，“进”也好，“退”也好，都是为了自己心中的那个理想和追求，而不是曲意逢迎、委曲求全。孔子“权变”的背后是“不变”，不变的是其人生价值和追求。

存疑：

1. 伯夷的清高之风、柳下惠的和约之风，深深打动了孟子，令孟子向往和敬佩。在介绍了他们两人之后，孟子不由自主、脱口而出，“故闻伯夷之风者，顽夫廉，懦夫有立志”，“故闻柳下惠之风者，鄙夫宽，薄夫敦”。

人有追随、崇拜偶像之心理，榜样也会起到一定的引领作用。但是，正如前面提到的，榜样的力量是有限的。如果如孟子所言“故闻伯夷之风者，顽夫廉，懦夫有立志”，“故闻柳下惠之风者，鄙夫宽，薄夫敦”，那么社会管理和文化建设就易如反掌了。也许，孟子就是这样的性情中人，看到高尚的人格便欣喜若狂，恨不得让全世界知道，让天下人以此为典范学习拥戴。

2. 尽管孟子只是把孔子作为自己的老师，但是在这一章，对伯夷和柳下惠都是肯定和欣赏的。而在卷三《公孙丑章句上》第 9 章，孟子曰：“伯夷隘，柳下惠不恭。隘与不恭，君子不由也。”

10.2 周朝爵位、俸禄的等级规定

北宫锜问曰："周室班爵禄也，如之何？"

孟子曰："其详不可得闻也。诸侯恶其害己也，而皆去其籍；然而轲也尝闻其略也。天子一位，公一位，侯一位，伯一位，子、男同一位，凡五等也。君一位，卿一位，大夫一位，上士一位，中士一位，下士一位，凡六等。天子之制，地方千里，公侯皆方百里，伯七十里，子、男五十里，凡四等。不能五十里，不达于天子，附于诸侯，曰附庸。天子之卿受地视侯，大夫受地视伯，元士受地视子、男。大国地方百里，君十卿禄，卿禄四大夫，大夫倍上士，上士倍中士，中士倍下士，下士与庶人在官者同禄，禄足以代其耕也。次国地方七十里，君十卿禄，卿禄三大夫，大夫倍上士，上士倍中士，中士倍下士，下士与庶人在官者同禄，禄足以代其耕也。小国地方五十里，君十卿禄，卿禄二大夫，大夫倍上士，上士倍中士，中士倍下士，下士与庶人在官者同禄，禄足以代其耕也。耕者之所获，一夫百亩；百亩之粪，上农夫食九人，上次食八人，中食七人，中次食六人，下食五人。庶人在官者，其禄以是为差。"

这一篇介绍的是周天子治理国家、管理诸侯国的顶层设计和社会布局。当初，周朝制定的这些等级规范有其合理性，但随着生产力的发展，这样的格局不断被破坏，也就是所谓的"礼崩乐坏"，这是社会发展的必然。因此，社会的管理理念和策略，应该与时俱进。但是，不可否认的是，无论什么样的国家、什么时代，都必须要有共同的社会行为规范，这个国家、社会才能存在下去。就社会层级、管理层级而言，现代社会也是不可回避的。问题是，第一，人的社会角色不同，分工不同，但是每个人的人格应该平等。第二，整个社会必须为每个人的发展提供尽可能公平、公正的机会，让普通大众各得其所、安定生活，让才能、天赋突出者充分发挥，为社会进步做出

更大的贡献。这样的规定是否合理，是个复杂的问题。但是，治理国家、治理社会必须要选择最佳的、最好的方式，才能有益社会的发展。

10.3 交友之道：敬

万章问曰："敢问友。"

孟子曰："不挟长，不挟贵，不挟兄弟而友。友也者，友其德也，不可以有挟也。孟献子，百乘之家也，有友五人焉：乐正裘、牧仲，其三人，则予忘之矣。献子之与此五人者友也，无献子之家者也。此五人者，亦有献子之家，则不与之友矣。非惟百乘之家为然也，虽小国之君亦有之。费惠公曰：'吾于子思，则师之矣；吾于颜般，则友之矣；王顺、长息则事我者也。'非惟小国之君为然也，虽大国之君亦有之。晋平公之于亥唐也，入云则入，坐云则坐，食云则食。虽疏食菜羹，未尝不饱，盖不敢不饱也。然终于此而已矣。弗与共天位也，弗与治天职也，弗与食天禄也，士之尊贤者也，非王公之尊贤也。舜尚见帝，帝馆甥于贰室，亦飨舜，迭为宾主，是天子而友匹夫也。用下敬上，谓之贵贵；用上敬下，谓之尊贤。贵贵、尊贤，其义一也。"

本章是孟子对弟子万章"问友"的回答。本章的"问友"、第 4 章的"问交际"、第 6 章的"问士之不托诸侯"、第 7 章的"问不见诸侯"，都是万章问"士如何与君主打交道"。而第 1 章伯夷、伊尹、柳下惠、孔子 4 位圣人的行为，是为"士如何与君主打交道"树立了正面榜样。

万章问的"友"是一般意义上的朋友，孟子开头的回答也是从一般交友意义上说的。孟子认为，交朋友是为了学习朋友的品德，不能有所倚仗。因此，交朋友不能倚仗自己年长，不能倚仗自己高贵，不能倚仗自己兄弟（的富贵）去交朋友。

孟子接下来的回答，讲了几个君王、大夫交友的事例。拥有百乘的鲁国大夫孟献子，有 5 位朋友。孟献子与他们交朋友，没有自己是卿大夫的想法。那5位朋友，也没有因为他是卿大夫而与之交友。小国之君费惠公，以子思为老师，与颜般是朋友。大国之君晋平公与亥唐交朋友，亥唐叫他进去他就进去，叫他坐他就坐，叫他吃饭他就吃饭，就算吃的是粗粮菜汤，晋平公也不敢不吃饱。他们是这样地自然、平等相处。但是，晋平公不和他一起治理国事，也不给他俸禄。舜拜见尧帝，尧帝安排他这位女婿住在别墅里，请他吃饭。舜也请尧帝吃饭，轮换做宾主。这是天子与匹夫交朋友。

从这3个事例看，孟子这里讲的交友，视角是处于上位的君王、大夫应以什么样的态度和臣下、贤士交友。讲完了事例，孟子最后亮出自己的观点："用下敬上，谓之贵贵；用上敬下，谓之尊贤。贵贵、尊贤，其义一也。"用下敬上也好，用上敬下也好，关键在一个"敬"。敬，是人与人相处、交友的基本态度，也是最重要的态度。孔子、孟子都非常注重"敬"作为人品的修养。孟子说过"敬人者，人恒敬之"。《论语》里提到"敬"的有18条（李零著《丧家狗——我读〈论语〉》附录）。交友之道，除了"敬"，还有"尊"。"贵贵""尊贤"，都是说的"尊"。尊、敬同义，故"尊敬"成为一词，同义复指，是强调其重要性。

10.4 吾爱吾师，吾更爱真理：万章的"无情"追问

万章问曰："敢问交际何心也？"

孟子曰："恭也。"

曰："'却之却之为不恭'，何哉？"

曰："尊者赐之，曰：'其所取之者义乎，不义乎？'而后受之。以是为不恭。故弗却也。"

曰："请无以辞却之，以心却之，曰：'其取诸民之不义也。'而以他辞无受，不可乎？"

曰："其交也以道，其接也以礼，斯孔子受之矣。"

万章曰："今有御人于国门之外者，其交也以道，其馈也以礼，斯可受

御与？”

曰：“不可；《康诰》曰：‘杀越人于货，闵不畏死，凡民罔不譈。’是不待教而诛者也。殷受夏，周受殷，所不辞也；于今为烈，如之何其受之？”

曰：“今之诸侯取之于民也，犹御也。苟善其礼际矣，斯君子受之，敢问何说也？”

曰：“子以为有王者作，将比今之诸侯而诛之乎？其教之不改而后诛之乎？夫谓非其有而取之者盗也，充类至义之尽也。孔子之仕于鲁也，鲁人猎较，孔子亦猎较。猎较犹可，而况受其赐乎？”

曰：“然则孔子之仕也，非事道与？”

曰：“事道也。”

“事道奚猎较也？”

曰：“孔子先簿正祭器，不以四方之食供簿正。”

曰：“奚不去也？”

曰：“为之兆也。兆足以行矣，而不行，而后去，是以未尝有所终三年淹也。孔子有见行可之仕，有际可之仕，有公养之仕。于季桓子，见行可之仕也；于卫灵公，际可之仕也；于卫孝公，公养之仕也。”

上一章谈的是“交友”，实际是讲处于上位的王公贵族与士人、臣下相处。这一章谈交际，范围扩大了，讨论士人与诸侯的交往。这次万章发问聚焦的是“心”，你存着什么样的“心态”去与人交往。孟子的回答照应上一章的“敬”，交友也好，交际也好，在于“恭”敬。

可是，万章这一次发问，有自己的心思。万章对当时的士人（可能也包括他的老师孟子）接受诸侯的赏赐和俸禄心存疑惑，故有此意味深长的一番对话。且看师生对话的线路图。

孟子回答万章，交际的心态是恭敬，可是，万章想问的不是表面上看到的态度，而是他深层的思考。他关注的是什么呢？我们暂且存疑，随着他一步一步的追问，那个“算心”最终会露出来。

万章接着问，一再拒绝（别人的礼物）就是不恭敬，这是为什么？这一问中隐含着一个前提——在万章看来，交际中有些人的礼物是需要“却之”的。难道因为“恭”，就一定要接受吗？而在一般人看来，在交际中，拒绝接受礼物是对人家的不恭。是的，“却之不恭，受之有愧”到现在还是人们交际的客套话。

孟子回答，尊贵的人赐与的礼物，若心有疑虑默默地说，他所取得的财富符合道义还是不符合？这样想了之后，接受了，就是不恭敬。所以，不拒绝。孟子的意思是，如果拒绝了，就是“以小人之心度君子之腹”。

万章不满意老师的回答，继续问，请不用语言拒绝，而在心里拒绝，心里想，他取之于民的财富是不义的。再用其他借口拒绝接受，不可以吗？万章的意图已经很清楚了，在与诸侯大夫的交往中，是不能接受他们的馈赠的。因为，他们的“礼物”都是不义之财。

万章的追问直指问题的最敏感处，也戳到了某些“交际者”的痛处，甚至他的老师孟子都可能有这样不容回避的问题。能言善辩的孟子几乎无辞以对，只好说，他们按照礼节交往、接触，就是孔子也会接受的。孟子回避了万章的“其取诸民之不义也”，以“道”“礼”搪塞。为什么我说孟子是“搪塞”？因为，他居然把孔子拿出来做挡箭牌了，说明他无话可说、无理可辩了。孔子是圣人不错，但是，孔子不能成为衡量一切是非的标准。再者，关于“礼”的真伪，孟子本人就批评过所谓的“似礼非礼”——打着“礼”的旗号的“非礼”行为。在卷八第6章，孟子曰：“非礼之礼，非义之义，大人弗为。”

尽管老师亮出了祖师爷孔子，万章还是没有停止追问。他沿着“其取诸民之不义也”，继续追问，现在，有“御人”（拦路抢劫的人），他也以礼节和你交往并送你礼物，这样的话，可以接受他抢来的礼物吗？

面对这样的情形，孟子只好回答：“不可。”接着引用《康诰》上的话作了阐述。

可是，万章的问题重点不是受不受“御人之礼”这样的问题，而是强调

“其取诸民之不义也”就如“御人之礼”。而且，这次他点明了“其取诸民之不义也”的人就是诸侯！且看他的追问：当今的诸侯取之于民的财富，就好像是拦路抢劫。如果他们完善与人交往的礼节，君子按照所谓的礼节接受馈赠，请问这又是什么说法？

到这里，万章剥的“笋心”才露了出来，“心剑”才亮了出来。他痛恨的是诸侯取之于民的不义之财，他痛心的是，包括他的老师在内的那么多君子，却没有拒绝这样的不义之财（孟子接受诸侯馈赠是个复杂的事情，他心中也是有自己的标准和底线的。可能在万章看来，孟子做得不够严谨。卷四的第3章，孟子的弟子陈臻已经就孟子接受诸侯的馈赠提出过疑问，可参阅），而以所谓的礼仪之交接受之。“敢问何说也？”万章的语气已经近乎责问，因为是老师，所以前面加了个“敢”，表示尊敬和委婉。

从这样的师生对话中可以看出，孟子和孔子一样，能容纳弟子尖锐、奇谲的质疑、追问。这样的心态和胸襟是可敬的。在中国古代，也有像亚里士多德所说的“吾爱吾师，吾更爱真理”的文化传统，并不是我们想象的，儒家的老师都是迂腐、刻板和专制的。

面对万章咄咄逼人的追问，作为语言大师，作为“好辩者”，孟子只能宕开一笔，陷入他自己所嘲讽的齐宣王的窘境——“顾左右而言他”。孟子回答说：你以为有王者兴起，是将现在所有诸侯都诛杀了，还是教育了仍然不改再诛杀？（孟子的意思是说，现实就是这样的状况，“礼崩乐坏”的现状是你我无法改变的。）把取得不是自己的东西说成是强盗，这是把强盗的含义扩充到极致。（孟子的意思是说有时候为了和诸侯打交道接受礼物，也在情理之中，何况，我为的是引导诸侯行仁政以安民、保民。为了天下大事，有时候只能小小地委屈自己。）孔子在鲁国当官时，鲁国人为了取得祭祀的动物有争夺猎物的习俗，孔子也参加。争夺猎物尚且可以，更何况接受他们的赏赐？孟子又拿孔子说事，却牵强附会。直接看，孟子说得是有道理，连猎物都去争夺了，赏赐为什么不能接受呢？“猎较（音‘决’）”，赵岐注：“猎较者，田猎相较夺禽兽，得之以祭，时俗所尚，以为吉祥。孔子不违而从之，所以小同于世也。”根据赵岐的注释，不难看出，猎较不是为了个人所获，而是为了祭祀所用；猎较，是一种风俗，类似于一种游戏，为了祭祀，每个人展示自己的才能，表示对祭祀的重视。所以，孟子说“孔子之仕于鲁也，鲁人猎较，孔子亦猎较。猎较犹可，而况受其赐乎”，是说不通的。

万章没有计较老师的逻辑问题，而是沿着他的思路继续追问，那么，孔子当官，不是为了实施道义吗？孟子回答，为的是实施道义。万章追问，实施道义，为什么做这样争抢的事呢？孟子回答，孔子先用簿册规定祭祀仪式上用的器物和祭品，不用四方献来的食物作为（籍册规定的）祭品。也就是说，孔子在做控制“猎较”而祭祀的事情，以逐步取消这样的做法。

万章对老师的回答不满意，他认为，既然这样，孔子应该辞官而去。孟子回答，孔子要去做官以实施自己的主张，总得有个开始。开始后，足以实行自己的主张，可是后来又不能实行，然后辞官离开。因此，他没有在一个国家最终停留过 3 年。孔子或者看到可以实行自己的主张而去做官，或者看到诸侯可以交往而去做官，或者看到诸侯能供养贤士而去做官。对于鲁国的季桓子，是看到可以实行自己的主张而去做官；对于卫灵公，是看到可以交往而去做官；对卫孝公，是看到能供养贤士而去做官。

孟子的解释还是他一贯的“权变”主张，“大人者，言不必信，行不必果，惟义所在”。但是，万章质疑的正是“义之所在”。本章的对话，最能反映万章的个性和人格，也将师生既彬彬有礼又暗藏机锋的对话情景栩栩如生地再现出来。

10.5 做“官”的最高境界

孟子曰：“仕非为贫也，而有时乎为贫；娶妻非为养也，而有时乎为养。为贫者，辞尊居卑，辞富居贫。辞尊居卑，辞富居贫，恶乎宜乎？抱关击柝。孔子尝为委吏矣，曰：‘会计当而已矣。’尝为乘田矣，曰：‘牛羊茁壮长而已矣。’位卑而言高，罪也；立乎人之本朝，而道不行，耻也。”

上一章，孟子师生就能不能接受诸侯的赏赐、礼物进行了深入的讨论。万章坚持诸侯的财富都是搜刮民脂民膏的不义之财，与之交往的话不可以接受他们的礼物，不能和他们打交道，也就是不能到他们手下为官。这一章孟子单独讲人贫穷时如何对待做官。

做官的动机，一直是社会热议的话题，也是为官者不能回避的问题。对于这一点，孟子的态度没有像其他问题那样鲜明、肯定，而是很委婉。孟子说，出仕做官不是因为贫困，但是有时又是因为贫穷；就像娶妻不是为了赡养父母，但有时也是为了赡养父母一样。

人生总有无奈。是的，最理想的境界是不为了荣华富贵而做官，这样才洒脱，才能真正为自己的理想、为老百姓去做事。可是，生存第一，有天下情怀的人，不一定像子贡一样已经是个大富翁了。那么，出身贫穷的人，如何入仕、从政？

孟子接着说，因为贫穷而做官的人，应该拒绝高官而居于底层的官职，拒绝富有而甘于清贫。怎样是适宜的呢？做守城门关隘、夜巡打更之类的事情。孔子曾经做过管理仓库的小吏，他说，只要出入的账目正确、得当就行了。孔子也曾经做过管理牲畜的小吏，他说，只要让牛羊壮实生长就行了。地位低下却议论朝廷大事，这是罪过；身在朝廷做官而不能实现自己的主张，这是耻辱。

孟子的意思是，真的想为了天下众生去做官，先要从基层做起，积累资源。当能够养活自己和家人，不需要“以权谋私”，才可以身居高位，做有益天下苍生的事。因为居高位，为的是“行道”，也就是孔子、孟子孜孜以求、念兹在兹的“仁义之道”“仁政之道”。而要实现这样的理想，就不能被金钱、利益所干扰和羁绊。孔子之所以从委吏、乘田做起，就是为将来的理想打好基础。

10.6 由“士之生存之道”到“国君之尊贤”

万章曰：“士之不托诸侯，何也？”

孟子曰："不敢也。诸侯失国，而后托于诸侯，礼也；士之托于诸侯，非礼也。"

万章曰："君馈之粟，则受之乎？"

曰："受之。"

"受之何义也？"

曰："君之于氓也，固周之。"

曰："周之则受，赐之则不受，何也？"

曰："不敢也。"

曰："敢问其不敢何也？"

曰："抱关击柝者皆有常职以食于上。无常职而赐于上者，以为不恭也。"

曰："君馈之，则受之，不识可常继乎？"

曰："穆公之于子思也，亟问，亟馈鼎肉。子思不悦。于卒也，摽使者出诸大门之外，北面稽首再拜而不受，曰：'今而后知君之犬马畜伋。'盖自是台无馈也。悦贤不能举，又不能养也，可谓悦贤乎？"

曰："敢问国君欲养君子，如何斯可谓养矣？"

曰："以君命将之，再拜稽首而受。其后廪人继粟，庖人继肉，不以君命将之。子思以为鼎肉使己仆仆尔亟拜也，非养君子之道也。尧之于舜也，使其子九男事之，二女女焉，百官牛羊仓廪备，以养舜于畎亩之中，后举而加诸上位。故曰，王公之尊贤者也。"

这一章由万章询问士人的生存之道开始。春秋战国时代的士，是贵族的最底层，分为上士、中士、下士。这样的士都有固定的职务，就像孔子做委吏和乘田一样，是最底层的小官吏，有固定的生活来源。也有些士，没有固定的职务，或者自己有更高的追求，他们修身养德，有道德修养，有理想抱负，有智慧才能，希望走上仕途实现自己的人生理想。万章这里问的"士"，就是这样暂时无职而希望入仕的人。万章问，士不能依附到诸侯那里去，这是为什么？从下文看，这里的诸侯是指士人境外的诸侯国。

孟子回答，是不敢这样。当时的礼法，诸侯失去了自己的国家，可以到别的诸侯国去依靠人家生存；士人这样，是不符合礼法的。万章继续问，那么，国君赠送粮食，可以接受吗？孟子答，可以。万章问，能接受是什么道理？孟子说，国君对于别国来的士民、庶人，本来就周济他们。万章问，周济的可以接受，赏赐的不可以接受，是什么原因？孟子说，不敢啊。万章追问，请问为什么不敢呢？孟子说，守关打更的人，都有固定职业，靠自己的劳动而获得供养。没有固定职业却从国君那得到赏赐，是对国君的不恭敬。孟子的意思是，士人对“不劳而获”“白吃饭”应该引以为耻。孟子说“周”可以接受，“馈”可以接受，“赐”不可接受。“赐”和“馈”应该有细微的差别，赐，有些居高临下，纯粹是物质的赐予；馈，建立在有交往有感情的基础上。于是，万章又问，国君的馈赠就接受了，不知道可不可以经常如此？

这一次，孟子没有讲道理，而是讲了鲁穆公对待子思的故事——鲁穆公对子思非常关心，多次问候，多次赠送煮熟的肉。子思反而不高兴。到最后，把来问候送肉的使者赶出大门之外。他面朝北叩头又作揖两次拒绝馈赠，说：从今以后知道君主是把我孔伋当成狗马来畜养。从这以后鲁穆公不再给子思送东西了。喜欢贤才却不重用，又不能按照礼节供养其生活，可以说是喜欢贤才吗？

前面孟子讲了，“君馈可受之”。这里，子思对鲁穆公的馈赠很反感，最终拒绝。这是为什么呢？国君应该如何对待贤人？万章最后问，国君想供养、对待君子，怎么做才是真正的养呢？

孟子回答，派人以国君的意旨给他送去礼物，他便先作揖再磕头，然后接受。这之后管粮仓的人持续送去粮食，厨师持续送去肉食，但是，送去时不再以国君的名义了。而鲁穆公的做法，让子思认为送来肉食，使自己要像仆人一样多次跪拜。这不是照顾、对待君子的方式。尧对于舜，让自己的9个儿子侍奉舜，把自己的两个女儿嫁给舜，各种官吏、牛羊、仓库等都准备齐全，用来照顾在田野中劳作的舜，然后提拔他到最高的职位。所以说，这才是王公尊敬贤者的最高范例。

士人应该有入仕从政的抱负，但是不可“枉道而行”。君王则应该尊重士人的人格，尊贤任能，充分发挥士人的聪明才智，以治理好自己的国家。

10.7 士之人格：非其招不往也

万章曰：“敢问不见诸侯，何义也？”

孟子曰：“在国曰市井之臣，在野曰草莽之臣，皆谓庶人。庶人不传质为臣，不敢见于诸侯，礼也。”

万章曰：“庶人，召之役，则往役；君欲见之，召之，则不往见之，何也？”

曰：“往役，义也；往见，不义也。且君之欲见之也，何为也哉？”

曰：“为其多闻也，为其贤也。”

曰：“为其多闻也，则天子不召师，而况诸侯乎？为其贤也，则吾未闻欲见贤而召之也。穆公亟见于子思，曰：‘古千乘之国以友士，何如？’子思不悦，曰：‘古之人有言曰，事之云乎，岂曰友之云乎？’子思之不悦也，岂不曰：‘以位，则子，君也；我，臣也；何敢与君友也？以德，则子事我者也，奚可以与我友？’千乘之君求与之友而不可得也，而况可召与？齐景公田，招虞人以旌，不至，将杀之。志士不忘在沟壑，勇士不忘丧其元。孔子奚取焉？取非其招不往也。”

曰：“敢问招虞人何以？”

曰：“以皮冠。庶人以旃，士以旂，大夫以旌。以大夫之招招虞人，虞人死不敢往；以士之招招庶人，庶人岂敢往哉？况乎以不贤人之招招贤人乎？欲见贤人而不以其道，犹欲其入而闭之门也。夫义，路也；礼，门也。惟君子能由是路，出入是门也。《诗》云：‘周道如砥，其直如矢；君子所履，小人所视。’”

万章曰：“孔子，君命召，不俟驾而行；然则孔子非与？”

曰："孔子当仕有官职，而以其官召之也。"

接着上一章"士与诸侯关系"的讨论，万章继续提问：士不主动拜见诸侯，是什么道理？万章的这一提问，卷六第7章公孙丑已经问过，可参阅。

孟子的回答和卷六第7章的回答相一致。卷六第7章的回答是"古者不为臣不见"。没有做臣子就不去见诸侯。这里，孟子回答说，不在职的士人住在国都的叫市井臣民，住在乡村的叫草莽臣民，都是平民。这类平民没有向诸侯传送见面礼而成为臣下，不敢拜见诸侯，这是礼的规定。臣，既表示做官的人，又泛指做官的人和所有的百姓平民。"市井之臣""草莽之臣"的"臣"指非官的平民百姓，这些平民中包括没有职位的士人；"为臣"的"臣"指已经做了官的人。

万章不理解，为什么平民就不能去见诸侯呢？于是继续问，士民，征召他服役，他就去服役；君王想见他，召见他，却不前往拜见，为什么呢？

万章没有弄清楚"召役"与"召见"的不同，"召役"是应尽的义务；"召见"，则是另外一回事。孟子说明之后，由回答者转为反问者：君王想见他，为什么呢？万章回答，因为他见多识广、品德高尚。这一反问和万章的回答，把对话引向深入——作为有才有德的士人，君王应该如何对待？

孟子说："多闻"，就可以做君王的老师。连天子都不能召见自己的老师，何况诸侯呢？如果他是贤人，我没有听说过想见贤人而召唤的。孟子的意思是，作为君王，对于德才兼备的贤能之人，应该主动上门拜见，而不是随意召唤其到来。接着，孟子再次讲鲁穆公与子思的故事——鲁穆公屡次造访子思，说道，古代有千辆兵车的君王与士人交朋友，是怎么回事？子思不高兴，说，古代人这样说，是把士人当作老师侍奉吧，哪里是说把他们当作朋友？子思的不高兴，难道不是说，论地位，你是君主，我是臣子，怎么敢与你交朋友？论品德，你应该以我为师，怎么可以与我结成朋友？

讲完故事，孟子作了阐述——有千辆兵车的君主谋求与士人结成朋友，却不能做到，更何况召见士人呢？从前齐景公打猎，用旌旗召唤猎场的管理员，管理员不来，齐景公准备杀了他。有志之士不怕弃尸山沟，勇敢的人不怕丢掉脑袋。孔子为什么称赞这位管理员呢？是看重他不应该接受的召唤就一定不去的精神。

万章听了，对这位小小的管理员产生了兴趣，便问，那召见这位管理员应该用什么呢？

孟子回答，用皮帽子。召唤百姓用赤色的曲柄旗，召唤士人用有铃铛的旗子，召唤大夫用有羽毛的旗子。用召唤大夫的方式召唤猎场管理员，管理员是宁死也不敢去的。用招士人的方式召唤百姓，百姓怎么敢前去呢？更何况用召唤不贤之人的方式召唤贤人呢？想要见贤能的人却不按照规范的礼节，就犹如想请别人进来却把大门紧闭一样。义好比是大路，礼好比是大门。只有君子能沿着这条大路行走，从大门自由进出。《诗经》上说：大路像磨刀石一样平，像箭一样直。这是君子走的路，小人在旁观看。

孟子常常用孔子来作为有力的论证，这次万章也以孔子的行为反问孟子。

万章说，孔子，君主下令召唤，他不等马车驾好就出发了。这样急切地听从君主的召唤，孔子错了吗？

孟子说，那是因为孔子有官职在身，国君是按他担任的官职召唤他。这次孟子的回答没有勉强，因为前面他已经说过“古者不为臣不见”，反过来说，为臣者必须随时听从召唤，也就是“在其位谋其政”，俗语说的“捧着人家的碗，接受人家的管”。而万章这次的提问，似乎有点糊涂。本想用孔子将老师一军，谁知提出了这样一个低级的问题。这时的万章没有了第 4 章的咄咄逼人和自信满满。对话中，尤其是多重对话中，保持清醒还真不容易。

10.8 以“文”会友、“读书”交友，友遍天下、友越古今

孟子谓万章曰：“一乡之善士斯友一乡之善士，一国之善士斯友一国之善士，天下之善士斯友天下之善士。以友天下之善士为未足，又尚论古之人。

颂其诗，读其书，不知其人，可乎？是以论其世也。是尚友也。”

前几章万章和孟子讨论士人如何与国君交往、如何入仕，这是个复杂的话题，也是古今士人难以解开的心结：既要保持自身的独立人格和高洁之风，又不得不面对现实作出适当的变通，否则就难以获得施展抱负的舞台和空间。本章抛开了这些世俗的纠结，孟子向万章讲述了自己理想中的“士与士”的交往。说到这种离开凡尘困扰的纯粹的情感、精神交往，孟子是那样地兴奋、愉快，一番话，一气呵成，余韵永在。

在本卷的第3章，万章“问友”，孟子和他进行了讨论。我推测，当时孟子没有想到本章将要说的交友之道。但是，在那次讨论之后，这个问题沉浸在了孟子的意识里，尽管他和弟子们没有再讨论这个问题，但是，在潜意识里，“问友”一直没有离开他的灵魂。某一个时刻，灵感突然降临，心海里冒出思想的花蕊，就像冬天雪地上突然绽放的第一枝梅花，正如齐己在《早梅》里写的“前村深雪里，昨夜一枝开”。

如果是现在，这段话肯定在第一时间上了微信群。在那个时代，孟子只能立即找来万章，不等万章开口，便动情地娓娓道来——一个地方的善好之士应该和本地的善好之士常来往、多交流，一个国家的善好之士应该和本国的善好之士多交流、常切磋，天下的善好之士要与天下的善好之士交往互学，“以文会友、以友辅仁”。这样的话，大家“各美其美，美人之美，美美与共”，其“善”也增益丰厚，其乐也融融。如果觉得和天下的善好之士“同学共修”还不满足，就再与古人交朋友，与古人一起讨论研究。古人“不在”了，不可能与之“见面”，怎么去“交朋友”？孟子的办法和臧克家的思路一样，“读一本好书，就像交了一位益友”。你想和哪位古人“交朋友”，就去诵读他的诗，阅读他的书籍。诵读他的诗书，不知道他是个什么人，不能和他“交朋友”，可能吗？不可能。读了他的诗书，就走进了他的精神世界。可以这么说，读书最能“感受”一个人，书中的那个“人”是最“真”的人。古人的“生命”永远存活在诗书里、文字里，等着你去“唤醒”。

这番话中的“颂其诗，读其书，不知其人，可乎？是以论其世也”转化为“知人论世”，对后世的文学评论产生了深远的影响。“知人论世”后人一般理解为，根据时代背景去理解作品的内涵。我认为这有违孟子的原意。这一点在《论语里住着的孔子》一书的自序里我已经作了阐释。这里从语境和文意的角度再作一点讨论，以达到孟子“不以文害辞，不以辞害志”的要求。“颂其诗，读其书，不知其人，可乎？”前文的语境说的是交朋友，交朋友即是“知人”。古人不在了，怎么去“知其人”？怎么去了解他？途径只有“颂其诗，读其书”。孟子为了强调“颂其诗，读其书”就一定能交到“古人朋友”，用了反问的语气——“不知其人，可乎？”对这个人不了解，可能吗？意思是，诵读了他的诗书，就一定能走进他的内心，了解他是个什么人，能和他“交朋友”。后来的很多人，把这句话的意思理解反了，认为是“要先了解这个人，才能去理解他的作品”，所以解读文本总是先“介绍作者”。“是以论其世也”，也被理解反了，认为是“先要了解那个时代，再了解作者，最后才去理解文本”。“是以”是“以是”的倒装，联系上文，“以是”的“是”指的是“了解的那个人”，用了解的那个人来讨论、评价那个时代。因此，孟子“知人论世”的思维图是：诵读诗书→知其人→论其世。而我们习惯的“知人论世”思维正好相反：论其世→知其人→诵读诗书。这样去解读文本，往往陷入主观，作者的个性、独特思想被遮蔽、淹没，甚至曲解。时代是由人、人的活动创造的，没有事先已经存在的抽象的时代。是“时代”决定人，还是“人”创造时代，值得深入探讨。但是，最起码二者是互动、互生的关系，“论其世→知其人→诵读诗书”肯定是偏颇的。

10.9 劝谏，卿大夫之职

齐宣王问卿。孟子曰：“王何卿之问也？”

王曰：“卿不同乎？”

曰：“不同；有贵戚之卿，有异姓之卿。”

王曰："请问贵戚之卿。"

曰："君有大过则谏；反覆之而不听，则易位。"

王勃然变乎色。

曰："王勿异也。王问臣，臣不敢不以正对。"

王色定，然后请问异姓之卿。

曰："君有过则谏；反覆之而不听，则去。"

本卷前8章除了第2章，都是士人的处世、入仕之道，都是弟子万章提问、追问，孟子回答，也就是师生的对话和讨论。本章却是齐宣王的问话，问的主题不是士人而是卿大夫。《孟子》全书中孟子和齐宣王的对话除了本章，都在卷一、二，不知为何突然在这儿安排一篇。

齐宣王问卿。此问，大而空。在《孟子》里，像这样问得不具体、指向不明的问题很少。不过，这样笼统的问题，对回答的人来说，倒是好事，可以按照自己的想法回答。孟子把齐宣王的提问预设为"怎样做好卿大夫"，从而把自己对国君的要求通过"问卿"表达出来了。

孟子说，王问的是哪一类卿大夫？齐宣王感到奇怪：卿大夫还有不同？这就是"领导"和专业人士的区别，"领导"只管大事，往往忽略细微的分别、具体的分析，而专业人士思考问题会自觉地关注前提、条件，"审问之、明辨之"，这样去分析问题，才能真正解决问题。

孟子说，有不同啊。有与国君同宗的卿大夫，有异姓（与国君不同宗）的卿大夫。齐宣王再问，请问同宗的卿大夫。孟子回答，国君有重大过失，就立即劝谏；反复劝谏而不听从、改正，就改立国君。孟子这么一说，齐宣王突然变了脸色。孟子说：王不要诧异。王问我，我不敢不把真心话说出来。齐宣王脸色缓和下来，接着问异姓之卿。孟子说，国君有过错就立即劝谏，反复劝谏了不听从，就离开。

从孟子的回答，可以看出，孟子态度鲜明、语气犀利、毫不含糊。在孟子看来，国君不行仁义之道犯了重大错误，卿大夫（无论是贵戚之卿还是异姓之卿）应该勇于担当、敢于劝谏。如果国君不改，或“易位”，或“去”。孟子的这种思想，和现代社会“权力的相互制约”“把权力关进制度的笼子”的理念是相同的。因为，不受约束的权力导致腐败的概率几近百分之百。孔子说过，“所谓大臣者，以道事君，不可则止”（《论语·先进》）。孔子、孟子都提倡大臣应该有气节和人格、有责任和担当，不可以为了自己的私利一味顺从。帝王专制时代一些大臣的愚忠，是违背孔子和孟子思想的。

卷十一　告子章句上

——千古探寻："心性"的源头

"人性善"，是孟子关于人的哲学命题，是支撑其政治、社会主张——仁政——的思想基础。《孟子》开篇"首章呈大义"——"王何必曰利？亦有仁义而已矣"。"仁""义"是贯穿《孟子》全书的核心价值，为了"仁义"孟子奔走呼号，用自己的辩才与非"仁义"的言论和流派进行犀利的辩论，不惜戴上"好辩""好为人师"的帽子。孟子讲"仁义"，或讲尧、舜等正面榜样，或讲桀、纣等反面典型；或面对当下，提出自己的主张和策略，或引用上古案例；或针对国君，劝导他们"保民而王"；或针对大夫、士人，要求他们担负起责任，帮助国君走上"仁政"之路。其著名的几个永不熄灭的"灯塔"——"浩然之气""此之谓大丈夫""仁义礼智"——都以"仁义"作为其"塔基"。从理念到实践，充分讨论"仁义""仁政"之后，《孟子》的最后，是为其"仁政""仁义"的理想和追求提供人性的依据和理论的支撑。古往今来，很多学者认为"人性善"的主张是有逻辑漏洞的，也是与现实不完全相符的。在当时，就有荀子的"人性恶"、告子的"人性之无分于善不善"的观点与之相抗衡。后世，对孟子"人性善"的质疑就更多。到了现代，脑科学、心理学等科学也不能证明"人性善"的绝对正确。孟子为什么近乎"强词夺理"始终坚持"人性善"呢？因为，没有"人性善"的基础，他的"仁政理想"和"仁义之道"就失去了根基，成了漂流的浮萍，没有了影响社会、人类的力量。所以，《孟子》以"人性善"的讨论和辨析作为结尾，就是为了给"仁义之道"的"大树""培土""固本"。

人性，是人类永远探讨且永远不能完全说清楚的话题。历来对人性的讨论众说纷纭，固然因为人的复杂、人性的复杂。但对"人性"概念的界定，即是否在同一前提、范围内展开讨论，也是人们各执一词的重要原因。我们不妨先从字源入手，厘清“性”“人性”概念的内涵。

性，篆文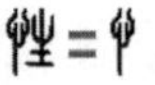（心，欲求）+（生，天然萌发），表示人类天然萌发的欲求。如果指事物，性就是“事物固有特点”。而人性，则复杂得很。它有时候从物质需求的角度，指人的生理本能，如食、色；有时候从精神层面，指人的良知；有时候从生命力的角度，指人的生命能量。孟子说人皆有恻隐之心等“四心”，但是，他回避了人也有嫉妒、贪婪等“心”。应该说，人性是个完整的“生态”，又是动态的、变化的，人与人之间还有巨大的差别，就像孔子说的“上智”“下愚””。那么，孟子的“人性善”到底是怎样的呢？本卷围绕“人性”，从人“性”到人“心”到心之官的“思”，孟子阐述、辨析了自己的“人性善”思想。

11.1－11.4　告、孟的“人性”之辩

11.1 告子曰：“性犹杞柳也，义犹桮棬也；以人性为仁义，犹以杞柳为桮棬。”

孟子曰：“子能顺杞柳之性而以为桮棬乎？将戕贼杞柳而后以为桮棬也？如将戕贼杞柳而以为桮棬，则亦将戕贼人以为仁义与？率天下之人而祸仁义者，必子之言夫！”

告子，一般说是墨子的学生，战国时期的思想家，曾游学稷下学宫。本卷前四章都是告子和孟子关于人性的辩论。由此看出，告子在当时也是有影响的学人，且其思想有一定的影响和深度，否则，不会和孟子频繁、深入地就人性问题展开争辩。不管谁的观点占上风或者更有道理，这样的争辩本身就具有学术探讨的价值，辩论的过程就是双方及看了他们辩论的读者进一步理解、认识人性的过程。

先来看告子理解的“人性”。告子用“杞柳”“桮棬”以及它们之间的关系，来表达他对“人性”的理解。杞柳，是一种灌木，其枝条用来编织篮

子、筐子等器具。桮棬，装水酒的盆盂。

告子的话可以作两种理解。一是，杞柳是原料，桮棬是产品，用杞柳可以做成桮棬。按照这种理解，告子的意思是，人性像杞柳一样是原料，其价值是隐藏的，没有大小好坏之分。义像做成的桮棬，成了“产品”之后才能判定其价值，评价其好坏。从本体论来说，“性”是本体，“义”是运用。如果以为“人性”就是“仁义”，就是把作为原料的“杞柳”和作为成品的“桮棬”混为一谈，就“体”“用”不分了。

二是，杞柳是编织篮子等器具的原料，桮棬是用木头做成的饮器（盆盂），它们之间没有关联。杞柳不能做成桮棬，人性也不等同于仁义。告子的言下之意是，人性和仁义之间没有必然的联系。仁义是“当下”的，是“情境”的，是“表现”的；而人性是“内在”的，是“抽象”的。内在的、抽象的人性与具体的行为结合，才能体现其“仁义”与否。人性，类似于现代心理学的“性格”。性格无好坏之分，在具体的事情中由性格而产生的行为，才有好坏、优劣之分。而其好坏、优劣又由当时社会的价值观所决定。

孟子认为人性本来就是善的，仁义与人性是不能分开的。他针对告子的话反问：你能顺着杞柳的本性把它做成盆盂呢，还是扭曲、伤害它的本性然后把它做成盆盂呢？如果要扭曲、伤害杞柳的本性然后把它做成盆盂，那么你也会伤害人的本性来让人做到仁义吗？带领天下人损害仁义的，必定是你的主张。

作为语言大师，孟子的辩论水平无与伦比，但这里他有些急躁，有些“强词夺理”。告子的意思是“杞柳”是不能做成“桮棬”的，就是能做成，它们也不是一回事。况且，任何原料做成产品，都是需要“戕贼”的。铁矿石需要经过烈火的“戕贼”才能炼成有用的钢铁，树木需要砍、锯、削、凿等“戕贼”才能做成有用的器具。这里的“戕贼”，就是转化，就是涅槃，就是重生。仁义也是从人性“本体”中生成、转化而来的，“克己”才能“复礼”，吾日三“省”吾身，“修”道之谓教，“知”止而后有定，“格”物，

"致"知,"诚"意,"正"心,"持戒、忍辱、精进、禅定",这些词语,如果不受感情色彩的限制,都是"戕贼"的意思。

孟子反驳告子"戕贼杞柳而后以为桮棬""戕贼人以为仁义",似乎有些说不通。况且,孟子对自己提出的第一个问题——"子能顺杞柳之性而以为桮棬乎?"——没有阐述。

"率天下之人而祸仁义者,必子之言夫!"更是随便就给告子戴上了"大帽子"。

孟子为什么"理直气壮"近乎"强词夺理"般坚持人性离不开仁义呢?我们在第2章继续讨论。

11.2 告子曰:"性犹湍水也,决诸东方则东流,决诸西方则西流。人性之无分于善不善也,犹水之无分于东西也。"

孟子曰:"水信无分于东西,无分于上下乎?人性之善也,犹水之就下也。人无有不善,水无有不下。今夫水,搏而跃之,可使过颡;激而行之,可使在山。是岂水之性哉?其势则然也。人之可使为不善,其性亦犹是也。"

在上一章告子认为人性是原料,其价值是隐藏的,其产品具有多种可能,可以制作成各种各样的器具。而仁义已经是"成型的产品",和那个作为"原料"的人性不是一回事。

这一章告子把人性比作"湍水"(激流的水),和上一章是相通的,还是为了表示人性在没有示现之前具有不同的可能性。湍急的水,被堤坝围着的时候,并不知道它的流向。如果东边的堤坝裂开了,它就流向东方;如果西边的堤坝裂开了,它就奔向西方。因此,告子认为人性(在没有表露出来之前)不分善和不善,就像水没有找到缺口而流向不分东西一样。

告子的意思是,人性是内在的、看不见的,具有不同的可能性,也就无法判断其善与不善;只有当人的行为表现出来,才能判断其美丑善恶。

孟子不同意告子的观点，认为人性本来就是“善”的，就是其表现出不善，也是因为外在的“势”使然。在语言雄辩上，孟子确实厉害。他接着告子的话回答，水的流向确实没有东西之分，难道也没有上下之分吗？人性的善，就好像水往下流（“人性之善也”可以两种解释，人性的善、人性趋向善，但是，联系下文的“犹水之就下也”，应该理解为“人性的善”）。人没有不善，水没有不往下流。实话说，孟子的这两句话是一种主观臆断。你可以说“人性之善也，犹水之就下也。人无有不善，水无有不下”，别人也可以说“人性之恶也，犹水之就下也。人无有不恶，水无有不下”。其实，湍水决堤，就已经暗含了水分上下了。如果没有上下的落差，就不可能决诸东西。告子的湍水决诸东西，孟子的水分上下，其实是相通的，其流向都由外在的“势”决定。也就是，作为“水”的人性其流向的东西即表现出来的善恶，与“水”本身无关，而取决于“势”的不同。孟子也承认“势”，可以改变水的流向，甚至可以反向而流，可是他只承认“不善”是“势”所为，而“善”是本来如此。因此，他接着辨析说，现在我们来看水，用手掌拍打水，可以使它高过额头；阻挡住水流使之倒流，可以让水流到山岗上去。这样的水之倒流，难道是水的本性吗？“势”的力量导致这样的。“势”可以使一个人做不善的事，他的本性也还是那样（善）。

孟子的这番辩论，强调的是，人之所以不善，不是因为“本性”的原因，而是外因、外力的“势”。这不免产生另外一个问题，“本性”的“善”是没有力量的，可以轻易地为外力所摧毁，而成为“恶”的地盘。“人之可使为不善”，更是让人怀疑“人性之善也”“人无有不善”的力量，因为人是可以被“使”而“为不善”的。这样的没有力量、定力的“善”，怎么还能成为“本”性呢？“本”性，乃“根本”之性，应该是如如不动的。

本性、人性，真像“大脑黑箱”，不是随便能说清楚的。孟子的“人性善”从学术、专业的角度不能给出完满的解释。回应第 1 章的存疑：孟子为什么“强词夺理”般坚持仁义离不开人性呢？又坚定地认为“人性之善也，犹水之就下也”呢？

我个人理解：一、他是个“人性善”的理想主义者，他内心的愿景是希望人人都能行善，从而天下太平，众生安康。二、在逻辑上，人性中本来是善恶的可能性都有的，孟子回避了人性中的“恶”，只突出彰显其中的“善”，希望人性的“善”充分张扬，以造福人类。关于这个问题，下面的章节继续讨论。

11.3 告子曰：“生之谓性。”

孟子曰：“生之谓性也，犹白之谓白与？”

曰：“然。”

“白羽之白也，犹白雪之白；白雪之白，犹白玉之白与？”

曰：“然。”

“然则犬之性，犹牛之性；牛之性，犹人之性与？”

接着上两章，这一章告子直接给“性”下了定义。本卷第 1 章中告子说“性犹杞柳也”，第 2 章中告子说“性犹湍水也”。“犹杞柳”，是说性为“原材料”，可以制成不同的“产品”；“犹湍水”，是说性具有不同的“流向”，可以因“势”去往不同的方向。这一章，告子直言“生之谓性”，和前两章他对性的理解是相同的，又是在前两章对性的理解的抽象。性的“生成性”也好，性的“多向性”也好，都是潜藏在“天”“生”中尚未显现的“可能”，也就是他的观点“人性之无分于善不善也”。

第一章我们了解了“性”的字源，其造字本义：人类萌生于心的本能欲望，如食、色。我们再来看看“生”的字源，甲骨文是指事字，在草叶（中）下面加一个表示地面的指事符号，表示新芽破土而出。造字本义：草木破土萌发。

告子理解的“性”是与“生”俱来的，寓于“生”命之中的人（事物）天生的资质、禀赋。

反问，是辩论常用的方式和语气，可以激活思维，也可以扰乱思维。针对告子的观点，孟子反问道，天生的资质称作性，就好像白色的东西称作白吗？告子不知道孟子要把思路、语脉往哪里引，只好先答应说是的。孟子接着反问，白色羽毛的白，就像白雪的白；白雪的白，就像白玉的白吗？这次的反问中，就有些偷换概念、生拉硬扯、玩文字游戏的味道。就羽毛而言，从颜色的角度看白色并不是其固有的特点，羽毛还有其他各种颜色；白雪的白，从颜色的角度看就是其区别于其他事物的明显特征；白玉的白，从颜色的角度看也不是其区别于其他事物的特征。白色，只是它们的外在表征，而非其本质特征。告子不知道孟子究竟要表达什么，只能顺口答应是的。最后，孟子还是反问，那么，狗的本性就像牛的本性，牛的本性就像人的本性吗？

孟子的意思是，只看到“性”的表象，人和动物是没有区别的，也无所谓“善不善”；如果看到人“性”的深层次，人与动物的区别，就会看到人“性”中的“善”。

告子的“人性之无分于善不善也”，是从“人性”的潜在状态看；孟子的“人性之善也”，是看到了“人性”中“善”的方面，而置其他方面于不顾；荀子的“人性恶”，是只看到“人性”中“恶”的方面，而置其他方面不顾。他们之所以有不同看法，为的是找到自己学说的理论支撑，从而进行“解释性推理”。告子讲“人性之无分于善不善也”，为的是强调外部环境对人性的影响；孟子讲“人性之善也”，为的是强调自我修身和教化的功能；荀子讲“人性恶”，为的是强调法制的社会作用。

11.4 告子曰：“食、色，性也。仁，内也，非外也；义，外也，非内也。”

孟子曰：“何以谓仁内义外也？”

曰：“彼长而我长之，非有长于我也；犹彼白而我白之，从其白于外也，故谓之外也。”

曰：“异于白马之白也，无以异于白人之白也；不识长马之长也，无以异于长人之长与？且谓长者义乎？长之者义乎？”

曰：“吾弟则爱之，秦人之弟则不爱也，是以我为悦者也，故谓之内。长楚人之长，亦长吾之长，是以长为悦者也，故谓之外也。”

曰：“耆秦人之炙，无以异于耆吾炙，夫物则亦有然者也，然则耆炙亦有外欤？”

告子在这一章更为直白地把“性”解释为“食、色”，也就是人最基本的两个生存要素，一是要吃饭活下来，二是要生殖繁衍下去。由此可见，告子关注的是基础层面、物质层面的人“性”。这样的关注，同样是对人性的尊重。在人“性”的物质和精神层面如何取得合理的平衡，是社会管理领域必须斟酌的。既不能不顾人“性”的基本要求，用过高的道德要求绑架人，以造成“伪善”；又不能只顾物质的需求，而忘却了人“性”同样不可或缺的精神需求，而“矮化”了人。现在，不少人打着“食、色，性也”的旗号，过度沉迷于物欲，让自己成了物质的奴隶，值得反省。告子在抛出“食、色，性也”的观点后，又提出“仁内义外”的观点。而孟子呢，没有就“食、色，性也”提出质疑进而展开辩论，而是就“仁内义外”提出疑问——为什么说仁内义外呢？

告子回答：他年长我尊敬他，对我来说之前并没有尊敬的念头；就好像那个东西是白色的，我就认为它是白色的，这是我根据它白色的外表认识的，所以称之为外在的。我想，告子的意思是遇到长者尊敬，看到白色说白，是一种由“外在”引起的直接的刺激反应，跟内心的念头没有关系。之所以尊敬长者是因为外在的“长”而不是内在的“仁”。

孟子顺着告子的意思提出疑问（和前面的反问有些不一样）：白马的白和白人的白没有不同吧；不知道尊敬老马和尊敬长者有什么不同吗？况且，是说长者义呢，还是尊敬老人的人义呢？孟子的意思是，对待动物的态度和对待人的态度不可能一样。告子说的看到长者和看到白色的反应，应该是不同的。尊敬长者这样的“义”，不是发生在被尊敬的长者身上，而是发生在尊敬长者的人身上。因此，尊敬长者的外在行为离不开内心的念头（“仁”）。

告子继续说：我自己的兄弟我爱他，秦人的兄弟我不爱他。这是因为“我”（心里）高兴这样，所以称为“内”。尊敬楚国的长者，也尊敬自己的长者，这是因为“长”的原因而高兴这样，所以称之为“外”。告子就是想把内心真正的情感和外在由礼节而来的行为区别开来。

孟子回应，喜欢吃秦人的烤肉，跟喜欢吃自己的烤肉没有什么不同。事物都有这样的情况，那么，喜欢烤肉是外在的吗？

不同地方的烤肉，如果你喜欢吃，这个“喜欢”确实都是一样的；而“爱自己的兄弟”和“爱他人的兄弟”，“尊敬自己的长者”和“尊敬他人的长者”，确实有细微的差别。在孟子看来，“喜欢”“尊敬”都是由“内”而“外”的行为。尽管，“博爱”是人类的理想，但是“差别的爱”仍然是一般人伦和情感的常态。况且，这样的两种爱也不是对立的，都是人内心“善良因子”的表现。只是，在不同情况、不同前提下，其表现方式不同而已，这就是“义”。义，就是根据社会、伦理规范作出的合宜表现。

本卷的前 4 章是孟子和告子关于“人性”的辩论，都是告子先亮出观点，孟子质疑、反问，告子再回应，最后以孟子的回应结束。他们的讨论、辨析，最终没有达成共识。给人的感觉是，各有其理，各守其理。也许真实的场景中，告子还有回应，但是我们看到的文本就是以孟子的话戛然而止。似乎孟子的意思成了争辩的定论。

虽然，对人性的善恶、内外，我们不能从他们的辩论中得到明确的答案。我们也不能凭他们的辩论判断谁的观点是正确的。但是，从他们的辩论中，我们获得了理解人性的丰富信息，打开了自己认识人性的更多思路。辩论的价值，不一定在于得出一致的结论，在辩论中不断深化、明晰自己的思考，为读者提供思考的平台和路径，才是其价值所在。列宁说过，任何比喻都是蹩脚的。但是，很多的道理没有比喻就没法说明。告子和孟子关于人性的辩论，都是在比喻、类推。这是中国古代文化的特征和长项，也是需要拓展和打开的禁锢。他们的比喻都是很精彩和智慧的，可以引起我们的联想和思考，但是，一些哲学问题、科学问题要得到解决，仅仅靠比喻是不够的，还需要逻辑的推理和实证。

11.5 再论“义之内外”

孟季子问公都子曰：“何以谓义内也？”

曰：“行吾敬，故谓之内也。”

“乡人长于伯兄一岁，则谁敬？”

曰：“敬兄。”

“酌则谁先？”

曰：“先酌乡人。”

“所敬在此，所长在彼。果在外，非由内也。”

公都子不能答，以告孟子。

孟子曰：“敬叔父乎？敬弟乎？彼将曰：‘敬叔父。’曰：‘弟为尸，则谁敬？’彼将曰：‘敬弟。’子曰：‘恶在其敬叔父也？’彼将曰：‘在位故也。’子亦曰：‘在位故也。庸敬在兄，斯须之敬在乡人。’”

季子闻之，曰：“敬叔父则敬，敬弟则敬，果在外，非由内也。”

公都子曰：“冬日则饮汤，夏日则饮水，然则饮食亦在外也？”

本卷前 4 章以告子和孟子关于人性的辩论开篇，接下来是其他人就人性问题和孟子的辩论，更多的是孟子本人对人性问题从不同角度的阐述。

本章是孟季子（其人不详）与孟子的弟子公都子关于“义之内外”的讨论。义表现为人的行为，有些人就认为义是外在的；其实，人的表现除了本能之外，都与内在的情绪、情感、思想分不开，应该用联系的观点分析处理内和外的关系，而不是把内外对立起来。本章孟季子说的“义之外”，其实不是内外关系，而是在不同情境下表现方式的不同。尊敬自己的兄长是家庭伦理关系，是常态的生活情形；而先给乡人斟酒是人际交往之礼，是特定情况下的表现。就好像当一个小孩子临时做了受祭的替代人，每个人都要对他恭恭敬敬。

11.6 从“性”到“心”

公都子曰：“告子曰：‘性无善无不善也。’或曰：‘性可以为善，可以为不善；是故文、武兴，则民好善；幽、厉兴，则民好暴。’或曰：‘有性善，有性不善；是故以尧为君而有象；以瞽瞍为父而有舜；以纣为兄之子且以为君，而有微子启、王子比干。’今曰‘性善’，然则彼皆非与？”

孟子曰：“乃若其情，则可以为善矣，乃所谓善也。若夫为不善，非才之罪也。恻隐之心，人皆有之；羞恶之心，人皆有之；恭敬之心，人皆有之；是非之心，人皆有之。恻隐之心，仁也；羞恶之心，义也；恭敬之心，礼也；是非之心，智也。仁义礼智，非由外铄我也，我固有之也，弗思耳矣。故曰：‘求则得之，舍则失之。’或相倍蓰而无算者，不能尽其才者也。《诗》曰：‘天生蒸民，有物有则。民之秉彝，好是懿德。’孔子曰：‘为此诗者，其知道乎！故有物必有则；民之秉彝也，故好是懿德。’”

本章是孟子的弟子公都子就人性善恶问题向老师提出的疑问。这说明，孟子的弟子和当时的人对孟子“人性善”的观点都有疑惑，因为他们看到生活中那么多草菅人命、霸道凶残的诸侯、大夫。公都子列举了当时社会上对人性的两种看法：

第一，有人说“人性可以成为善的，可以成为不善的。”这一看法的例证：周文王、周武王掌管天下，老百姓就喜爱善良；周幽王、周厉王掌管天下，老百姓就喜欢横暴。第二，还有人说“有本性善良的人，有本性不善良的人。”这一看法的例证：尧这样善良的人做君主，却有象这样不善良的臣民（舜和象的故事见卷九第 2 章）；瞽瞍作为父亲那样凶残，却有舜那样善良的儿子；纣作为君王、侄儿那样恶毒，却有微子、比干那样善良的长辈。

最后他对孟子说：你现在讲“性善”，那么他们都错了吗？公都子列举的两种对人性善恶的看法，很具有代表性，且这些看法的后面还有铁一般的事实作为证据。这些证据，这些或为善、或为不善的人物，孟子都知道。应该说，这两种关于人性的看法，有一定的道理。而公都子的质疑，对孟子深入思考“人性善”的观点使之“自圆其说”，具有很大的促进作用。所谓真理越辩越明，大疑则大进。这又是常常说到的学生“成就”老师。且看，孟子如何应答、释疑。

孟子的回答中，提出了两个与“性”意思相近的词：情、才，在这里都是指人先天的资质、禀赋，也就是本性。孟子说：按照每个人天生的资质，是能够成为善的，这就是我所说的善。如果做不善的事，不是“才”（天赋）本身的罪过啊。

这里简短的两句话，看似普通，不被人注意，却是理解孟子“人性善”观点的基点和关键。孟子讲的“人性善”是“人”的“性善”，性善的后面有一个能动的“主体”——人。这个“主体”“自觉”地“为善”，“人性”的“善”才能从潜在的“性”中生长出来。那些“不善”者，其罪过不在“人性”的人，而在离开了“人性”的“非人性”的人。这样说来，孟子的“人性善”观点，就有了自己的逻辑。最起码，“人性”中有“善”的因子这一点是不可否认的。至于，“为善”“为不善”则由“主体”的人和“自觉”的人而定。

接下来孟子提出（其实是重申，见卷三《公孙丑章句上》第6章）著名的“四心”说——恻隐之心、羞恶之心、恭敬之心（前述为“辞让之心”）、是非之心——阐述人性中“善”的因子。孟子得出的结论是“仁义礼智，非由外铄我也，我固有之也，弗思耳矣”——“仁义礼智”，不是外在给我的，我本来就有，只是没有去思、想、反省罢了。所以说，主动去追求就会得到这些本来属于自己天性的“善”；否则，这些“善”的天性就被蒙蔽了。孟子的观点回应了曾子“吾日三省吾身”的修身之道，常常反省自身，才能保持清醒，把“善”存放在自己的心里，不让“恶”长出来。

也许，我们不能否认人性中有“恶”的成分，但是，可以肯定人性中“善”的因子一定存在。孟子之所以竭力呼吁、强力坚持“人性善”，就是为了发扬“人性”中“善”的因子，以有益于天下众生。孟子的“人性善”，与其说是一种伦理思想、哲学思考，不如说是他的天下情怀和对人类美好未来的愿景和期盼。这样去理解，孟子的精神和坚守会感动我们后人，在这种感动下，我们更应该朝着“人性善”的方向追寻和努力。

11.7 人“心”的同与异

孟子曰：“富岁，子弟多赖；凶岁，子弟多暴。非天之降才尔殊也，其所以陷溺其心者然也。今夫麰麦，播种而耰之，其地同，树之时又同，浡然而生，至于日至之时，皆熟矣。虽有不同，则地有肥硗，雨露之养、人事之不齐也。故凡同类者，举相似也，何独至于人而疑之？圣人，与我同类者。故龙子曰：‘不知足而为屦，我知其不为蒉也。’屦之相似，天下之足同也。口之于味，有同耆也。易牙先得我口之所耆者也。如使口之于味也，其性与人殊，若犬马之与我不同类也，则天下何耆皆从易牙之于味也？至于味，天下期于易牙，是天下之口相似也。惟耳亦然，至于声，天下期于师旷，是天下之耳相似也。惟目亦然，至于子都，天下莫不知其姣也。不知子都之姣者，无目者也。故曰：口之于味也，有同耆焉；耳之于声也，有同听焉；目之于色也，有同美焉。至于心，独无所同然乎？心之所同然者何也？谓理也，义也。圣人先得我心之所同然耳。故理义之悦我心，犹刍豢之悦我口。”

接着上一章“人性善”的讨论，这一章孟子阐述了有些人“恶”的表现是由于“陷溺其心”。他们的心（思想、情感）遭到损害、迷惑，所以在富裕的时候，他们就懒惰享乐，在吃不饱的年成，他们就强暴。这就是前一章孟子说的“若夫为不善，非才之罪也”，而是他们的“恻隐之心、羞恶之心、恭敬之心、是非之心”“陷溺”了，“舍失”了。从抽象的层面讲，孟子的解释是讲得通的。现实中守住自己的“本心”固然重要，但是对一般人来说，基本的生活保障是道德的前提。“舍生取义”“杀身成仁”这样的行为，毕竟是少数，且是特定前提下的产物。

接着，孟子讲了人性的“同理心”。他从惯用的“类比推理”出发，讲了麦子在同样的条件和环境下同时成熟，由此得出结论：“故凡同类者，举相似也，何独至于人而疑之？圣人，与我同类者。”前面多次提到，“类比推理”要慎重，要作细致的分析，不能轻易地得出结论。和动植物同类相似一样，人类固然有相似之处，但是，人与动植物的不同之处在于人具有主观能动性。面对富贵、贫贱、威武等外在的力量和诱惑，各人的选择和应对不可能完全一样。孟子自己就说过大丈夫“富贵不能淫，贫贱不能移，威武不能屈”，而像公孙衍、张仪那样“妇妾之道”的人也不少。圣人虽然与我是同类，但是，正因为圣人与一般人“不同”才成为圣人。其“同”只是外在的、表面的、物质层面的相同，其“不同”则是深层次的、精神层面的大异。“人人皆可为尧、舜”，只是对人性美好的想象。

最后，孟子又从人的味觉、听觉、视觉相近、相似，推出“至于心，独无所同然乎？”是的，人性有其共同之处，事实上，只要不推到极端，不说得那么绝对，共同的人性和共同的审美感觉，是存在的。至于说共同的口味，共同的听觉，共同的对于美的欣赏和喜爱，那更是人之常情。但是，在看到“共同人性”的同时，不可忽略“差异人性”，承认同中有异、异中有同，这样才不至于因偏颇而不能全面地认识人性。天下大同离不开“美美与共”，“美美与共”的前提则是“各美其美”“美人之美”。

孟子认为人心有相同之处，这个相同就是“理也，义也”。圣人是先懂得我们人心里相同的理义的。其实，孟子的这句话已经暗示了人心“相同”里的“不同”。圣人与一般人的不同是，能“先”得我心之所同然耳。

最后一句话——“故理义之悦我心，犹刍豢之悦我口”——我能想象到孟子说得开心、畅快，这是一种自得其乐。这里的“我”如果推而广之，指众人的话，则是很多人不能企及的。孟子本人由“刍豢悦口”推出“理义悦心”，说得有滋有味，令人向往，产生亲口“尝”那理义到底是什么滋味的冲动。然而，芸芸众生中，又有几人真能像圣人那样真切、舒心地体味到理义之乐呢？理义之乐与口福之乐的确是有所不同的。“理义之悦我心”是道德、精神层面的问题；而“刍豢之悦我口”是感官知觉、物欲层面的问题。前者是抽象的、精神的，后者是具体的、物质的。这是两个不同领域的问题，不可能完全、直接相通，也不宜混为一谈。

11.8 为善在“存心”

孟子曰：“牛山之木尝美矣，以其郊于大国也，斧斤伐之，可以为美乎？是其日夜之所息，雨露之所润，非无萌蘖之生焉，牛羊又从而牧之，是以若彼濯濯也。人见其濯濯也，以为未尝有材焉，此岂山之性也哉？虽存乎人者，岂无仁义之心哉？其所以放其良心者，亦犹斧斤之于木也，旦旦而伐之，可以为美乎？其日夜之所息，平旦之气，其好恶与人相近也者几希，则其旦昼之所为，有梏亡之矣。梏之反复，则其夜气不足以存；夜气不足以存，则其违禽兽不远矣。人见其禽兽也，而以为未尝有才焉者，是岂人之情也哉？故苟得其养，无物不长；苟失其养，无物不消。孔子曰：‘操则存，舍则亡；出入无时，莫知其乡。’惟心之谓与？”

承接上一章，孟子继续阐述“性”（人性）与“心”的关系。

第 6 章，孟子指出人性中一定存在“四心”——恻隐之心、羞恶之心、恭敬之心、是非之心。这一发现是孟子的首创，也是支持他“人性善”理论的唯一证据。像这样用判断句的形式表达自己的观点，在《孟子》里不多。其他典型的句子有：卷四《公孙丑章句下》第 1 章“天时不如地利”，本卷第 10 章“鱼我所欲也”。孟子在阐述自己的观点时，多用比喻、类比、寓言、叙事等比较感性的方式。第 7 章孟子从人的口感、视觉、听觉具有共通性，类推出人“心”也有相同之处。如果人心有相同之处，那么“四心”就是每个人所固有的。人人有“四心”，怎么还会有桀、纣这样的恶人呢？有此“四心”，如何才能在现实中表现出“居仁由义”“从善而行”呢？作为思想家，这些问题是不得不追问、慎思、明辨的。本章孟子就是从山上生“美木”的自然现象入手，类比、推论出自己的观点。

为了增强说服力，激起他人的兴奋劲，引发思考，孟子拿来举例的“山”，不是抽象的概念化的“山”，也不是不着边际的“远”山，而是大家熟知的“牛山”。

孟子说，就是这样一座曾经树木丰美茂盛的牛山，因为“斧斤伐之”，林木的秀美消失了。这些大树日夜生长着，受雨露滋润，新生的枝条嫩芽不断，可是，放牛羊的不断上山，秀美的牛山成了光秃秃的山丘。人们看着光秃秃的山，认为山上从来没有长过高大的树木，这难道是山的本性吗？

从牛山之木的消失，孟子顺势转入对“仁义之心”的追问——“虽存乎人者，岂无仁义之心哉？其所以放其良心者，亦犹斧斤之于木也，旦旦而伐之，可以为美乎？”“仁义之心”这样的“良心”是“存”在人身上的，之所以失去了是因为被“放”（放任、放纵），就好像树木每天被斧斤砍伐，怎么能长成秀美的树林呢？牛山曾经“美矣”，具有生长树木的天性和资质，因为“砍伐”“牧牛羊”而没有“养护”，所以失去了“美”。人性之内“存”着仁义之心，也是因为没有养护而丧失。孟子即将在卷十三第 1 章里说的“存其心，养其性，所以事天也”，在这里已经呼之欲出了。人的行为就是“起心动念”之刹那，人的修身养性，就是“用”好自己的心，“护”好自己的心，“养”好自己的心。

这样的“养心”需要细水长流、持之以恒。因此，孟子接着说，良心日日夜夜生长，黎明时获得的清爽之气，在他心里所产生出来的好恶，使他与一般人有了一点点的相近。可是白天他的所作所为，又让它们受束缚而消亡了。反复束缚消失，使他们夜来产生的善念和清澄之气不能够保存，便和禽兽相距不远了。这里，孟子又用了“气”这个概念来表达人性中的善心。“守心”就是“守气”，孟子用形象的语言，描述了“良心”丧失的过程，很有点神秘的色彩。人若是守不住“性”中固有的“气”（仁义之心），就跟禽兽差不多了。这是不是“人性”的问题呢，是不是人性中没有“善”呢？孟子说：

人们见到这些人和禽兽差不多的行为，就认为他们不曾有过善良的天性。这难道是人性的实情吗？所以，假如得到护养，没有什么东西不生长；假如失去护养，没有什么东西不消亡。孔子说过，握在手里就存在，放弃就失去；进出没有规律（定时），也就不知道其去向了。这就是说的人心吧？孟子借用孔子的话说明人性中的“善”，能不能成长为曾经的牛山上那样秀美、茂盛、怡人的“树林”，全在自己的把握之中。“吾日三省吾身”，不是“省”身体，而是“省”身体里的那颗“心”，防止它倏忽之间“舍失”了，不知去向。

11.9 心“专”方可善

孟子曰：“无或乎王之不智也。虽有天下易生之物也，一日暴之，十日寒之，未有能生者也。吾见亦罕矣，吾退而寒之者至矣，吾如有萌焉何哉？今夫弈之为数，小数也；不专心致志，则不得也。弈秋，通国之善弈者也。使弈秋诲二人弈，其一人专心致志，惟弈秋之为听。一人虽听之，一心以为有鸿鹄将至，思援弓缴而射之，虽与之俱学，弗若之矣。为是其智弗若与？曰：非然也。”

不作任何义理的剖析，这段话本身的语言内涵和价值就让后人佩服。短短 142 个字的语段中，很多词历经千年，成为我们今天耳熟能详的高频词——一曝十寒、专心致志、弈秋诲弈、鸿鹄将至。在欣赏了孟子的语言后，再来看看，他如此用心于“语言”，为的是什么？尽管“书不尽言”“言不尽意”，但是，汉语的艺术和魅力就在于“言外之意”“弦外之音”。

这段话应该有听的对象，因为，开头孟子讲的是自己的苦恼和无奈，应该有个诉说的对象。可惜，文中没有交代。我们姑且把这个听的对象想象为万章或者公孙丑等某个弟子吧。孟子的话中，“王”指谁，也没有交代。可以推想，应该是和孟子有过比较密切交往的君王，否则，他不会这样动情地讲出自己的感受。孟子说：对大王的不明智，不必疑惑、奇怪（这句话就暗示了孟子在回答一个人的疑问，这个人对这个“王”的不明智感到疑惑）。即便天下最容易生长的植物，晒它一天，冻它十天，没有能够生长出来的。我见大王的机会本来就少，我一离开大王，那些去“冻”他的人就到了他身边。我假如能让他的善心萌发，又怎么可能呢？“一曝十寒”的比喻说的是，善心没有“阳光”连续的“温暖”就会被“冻坏”，这和上一章的意思——人的善心没有持续地护养，就会丧失——是一样的。

孟子觉得这样的比喻对表达他的意图力度还不够，为了打动人，他又讲了一个故事——弈秋诲弈。这个故事现在的寓意是，只有专心致志地学习，才能掌握所学的本领。而孟子要表达的不止于此，他要求专心致志得到的不仅仅是技艺，而是“本心”。

11.10 走向“精神的高地”

孟子曰：“鱼，我所欲也，熊掌，亦我所欲也；二者不可得兼，舍鱼而取熊掌者也。生亦我所欲也，义亦我所欲也；二者不可得兼，舍生而取义者也。生亦我所欲，所欲有甚于生者，故不为苟得也；死亦我所恶，所恶有甚于死者，故患有所不辟也。如使人之所欲莫甚于生，则凡可以得生者，何不用也？使人之所恶莫甚于死者，则凡可以辟患者，何不为也？由是则生而有不用也，由是则可以辟患而有不为也，是故所欲有甚于生者，所恶有甚于死者。非独贤者有是心也，人皆有之，贤者能勿丧耳。一箪食，一豆羹，得之则生，弗得则死，嘑尔而与之，行道之人弗受；蹴尔而与之，乞人不屑也。万钟则不辨礼义而受之。万钟于我何加焉？为宫室之美、妻妾之奉、所识穷乏者得我与？乡为身死而不受，今为宫室之美为之；乡为身死而不受，今为妻妾之奉为之；乡为身死而不受，今为所识穷乏者得我而为之，是亦不可以已乎？此之谓失其本心。"

这又是《孟子》中的经典篇章之一，"鱼与熊掌不可兼得"早已经成为一句人们常常使用的成语。这句成语现在的意思是，面对纷繁多样的事物，在不可兼得时要有"选择思维"，学会取舍，不可"贪得无厌"。而孟子要表达的重点不在"取舍"，而在"进阶"。

在孟子看来，人性最高的"善"是"舍生取义"。当面对鱼和熊掌的时候，人们自然选择熊掌，这是由"自然之性""生活之性"而来的"自然之选"。因为，熊掌的味道和价值都超过鱼。在物质层面的选择，人自然地"优"选。接下来，孟子列出了最高层的"精神之性"的"生命之选"——"生""义"之选。孟子的选择是——舍生取义。也就是说，"义"比"生"更重要，"义"的价值超过"生"，就像"熊掌"的价值超过"鱼"。

我们不妨从广义的角度把人性分为三个阶梯：生存之性、生活之性、精神（超越）之性。人首先要生存下去，"食、色，性也"即生存之性；人还要美好地生活，"美味、美声、美色"之"同嗜、同听、同美"即生活之性；人还有不同于动物之处，"仁义礼智信"即精神之性。三者可以选择，可以浑然，可以突出其一。而孟子的希望是，在不得已的时候，宁可舍弃生存、生活享受，而"舍生取义"，让人性走向精神的高地。我们不能因为精神高地而忽略了基本的生存和生活，也不能滞留于物质的生存和生活而忘却了人之为人可以达到的精神高阶。我们不能要求每个人都登上这样的高峰，但是也不可以反对有人愿意走向这样的高地。就像弗洛伊德的"本我、自我、超我"，"三我"都在"我"身上。

在孟子看来，不能仅仅为了"生"，什么事都做。这样的"心"，"人皆有之"。孟子的例证就是妇孺皆知的"嗟来之食"的故事。有些人曾经宁可死亡也不接受嗟来之食，却为着"宫室之美、妻妾之奉"而接受万钟之粟，这就是“失其本心”了。

11.11 寻找失去的灵魂

孟子曰：“仁，人心也；义，人路也。舍其路而弗由，放其心而不知求，哀哉！人有鸡犬放，则知求之；有放心而不知求。学问之道无他，求其放心而已矣。”

“不忘初心”，成为近几年的“流行语”。“初心”中蕴含着人本性中的“善”。有时候“我们走得太快，忘记了为什么出发”，我们需要“走得慢些，让灵魂跟上来”。是的，在如今这样经济快速发展、物质极大丰富的时代，人的焦虑、抑郁反而多了，人们的精神迷失了，需要静下心来回望自己的“初心”，寻找失去的“灵魂”。这个现代人的“心病”，两千多年前的孟子就敏锐地感觉到了，而且开出了“药方”。

接着上几章，本章孟子还是讲“心”。他告诉我们，人“心”的本质是“仁”，按照这颗“仁心”走出来的路就是“义”。上面说的“寻找失去的灵魂”，到哪里找？到自己的“心”里找，回到“仁心”“义路”。仁、义，就是心灵的路线图和灵魂的安身之家。

可是，到了世俗社会，很多人一不小心就糊涂了。小小的“利诱”，就会让人“舍路”“放心”（放失其心）。“舍其路而弗由，放其心而不知求，哀哉！”孟子看到这种情形，如同看到人陷入泥淖、掉进水中，痛心疾首、焦急万分，从内心吐出两个字“哀哉”。他在为众生哀叹，为人类的前程担忧。我们要理解孟子的一番苦心，他为什么翻来覆去地说“仁”论“义”，上下求索追寻“人性善”，追寻人“心”里的“仁”“义”，因为他明白如果人失去了“仁义礼智”这些人性中的“善”，就会陷入苦难和毁灭之中；多一些人把“人性善”的光发出了，人间就多一份温暖；少一些人泯灭了人性中的“善”，人间就会少一些冷漠和邪恶。从宇宙大时空来看，人类终将转化为另一种生命的存在，但是，在人类尚且存在的时空里，大家应该共同去保持世间的温暖和幸福。

其实，守护好自己的灵魂，并不是难事，只是思维方式的稍稍转变。孟子在痛心之后劝告人们——“人有鸡犬放，则知求之；有放心而不知求”。自己家里的鸡、狗走失了没回家，都知道去寻找；自己的“心”（良心、善心）丢失了，却不知道去寻找。多么让人着急和痛心！鸡狗知道爱惜、寻找，比鸡狗不知重要多少的“心”没有了却不知道去寻找。最后，孟子告诫学者们——“学问之道无他，求其放心而已矣”。这里的“学问”不是现代意义上的“知识”，而是“为人、做事、求知”的统一。只要把自己放纵的“本心”找回来，就真正走上了“学问”的康庄大道。即便是现在的纯粹科学知识的学习、运用，也需要“人道”的支撑，否则就可能成为伤害人类的武器。

总之，灵魂失去了，人作为人也就“没有”了，不存在了。从“四心”“陷溺‘其心’”“放其‘良心’”“‘专心’致志”到本章的“求‘放心’”，孟子的“心”路历程在继续。

另：按照本章孟子“仁，人心也；义，人路也”的说法，仁存于人心是内在的；义，是人根据人心（善心）走出来的路，是人的外在行为表现。而在本卷第 4 章告子说“仁内义外”，孟子是不赞同的。其实，内外不宜截然分开，有时候也分不开，只是在不同语境中有不同的表述。

11.12－11.13　知“类”而“推”，求其“心”也

11.12 孟子曰：“今有无名之指屈而不信，非疾痛害事也，如有能信之者，则不远秦、楚之路，为指之不若人也。指不若人，则知恶之；心不若人，则不知恶，此之谓不知类也。”

11.13 孟子曰：“拱把之桐梓，人苟欲生之，皆知所以养之者。至于身，而不知所以养之者。岂爱身不若桐梓哉？弗思甚也。”

接着上一章，孟子继续讲“心”，且讲的方法和上一章一样——从生活中人人可以触碰到、感受到、经历过的日常琐事说起，真是用心良苦啊。自己的无名指弯曲了伸不直（信，通“伸”），也不疼痛、不妨碍做事，就这么个小事，可以不远千里到秦国、楚国去医治，就是因为自己的无名指不如人。这是普通人的心理——很在意表面上的不如人之处。虽然是没有妨碍的手指屈着，却知道“恶之”，也就是“心”里不舒服。可是，“心”（善心、精神、境界、品格等）不如人，反而不知道“恶之”。两手合围这么粗细的桐树、梓树苗，人们都知道如果想要让它生长，如何去培养。到了对待自身，却不知道如何去培养。难道爱护自己本身还比不上爱护桐树、梓树吗？真是太不思量了！

这样的比照和类推，如当头棒喝，能让人猛醒！正如苏格拉底警示人们的“认识你自己”“未经审视的人生是不值得过的”。孟子一而再、再而三提醒人们，不仅要重视外在的美，更要关注内在的美，关注自己的“内心”；人不仅要有物质之家，更要有精神之居。

那么，人为什么会如此蒙蔽自己呢？孟子的解释是“此之谓不知类也”“弗思甚也”。“此之谓不知类也”，杨伯峻先生引用朱熹的《集注》，解释为“不知类，言不知轻重之等也”。我以为，从思想家、教育家的角度看孟子，孟子在这里不仅是讲道理，更是在传达一种思维方式——由此及彼、由表入里、举一反三的“类推”思维。解释为“不知轻重”，并没有对应原文的“类”。有时候，我们的解释不一定非得想得复杂，从字的本义出发去理解可能更好。

类，金文=（米，代谷物、植物）+（犬，代野兽、动物）+（页，人头，代思考），表示观察、辨识谷物或动物。类的本义是种类，引申为“类推”。“不知类”，可以理解为“不知道类推”，就是不晓得去思考——“心不若人”“不知所以养身”比“无名指”“养桐梓”“鸡狗走失”这样的外在的不重要的事情重要得多。孟子谆谆教导人们的是，“心”才是最重要的最

根本的，需要时时关切。而由“不知类”而“知类”的路径就是由“弗思甚也”变为“思甚”。这也照应了前面的“仁义礼智，非由外铄我也，我固有之也，弗思耳矣”（本卷第6章）和后面的“心之官则思”（本卷第15章）。这样去理解就把孟子整个这段话以及本卷中讲“心”的内容联系起来了。

11.14－11.15　“心”之官则“思”：“小”人如何养“大”

11.14 孟子曰：“人之于身也，兼所爱。兼所爱，则兼所养也。无尺寸之肤不爱焉，则无尺寸之肤不养也。所以考其善不善者，岂有他哉？于己取之而已矣。体有贵贱，有小大。无以小害大，无以贱害贵。养其小者为小人，养其大者为大人。今有场师，舍其梧槚，养其樲棘，则为贱场师焉。养其一指而失其肩背，而不知也，则为狼疾人也。饮食之人，则人贱之矣，为其养小以失大也。饮食之人无有失也，则口腹岂适为尺寸之肤哉？”

11.15 公都子问曰：“钧是人也，或为大人，或为小人，何也？”

孟子曰：“从其大体为大人，从其小体为小人。”

曰：“钧是人也，或从其大体，或从其小体，何也？”

曰：“耳目之官不思，而蔽于物。物交物，则引之而已矣。心之官则思，思则得之，不思则不得也。此天之所与我者。先立乎其大者，则其小者弗能夺也。此为大人而已矣。”

第14章孟子讲人们护养自己的身体非常讲究、非常细致，每一寸肌肤都不放过。正像现代人一样，从头发到眉毛，从脸蛋到手指，从皮肤到身材，无一不在保护、美化的范围，致使美容成为热门行业，美容产品成为畅销品甚至奢侈品。有些人为了美容不惜千金，甚至冒着毁容的风险。爱美之心人皆有之，可是，仅仅美了“容”，就是“爱”了自己，“养”了自己吗？仅仅养“身”行吗？真的能获得幸福吗？当然，各人可以有不同的人生观、价值观，享受生活也无可厚非，在消费的时代，享受生活也许还值得提倡。但是，人活着是不是仅仅为了活着？人没有“食、色”肯定不行，仅仅有“食、色”行不行？孟子的回答是：“体有贵贱，有小大。无以小害大，无以贱害贵。养其小者为小人，养其大者为大人。”杨伯峻先生及不少的翻译者都把这里的“小大”解释为“身体小的部分、大的部分”，我认为过于拘泥于字面，未能理解孟子的真义。人不会用养“小的部分”去伤害“大的部分”，也不会用“贱的部分（次要的部分）”伤害“贵的部分（重要的部分）”。保养“小的部分”的是“小人”，保养“大的部分”的是“大人”，这样的解释也说不通。

“体有贵贱，有小大。”我的理解是，这里的“体”指完整的人，“贵”指人身上重要的更需要保养的“心性”，“贱”相对于人的精神而言指人的物质的体质；“小”是心量小、眼界小，只知道养自己的身体，而不知道修养自己的品行、心性，“大”是胸襟大、眼界宽、境界高，不仅知道养护“身体”，更知道培养自己的心性。人不要因为只注意养身而忘记了修身养性，就是孟子说的“无以小害大”“无以贱害贵”。只知道养自己身体的，是“小眼界”的人，知道养自己心性的，是“大眼界”的人。“最好的养身是养心”，是很多人认同的观点。

接着，孟子举了两个方面的例子，指出有些人不知本末。有个园艺师，不种植有价值的梧桐、楸树，却去培育酸枣、荆棘，这是个很糟糕的园艺师。有人保养一个手指而遗忘了肩背，自己却懵然不知，那就是个糊涂虫。这两个例子，其实是“隐喻”，喻指那些不知轻重，不能抓住事物内在本质的人。

最后，孟子得出的结论是——只知道吃吃喝喝的人，人们就会瞧不起他们，因为他们保养了“小”而失去了“大”，也就是只注意养身而忘记了人品和德行。如果说他们没有失去什么的话，那么吃喝只是为了护养好那一尺一寸的肌肤吗？也就是说，人活着难道仅仅为了吃喝吗？

孟子念兹在兹的，就是希望人们不要被物质生活蒙蔽了本心，把自己本性中的“善”发扬出来，成为真正的“人”。

接着的第 15 章，孟子和公都子讨论“大人”“小人”，说的还是这个话题——人，怎么认识自己，做好自己。公都子问，都是人，有的人是“大人”，有的人是“小人”，为什么？我们接着上一章再来说说“大人”和“小人”。

其实，在很多语境中，“大人”（君子）和“小人”是中性词，没有褒贬之分，没有道德色彩，而是指人的境界、思维方式的差异。“大人”，就是“大”的“人”，最初意是成年人，慢慢引申为“眼界宽大”“境界高大”“胸襟广大”的人，不斤斤计较，不鼠目寸光，看得远，看得深；而“小人”，就是“小”的人，最初意是年龄小、尚未成熟的人，慢慢引申为“眼光浅”“心胸窄”“格局低”的人。

孟子回答：“从其大体为大人，从其小体为小人。”杨伯峻先生把“体”解释为身体，“大体”解释为身体的重要器官。我不认同这样的解释，上文已经阐述。再从语境分析，这样的解释也不合语义。“从其大体”，从，顺从、听从，顺从、听从身体的重要（次要）器官，说不通。如果是指“身体”，人怎么会只“要求满足次要器官的欲望”（杨伯峻翻译语）呢？这里的“大体”“小体”，无疑是指人的视野、境界、心量的大小。体，本来就有“本体、根本”“准则”的意思。现在我们说的“识大体”的“大体”，其源头应该就在这里。

公都子追问，都是人，有人听从“大体”，有人听从“小体”，为什么？

孟子的回答引出了重要的心理学命题——心之官则思，又回到了“心”。尽管卷十三《尽心章句上》的首篇是“尽心”，但是，直接讲“心”的就那一篇。其实，把“心”说“尽”的是在本卷。这一章孟子对“心”进行了定义，对“耳目”作为感觉器官和“心”作为思维、理性器官作了区别。至于他把“心”作为思考的器官，而不是“大脑”，那是时代的认识局限，不是他个人所能超越得了的。感觉和思维区别开来，已经是那个时代伟大的发现。孟子说得很清楚，“耳目之官不思”，因而“蔽于物”（为外物所蒙蔽）。这就是现代哲学说的，仅仅停留在现象，就不能看到事物的本质，不能从感性认识上升到理性认识。仅仅物和物的接触（而没有思考）就只是表面的延伸而已。“心之官则思，思则得之，不思则不得也。”相对于“耳目”，“心”作为人体的器官就是思考的，思则得之，不思则不得也。“得”到什么呢？联系前面的“弗思尔”“求则得之，舍则失之”“弗思甚也”，“思”“得”到的是人的本性中的“善”和心灵中的“正能量”、心灵中的美好。

最后，孟子告诉公都子，怎样做个“大人”——“此天之所与我者。先立乎其大者，则其小者弗能夺也。此为大人而已矣。”人有能“思”的“心”，这是上天的特别给予。经过“心”的“思”，便会得到“大者”，也就是人的精神高度，把这个“大者”在自己的身上树立起来，那么，那些“小”的思想、观念、情绪就不会与它争夺了。这样就成为“大人”了。

从感性认识到理性认识，是个哲学问题。至于生活中，感性和理性是不可截然分开的，也是互惠的。在不同的情况下，感性和理性发挥不同的作用，两者的协调和平衡，正像左脑和右脑的平衡，能让我们更好地感受、认识世界。

11.16－11.19　“天爵”：“人性善”开出“仁义之花”

11.16 孟子曰：“有天爵者，有人爵者。仁义忠信，乐善不倦，此天爵也；公卿大夫，此人爵也。古之人修其天爵，而人爵从之。今之人修其天爵，以要人爵；既得人爵，而弃其天爵，则惑之甚者也，终亦必亡而已矣。”

爵，指古代君主时代国家对贵族、功臣的封赐，一般为公、侯、伯、子、男五等。这里的“人爵”，就是指这样的社会人为制定的爵位。作为语言大师的孟子，创造了“天爵”这个词——上天封赏的“爵位”——这个上天是人格化的天，表示最高道德裁定者。“天爵”在这里成了隐喻，不是世俗的、物质的“爵位”，而是“精神爵位”，具体来说，就是孟子规定的“仁义忠信，乐善不倦”。如果一个人做到了“仁义忠信，乐善不倦”，他就会获得上天“赐给”他的“天爵”爵位。孟子说，古时候的人修养自己的“天爵”，自然得到人间的爵位。现在的人修养“天爵”，为的是求得“人爵”；已经得到了“人爵”，就把“天爵”抛弃了。这样的人，正如孟子说的，那是糊涂得太厉害了，最终一定会丢失获得的“爵位”。孟子的话，仿佛是千年前的预言，触目惊心啊。

11.17 孟子曰：“欲贵者，人之同心也。人人有贵于己者，弗思耳矣。人之所贵者，非良贵也。赵孟之所贵，赵孟能贱之。《诗》云：‘既醉以酒，既饱以德。’言饱乎仁义也，所以不愿人之膏粱之味也；令闻广誉施于身，所以不愿人之文绣也。”

孟子说，每个人都想获得尊贵，每个人身上也都有获得尊贵的基因，只是自己没有去思考。别人眼里的尊贵，不是真正的尊贵。赵孟所尊贵的，赵孟也能使他卑贱。《诗经》上说，喝酒已经醉了，恩惠已经“饱”了。这是说心里充满了仁义，就不仰慕别人的美味佳肴；美好的名声和广泛的声誉在身，就不去仰慕别人的锦衣美服。

孟子这里表达的是人的精神享受可以超过物质享用。当然，这两种享受不一定是对立的，可以同时享受。

11.18 孟子曰：“仁之胜不仁也，犹水胜火。今之为仁者，犹以一杯水救一车薪之火也；不熄，则谓之水不胜火。此又与于不仁之甚者也，亦终必亡而已矣。”

11.19 孟子曰：“五谷者，种之美者也；苟为不熟，不如荑稗。夫仁，亦在乎熟之而已矣。”

孟子用“杯水车薪”的比喻，告诫人们，仁的体量、力量大了，才可以战胜不仁，就像大量的水可以灭火一样。有些人，才有了一点点的仁，碰到了恶不能“战胜”，就认为仁是没有用的。这样的想法，其实助长了不仁者变本加厉。结果，最终那一点点仁也就没有了。这也和第 19 章呼应，一点点仁就像不成熟的五谷，不能生成仁的“力量”去对抗“不仁”。所谓仁的“成熟”，就是“仁”扎根在自己内心的深处，不因外在的影响而动摇、退隐、消失。

11.20 “志于彀”则“规矩”立

孟子曰：“羿之教人射，必志于彀；学者亦必志于彀。大匠诲人必以规矩，学者亦必以规矩。”

本卷以“规矩”结束，呼应卷七《离娄章句上》第 1 章“离娄之明，公输子之巧，不以规矩，不能成方圆；师旷之聪，不以六律，不能正五音”。此处的“规矩”，我们可以理解为孟子对做人、修养心性提出的要求。他希望人们按照天赋予人的“人性善”的“规矩”要求自己，在做人的“技艺”上达到高境界。其实，“规矩”对人、对人类社会而言，无论是古代还是现代，真是太重要了。当下中国的现代社会，最缺乏的就是“规则意识”。当然，你可以说“规矩”会束缚人，但是，没有了“规则”，社会必将陷入混乱和危机。我们需要的是发挥“规矩”和“规则”的积极作用，避免其消极影响。

另，关于这两句话理解的一点小感受（这一点已在多处提及），这就是阅读、理解古典，要尽量字字落实，尤其是一些关键字，且要弄清楚字的古义，不可望文生义，用现代的意思替代古义。这样才能避免孟子说的“不以文害辞，不以辞害志”。不说“字字珠玑”，但是关键的字确实要“字字未宜忽，语语悟其神”（叶圣陶）。杨伯峻先生和一般的翻译，对“必志于彀”的“志”都忽略了，说成“一定拉满弓”。志的本义是“心之所往、心意、意愿”，这里表示拉弓时“心里想着”。“必志于彀”（彀，音够，把弓拉满），就是把拉满弓作为心里的意愿和决心，就是向着最高目标努力，不断向上、向前进步，与前面“杯水车薪”“不成熟”的不努力、放弃相反。这样的“必志于彀”正是孟子希望，人需要负重奋进、筚路蓝缕向着“仁义忠信”这样美好的人性高峰攀登。有了这样的决心和追求，“仁义忠信”的“规矩”必然会如如不动地矗立在自己的心中，无论狂风暴雨不会动摇、不会毁灭。

卷十二　告子章句下

——多方应答，寓“仁”于事

本卷以孟子巧妙的应“辩”开篇，从上一卷深沉、厚重的话题而来，以轻松、类似于玩笑的形式，缓和了行文和阅读的节奏。孟子的语言艺术、辩论才能无疑是高超的，当时人就说他“好辩”了，孟子还为此专门作了辩解。说孟子“好辩”，其实也是在说孟子是“善辩”的，对别人无意、故意的提问、质疑，他都能作出有效的应答，且大多能自圆其说。前面的很多篇章中，无论是和君主的对话，还是和弟子的对话，最典型的是和淳于髡关于“嫂溺，援手乎”的辩论，都显示了孟子一流的辩才。

12.1　轻重比较的背后

任人有问屋庐子曰：“礼与食孰重？”

曰：“礼重。”

“色与礼孰重？”

曰：“礼重。”

曰：“以礼食，则饥而死；不以礼食，则得食，必以礼乎？亲迎，则不得妻；不亲迎，则得妻，必亲迎乎？”

屋庐子不能对，明日之邹以告孟子。

孟子曰：“于答是也，何有？不揣其本而齐其末，方寸之木可使高于岑楼。金重于羽者，岂谓一钩金与一舆羽之谓哉？取食之重者与礼之轻者而比之，奚翅食重？取色之重者与礼之轻者而比之，奚翅色重？往应之曰：‘紾兄之臂而夺之食，则得食；不紾，则不得食，则将紾之乎？逾东家墙而搂其处子，则得妻；不搂，则不得妻，则将搂之乎？’”

任国有个人问孟子的弟子屋庐子：礼法和吃饭哪个重要？屋庐子以为其要探讨一个关于礼法的严肃话题，于是回答，礼法重要啊。看了下文我们就知道，其实这个人不是为了讨论礼法而是在做一个诡辩的语言游戏。他接着问：男女之事和礼法哪个重要？屋庐子回答，礼法重要。

在屋庐子肯定了礼法重要后，这个人问的意图才真正显露出来。他继续问屋庐子，如果用礼法去取得吃的，便会饥饿而死；如果不用礼法可以得到食物，那一定要遵照礼法吗？按照礼仪娶亲，得不到妻子；如果不按照礼仪娶亲，便可以得到妻子，那一定要依礼娶亲吗？

这个人的反问用的是“极端”和“对立”的思维方式，把人推向两难的境地。面对这样的两难选择，屋庐子不能应对，第二天就到邹国去请教老师。

孟子说，应答这样的问题有什么难啊。接着，孟子分析了提问者的意图，揭示了其问题的实质——不测量两个物体的基础是否一致，却只比较其顶端，一块一寸见方的木头（放在楼顶）可以让它高过楼顶。金属比羽毛重，难道说的是一丁点的金属和一车的羽毛相比吗？拿吃饭的重要方面（不吃就饿死）和礼节的细小方面相比较，哪里仅仅是吃饭重要呢？拿娶妻的重要方面（不亲迎则不得妻）和礼的细小方面相比较，哪里仅仅是娶妻重要呢？

孟子识破了提问者的诡辩，采取的对策是“以其人之道，还治其人之身”。最后，他给出策略——你前去这样答复他：扭折哥哥的胳膊抢夺他的食物，就可以得到吃的；不扭，便得不到吃的，你会去扭吗？爬过东边邻居的墙壁去搂抱那户人家的女儿，就可以得到妻子；不去搂抱，便得不到妻子，你会去搂抱吗？

孟子用来回应其诡辩的事例具有浓浓的生活味，把提问者直接推到墙角，没有退路，只能认输。这个故事告诉人们，比较应该在同一基准上进行，如果把比较的事物推向不同的极端，比较的结果一定是荒谬的。

12.2 人，皆可为尧、舜？

曹交问曰："人皆可以为尧、舜，有诸？"

孟子曰："然。"

"交闻文王十尺，汤九尺，今交九尺四寸以长，食粟而已，如何则可？"

曰："奚有于是？亦为之而已矣。有人于此，力不能胜一匹雏，则为无力人矣；今曰举百钧，则为有力人矣。然则举乌获之任，是亦为乌获而已矣。夫人岂以不胜为患哉？弗为耳。徐行后长者谓之弟，疾行先长者谓之不弟。夫徐行者，岂人所不能哉？所不为也。尧、舜之道，孝弟而已矣。子服尧之服，诵尧之言，行尧之行，是尧而已矣。子服桀之服，诵桀之言，行桀之行，是桀而已矣。"

曰："交得见于邹君，可以假馆，愿留而受业于门。"

曰："夫道若大路然，岂难知哉？人病不求耳。子归而求之，有余师。"

"人皆可为尧、舜"，后来成为一句流行语。现在的意思是，鼓励人们为善，个个可以有所作为。那么，原文语境中的意思又是什么呢？

此话还不是出自孟子之口，是一个叫曹交的人问的。曹交的身份是个疑问，一般说是曹国国君的弟弟，但是孟子时代曹国已消亡。这个历史疑案不影响理解文意。既然曹交向孟子问这样的问题，可以推想，曹交对孟子很崇拜，很佩服，不然他不会来请教孟子，最后还提出要做孟子的学生，接受孟子的教诲；再者，曹交能问这样的问题，说明其具有向善、见贤思齐的愿望。这里的"人皆可为尧、舜"，不是说都成为和尧、舜一样的人，而是比喻，做像尧、舜那样"居仁由义""心存善念"的人。

这个提法不是曹交首创的，他问的是"有诸"——有这句话吗？可见，他是听别人说的。孟子回答，有。

曹交接着问：我听说文王高十尺，商汤高九尺，如今我曹交九尺四寸高，只会吃饭罢了，怎么做才可以像尧、舜、文王、商汤这些贤人那样呢？曹交这种向贤、向善、向上的追求，值得肯定。可是，不知为什么，孟子却不愿意接受他为弟子。

孟子给出路径。孟子首先说，要做到那样并不难，就是一个字：为。接着，孟子围绕“为”作了阐述，告诉曹交，很多事情做不成都是“不为”的原因。怎么“为”呢？——“子服尧之服，诵尧之言，行尧之行，是尧而已矣”，反之——“子服桀之服，诵桀之言，行桀之行，是桀而已矣”。

听了孟子的教导，曹交“愿留而受业于门”。孟子回答：为贤之道就像康庄大道一样在那儿，难道难以认识吗？只怕人不去寻找罢了。你回去自己寻找吧，“老师”是很丰足的。孟子的意思是，“敢问路在何方”，“路”在“脚下”。向善、求贤是自己的事，只要你想学习，“三人行，必有我师”，行者常至，为者常成。尤其是当下的信息社会，缺少的不是“老师”等学习资源，而是内心的“求”和外在的“为”。古人云“非知之艰，行之维艰”。后来，孙中山反对这一观点，提出“知难行易”的观点。其实，“知易行难”也好，“知难行易”也好，都有一定的道理，都有一定的条件和前提。有的时候，我们需要思想和观念的引领，否则会事倍功半甚至南辕北辙；当理念、策略很清晰、明朗的时候，提高执行力去达成预设的目标，就显得很重要，否则就会纸上谈兵甚至空谈误国。思想和行动两者应该处于互动状态，既有“运筹帷幄”的思想引领，又有“决胜千里”的行动落实，以此推动人生和社会的进步。

12.3 孝的本质

公孙丑问曰：“高子曰：《小弁》，小人之诗也。”

孟子曰：“何以言之？”

曰：“怨。”

曰：“固哉，高叟之为诗也！有人于此，越人关弓而射之，则己谈笑而道之；无他，疏之也。其兄关弓而射之，则己垂涕泣而道之；无他，戚之也。《小弁》之怨，亲亲也。亲亲，仁也。固矣夫，高叟之为诗也！”

曰：“《凯风》何以不怨？”

曰：“《凯风》，亲之过小者也；《小弁》，亲之过大者也。亲之过大而不怨，是愈疏也；亲之过小而怨，是不可矶也。愈疏，不孝也；不可矶，亦不孝也。孔子曰：‘舜其至孝矣，五十而慕。’”

作为孟子的主要弟子，公孙丑好长时间不出场了。这一次公孙丑就《诗经》中的两首诗——《小弁》《凯风》向老师提问。这两首诗都是写家庭内亲人之间（父母和子女）的矛盾和情感纠结。《小弁》是一首充满着忧愤情绪的哀怨诗，“心之忧矣”出现6次（其中一次为“我心忧伤”），表达了作者因父亲听信谗言把他放逐，致使他幽怨哀愁、寤寐不安地悲伤。《凯风》不长，全文引录如下：

凯风自南，吹彼棘心。棘心夭夭，母氏劬劳。
凯风自南，吹彼棘薪。母氏圣善，我无令人。
爰有寒泉？在浚之下。有子七人，母氏劳苦。
睍睆黄鸟，载好其音。有子七人，莫慰母心。

就算不去细细理解诗句的意思，仅仅看每四句里就有一句提到母亲，也可以了解这首诗的大意。这四句写母亲的操劳、善良、智慧、辛苦，最后写“我”没有能慰藉母亲，表达的是作者对母亲养育之恩的感念和自己愧对母亲的歉意。

公孙丑问，有个名叫高子的人说，《小弁》这首诗的作者是个小家子气的人。孟子问：为什么这样说？公孙丑答道，这首诗表达了怨恨之情。孟子对这样的解读不赞同，并由此解释“怨”背后的含义，揭示孝的本质。孟子说——

固执僵化啊，高老先生理解这首诗。有个人，越国人拉弓射他，他可以谈笑风生地讲述这件事；没有别的原因，因为越国人和他关系疏远。他的哥哥拉弓射他，他就会落下眼泪哭泣着讲述这件事；没有别的原因，因为哥哥是自己的亲人。《小弁》的怨恨，是出于对亲人的热爱。热爱亲人，就是仁。高老先生理解这首诗，太固执啦。

公孙丑接着问：《凯风》这首诗为什么没有怨恨呢？

孟子回答，《凯风》这首诗，母亲的过错小，《小弁》这首诗，父亲的过错大。亲人的过错大却不怨恨，这是更加疏远和亲人的关系。亲人的过错小却怨恨，这是对亲人的一点小过都不能容忍，反而激怒了自己。更加疏远亲人，是不孝敬；不能容忍亲人的小过，也是不孝敬。

通过对《诗经》中两首诗的不同解读，孟子表达子女和父母（亲人）之间微妙的关系。父母亲有了过错，或者对父母的言行看不惯，子女该怎么办？最亲密的人，有时候反而难以处理好相互之间的关系。这个问题，就是现代人也还有困惑。看不惯父母，疏远了他们，彼此之间的关系会越来越僵；迁就他们，自己心里会不舒服。父母子女之间如果斤斤计较，造成的矛盾可能更难以调和。季羡林、麦家都有和儿子十几年不说话的经历。孝敬父母，是人类亘古不变的伦理和情感，需要子女付出真心。孔子说，孝敬父母不仅仅是养活，更需要“敬”；如果“不敬”，就和养“犬马”一样。子夏问孝，孔子回答“色难”，给父母好的脸色最难。父母有了过错怎么办？孔子说，侍奉父母，他们若有过失，要婉言劝告。自己的意见没有被接纳，仍然尊敬他们，不离开他们，继续操劳而不怨恨。

孟子在这里要表达的和孔子的意思一样，“亲亲，仁也”，热爱自己的亲人，就是仁。孝，当然离不开基本的生活保障，但是更重要的是心理和情感的满足，现在的“留守老人”“空巢老人”最需要子女感情上的关心。正如孟子引用孔子赞扬舜的话——舜其至孝矣，五十而慕（慕，古义不是羡慕，而是依恋）——舜对父母的孝敬超过了所有人啊，到了 50 岁还依恋、想念着父母。孔子之所以高度赞扬舜的孝，就在于一个字“慕”，而这个“慕”，就是对父母发自内心的深沉的爱。

12.4 心怀仁义

宋牼将之楚，孟子遇于石丘。曰："先生将何之？"

曰："吾闻秦、楚构兵，我将见楚王说而罢之。楚王不悦，我将见秦王说而罢之。二王我将有所遇焉。"

曰："轲也请无问其详，愿闻其指。说之将何如？"

曰："我将言其不利也。"

曰："先生之志则大矣，先生之号则不可。先生以利说秦、楚之王，秦、楚之王悦于利，以罢三军之师，是三军之士乐罢而悦于利也。为人臣者怀利以事其君，为人子者怀利以事其父，为人弟者怀利以事其兄。是君臣、父子、兄弟终去仁义，怀利以相接，然而不亡者，未之有也。先生以仁义说秦、楚之王，秦、楚之王悦于仁义，而罢三军之师，是三军之士乐罢而悦于仁义也。为人臣者怀仁义以事其君，为人子者怀仁义以事其父，为人弟者怀仁义以事其兄，是君臣、父子、兄弟去利，怀仁义以相接也，然而不王者，未之有也。何必曰利？"

宋牼，宋国人，作为与孟子同时代的学者，在反对战争、安民保民上与孟子的思想一致。因此，听说秦国和楚国将要发动战争，他便立即准备到楚国去说服楚王停止战争，在路上和孟子相遇。两位具有相同思想、观念的学者相遇，乃高峰对话，必有智慧生成。孟子问宋牼打算如何说服两位诸侯。宋牼说：我打算告诉他们，战争对双方都是不利的。宋牼的思路是从反面劝说，让他们知道战争对双方都没有好处，只能两败俱伤。既然没有好处，何必交战呢？这应该是正常人的思维，也具有说服力。面对宋牼的反向思维，孟子立即想到正向思维——"怀仁义以相接"——大家都怀揣仁义之心相互对待。为了阐述自己的观点，孟子先从反面分析了"悦于利"的危害，然后从正面阐述了“悦于仁义”的好处。最后得出结论——“君臣、父子、兄弟去利，怀仁义以相接也。然而不王者，未之有也。何必曰利？”这里阐述的“利”和“仁义”之辩，与开篇的“孟子见梁惠王”相呼应。同一个问题，阐述的视角和方法不尽相同，体现了孟子高超的说理水平。仁义，始终是孟子念兹在兹、无法释怀的信念，只要有相应的情境出现，孟子便像掏出心肺一样，把自己的想法用富有感染力的语言动情地表达出来。

12.5 比礼物重要的是“心意”

孟子居邹，季任为任处守，以币交，受之而不报。处于平陆，储子为相，以币交，受之而不报。他日，由邹之任，见季子；由平陆之齐，不见储子。屋庐子喜曰：“连得间矣。”问曰：“夫子之任，见季子；之齐，不见储子，为其为相与？”

曰：“非也；《书》曰：‘享多仪，仪不及物曰不享，惟不役志于享。’为其不成享也。”

屋庐子悦。或问之。屋庐子曰：“季子不得之邹，储子得之平陆。”

这是讲的两位贵族送礼给孟子，孟子采取了不同的回应方式。季任作为国君的弟弟代理国政，派人到邹国给孟子送礼，孟子接受了礼物，没有回报（报的古义：给回信、答复）。孟子在齐国平陆这个地方的时候，齐国的卿相储子送礼物给孟子，孟子接受了，也没有回报。

过了一段时间，孟子从邹国去任国，拜访了季任；从平陆去齐都，却没有去拜访储子。孟子的学生屋庐子暗喜：这次我找到老师的小毛病了。他便问孟子：您到任国，见了季任；到齐国，不见储子，是因为储子只是卿相吗？屋庐子的意思是，老师你眼里只有君王的弟弟，没有低一级的卿相。

孟子说，不是的。《尚书》里说，献礼物礼仪更重要，礼仪配不上礼物等于没有献礼物，因为进献的人并没有把心思放在上面。（我不去见储子，）是因为他没有完成献礼的礼仪。

储子没有完成献礼的仪式，表现在哪里呢？孟子没有说，屋庐子自己悟出来了，而且很开心，他感到老师做事是很严谨的，一切按照礼节来，不卑不亢。有人问他这件事的缘由，他说，季任代理国君不能亲自去邹国送礼给孟子，而派人送去，是符合礼节的；而储子可以亲自去平陆给孟子送礼却没有去，说明他的心意不诚。

孟子以自己的行为表明，就是与贵族交往也要按照礼节行事，不因为自己地位低而卑躬屈膝。

12.6 再遇淳于髡

淳于髡曰："先名实者，为人也；后名实者，自为也。夫子在三卿之中，名实未加于上下而去之，仁者固如此乎？"

孟子曰："居下位，不以贤事不肖者，伯夷也；五就汤，五就桀者，伊尹也；不恶污君，不辞小官者，柳下惠也。三子者不同道，其趋一也。一者何也？曰：仁也。君子亦仁而已矣，何必同？"

曰："鲁穆公之时，公仪子为政，子柳、子思为臣，鲁之削也滋甚；若是乎，贤者之无益于国也！"

曰："虞不用百里奚而亡，秦穆公用之而霸。不用贤则亡，削何可得与？"

曰："昔者王豹处于淇，而河西善讴；绵驹处于高唐，而齐右善歌；华周、杞梁之妻善哭其夫，而变国俗。有诸内，必形诸外。为其事而无其功者，髡未尝睹之也。是故无贤者也，有则髡必识之。"

曰："孔子为鲁司寇，不用，从而祭，燔肉不至，不税冕而行。不知者以为为肉也，其知者以为为无礼也。乃孔子则欲以微罪行，不欲为苟去。君子之所为，众人固不识也。"

《孟子》里记录的孟、淳于辩论共两次。上一次，淳于髡提出两难选择——“男女授受不亲”之礼与“嫂溺，则援之以手乎？”挑战孟子的智慧。孟子从容应对，巧妙地回答了其两难诘问，最终以玩笑式的反问——“天下溺，援之以道；嫂溺，援之以手：子欲手援天下乎？”——变被动为主动，把淳于髡置于无法回答的境地。我们可以想象，“华山论剑”，由淳于髡自信满满地发起，却以他的尴尬和无语收兵。本来想看别人的笑话，自己却成了别人的“笑话”。

也许是上一次的挫败在淳于髡心里留下了抹不去的阴影，他总想找机会和孟子再“对决”一番，毕竟自己也是高手，怎能就这样甘拜下风呢？机会终于来了，孟子因为郁郁不得志即将离开齐国（参读卷四《公孙丑章句下》，此卷除第 1 章外，都是写孟子在齐国的故事和离开齐国的背景），淳于髡抓住孟子在齐国期间“无所作为”，对孟子提出责难。

淳于髡说，孟子你作为齐国的卿大夫（像孟子这样在稷下学宫的学者，齐王都封了卿大夫之号，但是没有实际的岗位和权力），自己的名誉和功业都没有树立起来，没有为齐国做出什么贡献，现在却要离开，作为“仁者”原来是这样的吗？淳于髡这样质疑孟子的依据是他自己定的评价标准——“先名实者，为人也；后名实者，自为也”（以名誉功业为先的人，为的是他人；以名誉功业为后的人，为的是自己）。其实，淳于髡预设这样评价人的标准是有问题的，为他人也好，为自己也好，看重“名”“实”难免会陷入“功利主义”。真正的仁者，只是为了社会、他人承担起自己应尽的责任，至于“名”“实”不会那么看重而放在心上。

孟子一定听出了淳于髡的“强说其辞”，但是，他没有直接辩解、反驳，而是采用迂回的策略，讲出另一个话题——“君子亦仁而已矣，何必同？”——君子只管做“仁”人，路径可以不一样。孟子以历史上的三位贤人伯夷、伊尹、柳下惠（参读卷十《万章章句下》第 1 章）为例证，阐述了自己的观点。

淳于髡的反应也很快，接着孟子的“正例”，他说出了“反例”：子柳和子思作为贤者，做鲁国大臣的时候，鲁国的国力却不断下降。于是，他得出结论——“贤者之无益于国也”。

面对淳于髡的“反例”，孟子又举出“正例”：秦穆公重用了贤者百里奚，使秦国成为霸主。

其实，贤者是否有益于国，并非由贤者一人决定。这里暂不讨论。

淳于髡知道“贤者是否有益于国”这一问题辩论下去，分不出胜负。他转换话题，回到开始他预设的评价人的标准——一个人的作为、功劳，要有“名”来显示，让别人知道。他举出当时的两位“歌星”和两位“贤妻”的例子，证明“有诸内，必形诸外”。最后，他说，做了事没有功绩，这样的人他没有看到过，如果是贤者，他一定能知道、识别。其实，淳于髡举的三个例子，是有漏洞的。王豹、绵驹善于唱歌，当然可以影响那个地方的其他人，但是，这样的影响是有限的、有条件的，不可能让所有的人都像他们一样成为“歌星”。所以，他说“昔者王豹处于淇，而河西善讴；绵驹处于高唐，而齐右善歌；华周、杞梁之妻善哭其夫，而变国俗”，是以偏概全的不完全推理。因此，“有诸内”未必“形诸外”，“为其事”未必“有其功”，“贤者”未必都被人“识之”。

孟子抓住淳于髡推理中的破绽，不动声色地讲了孔子的故事——

孔子做鲁国司寇，不被重用，跟随国君去祭祀。结束后，祭肉没有送来（古代礼节，祭祀结束，祭品分给相关诸人），于是顾不上脱掉祭祀时所戴的礼帽，就离开了现场。不了解的人认为孔子是为了祭肉而离开，了解的人认为孔子是因为国君的失礼而离开。而孔子是怎么想的呢？孔子是想自己承担一点小罪过而离开，而不是随便离去。

孟子最后说，像孔子这样的君子所为，是一般人不知道的、不能理解的。孟子的言下之意是：你淳于髡真的能“识贤”吗？一个小小的“离开”，孔子考虑得这样周全，宁肯自己背上“微罪”，不让国君承担责任。孟子的应对绵里藏针、暗藏机锋：你淳于髡大概只是个“众人”之一，不能“识”出我这个“仁者”。

12.7 再论“不以规矩，不成方圆”

孟子曰：“五霸者，三王之罪人也；今之诸侯，五霸之罪人也；今之大夫，今之诸侯之罪人也。天子适诸侯曰巡狩，诸侯朝于天子曰述职。春省耕而补不足，秋省敛而助不给。入其疆，土地辟，田野治，养老尊贤，俊杰在位，则有庆，庆以地。入其疆，土地荒芜，遗老失贤，掊克在位，则有让。一不朝，则贬其爵；再不朝，则削其地；三不朝，则六师移之。是故天子讨而不伐，诸侯伐而不讨。五霸者，搂诸侯以伐诸侯者也，故曰，五霸者，三王之罪人也。五霸，桓公为盛。葵丘之会，诸侯束牲载书而不歃血。初命曰，诛不孝，无易树子，无以妾为妻。再命曰，尊贤育才，以彰有德。三命曰，敬老慈幼，无忘宾旅。四命曰，士无世官，官事无摄，取士必得，无专杀大夫。五命曰，无曲防，无遏籴，无有封而不告。曰，凡我同盟之人，既盟之后，言归于好。今之诸侯皆犯此五禁，故曰，今之诸侯，五霸之罪人也。长君之恶其罪小，逢君之恶其罪大。今之大夫，皆逢君之恶，故曰，今之大夫，今之诸侯之罪人也。”

这是孟子回顾、反思周朝建立以来到他所在的战国时代的历史。在孟子看来，这是令人伤心的历史，是仁义不断消失，罪恶不断产生的历史。面对这样的历史和现状，孟子用“罪人”这个关键词来概括——“五霸者，三王之罪人也；今之诸侯，五霸之罪人也；今之大夫，今之诸侯之罪人也”。五霸，即春秋五霸；三王，即夏禹、商汤、周文王武王。在孟子看来，五霸，是三王的罪人；如今的诸侯，是五霸的罪人；如今的大夫，是如今诸侯的罪人。真是人心不古、世风日下，令人痛心。五霸之所以为三王的罪人，是因为其置天子于不顾，“搂诸侯以伐诸侯”，就是拉拢一帮诸侯去攻打另一帮诸侯，以扩大自己的地盘，增强自己的实力。今之诸侯呢，违反了五霸之一齐桓公定下的五条规矩，所以说他们是五霸的罪人。今之大夫，看到君主犯罪，不仅不去制止，反而助长、逢迎君主，所以是诸侯的罪人。

说到底，就是孟子前面讲到的“不以规矩，不成方圆”，何止于“不成方圆”，简直是“礼崩乐坏”“分崩离析”，一片惨状。当然，规矩不可能一成不变，“天不变，道亦不变”肯定是不符合社会发展规律的。但是，不管怎么变，社会的稳定，众生的安危，始终是不能忽视、漠视的。当齐宣王说自己“好色、好货、好勇”的时候，孟子并没有反对，而是引导齐宣王，他的“好色、好货、好勇”如果是为了老百姓造福，那老百姓就会“若大旱之望云霓”啊。春秋、战国乱象丛生，战争、残杀不断，生命的代价真是太大，值得研究和反思。如何避免战争和残暴，这是个世界性的话题，还好，欧洲“天鹅绒革命”的思维方式为越来越多的人接受。为了天下苍生，希望历史的“罪人”少一些，造福众生的“智者”“仁者”多一些。下面两章孟子鲜明的“反战”思想，类似于现代的和平主义，正是为了天下百姓的安宁着想。

12.8－12.9　保民反战，终身坚守

12.8 鲁欲使慎子为将军。孟子曰：“不教民而用之，谓之殃民。殃民者，不容于尧、舜之世。一战胜齐，遂有南阳，然且不可——”

慎子勃然不悦曰：“此则滑厘所不识也。”

曰：“吾明告子。天子之地方千里；不千里，不足以待诸侯。诸侯之地方百里；不百里，不足以守宗庙之典籍。周公之封于鲁，为方百里也；地非不足，而俭于百里。太公之封于齐也，亦为方百里也；地非不足也，而俭于百里。今鲁方百里者五，子以为有王者作，则鲁在所损乎，在所益乎？徒取诸彼以与此，然且仁者不为，况于杀人以求之乎？君子之事君也，务引其君以当道，志于仁而已。”

孟子在鲁国的时间不长，恰好遇到了这件事。鲁国打算任命慎子做将军，准备和齐国打仗，夺回属于自己的南阳这个地方。孟子反对，他认为这

样仓促地开战，没有训练老百姓就让他们上战场，是残害他们。

慎子听说了，怒气冲冲很不高兴，对孟子说：这是我不能理解的。他的意思是：我们去夺回自己国家的领土，怎么能说是“殃民”呢？

孟子毫不退让，理直气壮地坚持自己的反战观点。他回答慎子说“吾明告子”。一个“明”字，表明了自己的态度毫不含糊、不可改变。孟子要表达的意思是，天下的诸侯国，不要去争夺土地，更不要以牺牲老百姓的生命去争夺土地。慎子你作为君子事奉君主，应该致力于引导君主走仁义的正道。

12.9 孟子曰：“今之事君者皆曰：‘我能为君辟土地，充府库。’今之所谓良臣，古之所谓民贼也。君不乡道，不志于仁，而求富之，是富桀也。‘我能为君约与国，战必克。’今之所谓良臣，古之所谓民贼也。君不乡道，不志于仁，而求为之强战，是辅桀也。由今之道，无变今之俗，虽与之天下，不能一朝居也。”

身处战争频繁、群雄争霸的时代，孟子忧心如焚，为了平息战争，他四处奔波，劝说诸侯。他的理想是天下太平，百姓安宁。可是，历史的潮流汹涌而至，无人能挡。对诸侯，孟子劝说多于抨击，希望他们能行仁政而王天下；对大夫、臣下，孟子则毫不留情，谴责他们助纣为虐。在本章，他责难“事君者”（大臣）——说起来是“良臣”（好的大臣），在古时候就是“民贼”（残害老百姓的人）。孟子为什么这么说呢？因为这些大臣引以为豪的是“我能为君辟土地，充府库”——我能替国君开拓土地，充实仓库，以及“我能为君约与国，战必克”——（约，邀约；与，结交）我能够替国君邀约结交盟国，每战一定胜利。因为“辟土地，充府库”“战必克”，都是以老百姓的生命为代价的，对此，孟子深感痛心！在孟子看来，作为大臣，在君主“不向道”“不志于仁”的时候，应该劝导君主行仁义之道，而不是帮助君主“求富”“强战”。

这两章和卷七《离娄章句上》第14章相呼应，都是表明孟子反战、保民的一贯思想。孟子对发动战争而杀人者，给他们定的罪是“罪不容于死”，可见孟子对“杀人盈野”的行为多么深恶痛绝！反对战争，痛恨“殃民”，在《孟子》中有多处体现。为了天下太平、百姓安宁，孟子的勇气令人感佩。

12.10－12.11 对话白圭，最佳思维

12.10 白圭曰：“吾欲二十而取一，何如？”

孟子曰：“子之道，貉道也。万室之国，一人陶，则可乎？”

曰：“不可，器不足用也。”

曰：“夫貉，五谷不生，惟黍生之；无城郭、宫室、宗庙、祭祀之礼，无诸侯币帛饔飧，无百官有司，故二十取一而足也。今居中国，去人伦，无君子，如之何其可也？陶以寡，且不可以为国，况无君子乎？欲轻之于尧、舜之道者，大貉、小貉也；欲重之于尧、舜之道者，大桀、小桀也。”

12.11 白圭曰：“丹之治水也愈于禹。”

孟子曰：“子过矣。禹之治水，水之道也，是故禹以四海为壑。今吾子以邻国为壑。水逆行谓之洚水——洚水者，洪水也——仁人之所恶也。吾子过矣。”

白圭，名丹，字圭，曾在魏国为相，善于修筑堤坝、兴修水利和经营贸易、发展生产，有“商祖”之誉。这两章记载了白圭就税收和修坝治水两件事和孟子的对话。

第10章白圭问孟子：我想定税率为二十分之一，怎么样？白圭问孟子说明他对孟子的尊重，也说明当时孟子在各个国家的影响力。白圭问孟子税率的事，是想得到孟子的认可乃至赞扬。因为，他知道孟子关注民生、提倡轻赋薄税，他把税率降到了二十分之一，以为孟子一定会高兴并赞许。谁知，孟子没有认可他的做法，反而认为他的做法对老百姓是不利的。

孟子分析道，二十取一，是貉（音“墨”，北方一小国）这样的小国的做

法。这样的小国，开支少，没有城墙、宫殿、祖庙和祭祀的礼仪，没有诸侯之间赠礼宴请，也没有各种官员，所以，税收二十取一就够了。在中原地区，抛弃人伦，废除官吏，那怎么行呢？陶器少了，尚且不能够维持国家的运转，何况没有官员呢？想要比尧、舜十分抽一的税率更轻的，是大貉、小貉这样的小国家；想要比尧、舜十分抽一的税率更重的，是大桀、小桀这样敲诈百姓的暴君。

孟子认可尧、舜时代十分抽一的税率，认为这样的税率既能维持国家的运转，又不给老百姓过重的负担，两全其美。

关于税收的问题，白圭没有取悦于孟子，便亮出了自己最拿手的治水功夫。这一次，白圭没有问孟子“何如”，而是很自信地直接对孟子说“丹之治水也愈于禹”——我治水的水平超过大禹啊。

孟子回答：你错了。大禹治水顺着水性，以四海为大水坑，让河沟里多余的水都流注到大海了。现如今，你的治水以邻国为大水坑，把你国家多余的水流注邻国就了事了。水逆道而行叫作洚水。洚水，就是洪水，是仁慈的人厌恶的。你错了啊。

孟子从治水又联系到“仁”。大禹以天下为己任，把洪水排进大海，让天下所有百姓得以生存；而白圭呢，只考虑一个国家的利益，置邻国于不顾。两相比照，白圭的不仁显而易见。大禹治水的过程卷五《滕文公章句上》第 4 章有描写：“禹疏九河，瀹济漯而注诸海，决汝汉，排泗淮，而注之江，然后中国可得而食也。当是时也，禹八年于外，三过其门而不入。”大禹治水的仁心、智慧，在卷八《离娄章句下》第 26 章有阐述：“所恶于智者，为其凿也。如智者若禹之行水也，则无恶于智矣。禹之行水也，行其所无事也。如智者亦行其所无事，则智亦大矣。”“行其无事”，就是顺势而为，不因为治水造成别的麻烦，影响老百姓的生活、生存。

“以邻为壑”已经成为一句成语，比“各人自扫门前雪”更严重。现实生活中“以邻为壑”，不顾他人权益的现象仍然存在。其实，损害别人，最终将损害自己。“以邻为壑”作为反面事例，提醒人们，为了大家的共同利益，应该“里仁为美”“以邻为友”，大家和睦相处，共建美好家园。

12.12－12.13 君子诚信为本

12.12 孟子曰：“君子不亮，恶乎执？”

亮，同“谅”，信、诚信。君子不诚信的话，哪里谈得上有操守？

古代人讲诚信，现代人讲信用，其实，都是讲人与人相处。人类社会由一个一个独特的个体组成，既要尊重每一个个体，发挥个体的价值和创造力，又要形成互相配合的群体。人类社会要发展和安定，处理好个体与群体、个性与共性的关系是十分重要的前提。在费孝通先生看来，人类社会的理想状态是——各美其美，美人之美，美美与共，天下大同。而人与人的相处，“诚”“信”是古今中外共同的规则。

12.13 鲁欲使乐正子为政。孟子曰：“吾闻之，喜而不寐。”

公孙丑曰：“乐正子强乎？”

曰：“否。”

“有知虑乎？”

曰：“否。”

“多闻识乎？”

曰：“否。”

“然则奚为喜而不寐？”

曰：“其为人也好善。”

“好善足乎？”

曰：“好善优于天下，而况鲁国乎？夫苟好善，则四海之内皆将轻千里而来告之以善；夫苟不好善，则人将曰：‘訑訑，予既已知之矣。’訑訑之声音颜色距人于千里之外。士止于千里之外，则谗谄面谀之人至矣。与谗谄面谀之人居，国欲治，可得乎？”

这一章写孟子对其弟子乐正子“好善”的褒奖和希望。

乐正子作为孟子欣赏的关系亲密的弟子，孟子对他抱有很多的期望。前面三次提到乐正子——乐正子向鲁平公推荐孟子，可是鲁平公听信小人之言取消了见孟子的计划（参读卷二《梁惠王章句下》第 16 章）；乐正子到齐国第二天去见孟子，孟子很不高兴，认为他对老师不尊敬；孟子告诫乐正子从政不是为了讨个饭碗而是要行古人的仁义之道（参读卷七《离娄章句上》第 24、25 章）。

这一次，鲁国要重用乐正子。孟子听到这个消息“喜而不寐”，其兴奋之情溢于言表。一直忧心忡忡的孟子，仿佛看到了希望。弟子公孙丑见老师如此亢奋，便问道，是乐正子能力很强吗？孟子摇摇头，非也。公孙丑继续问，是乐正子有智慧善于谋划吗？是乐正子见多识广吗？（如果这样的话，乐正子可以改变政局，实施老师“仁义之道”的理想。）孟子都予以否认。公孙丑感到奇怪：那么，你高兴得睡不着觉，为什么呢？孟子说，他对待人喜欢听取善言。对“好善”，孟子作了阐述——喜欢听取善言，则天下贤士皆如“归市”，纷纷前来；反之，不听善言，则拒贤人于千里之外。贤人不至，则“谗谄面谀”蜂拥而至；与“谗谄面谀”者一起，国家怎么能治理好呢？

孟子这里讲的“好善”，其实就是“诚”“信”，一颗真“诚”的心，对俊杰之士的“信”任。关于“好善”，孟子曾说过，“子路，人告之以有过，则喜。禹闻善言，则拜。大舜有大焉，善与人同，舍己从人，乐取于人以为善。自耕稼、陶、渔，以至为帝，无非取于人者。取诸人以为善，是与人为善者也。故君子莫大乎与人为善。”（参读卷三《公孙丑章句上》第 8 章）

12.14 再论“为仕之道”

陈子曰：“古之君子何如则仕？”

孟子曰："所就三，所去三。迎之致敬以有礼；言，将行其言也，则就之。礼貌未衰，言弗行也，则去之。其次，虽未行其言也，迎之致敬以有礼，则就之。礼貌衰，则去之。其下，朝不食，夕不食，饥饿不能出门户，君闻之，曰：'吾大者不能行其道，又不能从其言也，使饥饿于我土地，吾耻之。'周之，亦可受也，免死而已矣。"

关于君子或士子的"为仕之道"，在卷十《万章章句下》孟子从不同角度对士人的从政之路进行了详细的阐述，前面的其他篇章亦有论述，可以参读。本章针对弟子陈臻提出的"古之君子何如则仕"，孟子分析了三种情况的去留——君主以礼相待，且听从建议，则"就之"；虽然以礼相待，但是，建言没有实行，则"去之"；虽然没有实行建言，但是很有礼节很恭敬地迎接，则"就之"；如果得不到尊重了，则"去之"；如果，自己连饭都吃不饱，虽然君主不能听从建言；不能按照其主张行事，但是君主真诚地给予帮助，也可以接受。前面，孟子曾经说"舍生取义"，这里，孟子认为只要君主真诚帮助，为了"免死"，做官是可以接受的。

12.15 人生感悟：生于忧患，死于安乐

孟子曰："舜发于畎亩之中，傅说举于版筑之间，胶鬲举于鱼盐之中，管夷吾举于士，孙叔敖举于海，百里奚举于市。故天将降大任于是人也，必先苦其心志，劳其筋骨，饿其体肤，空乏其身，行拂乱其所为，所以动心忍性，曾益其所不能。人恒过，然后能改；困于心，衡于虑，而后作；征于色，发于声，而后喻。入则无法家拂士，出则无敌国外患者，国恒亡。然后知生于忧患而死于安乐也。"

这一章也是《孟子》的名篇之一。"天将降大任于是人也"，激励了古今多少仁人志士，为了人生的理想，历经苦难，不屈不挠，勇往直前。

人生，没有纯粹的“苦”，也没有纯粹的“乐”，“苦”“乐”往往融为一体，成为人生独特而难忘的经历和体验。尼采说过，去同时面对人类最大的痛苦和最高的希望。欧阳修说过，忧劳可以兴国，逸豫可以亡身。艰难困苦玉汝于成，让我们记住孟子的话——“天将降大任于是人也，必先苦其心志，劳其筋骨，饿其体肤，空乏其身，行拂乱其所为，所以动心忍性，曾（通“增”）益其所不能”——锻炼“心性”，成就自己理想的人生。作为一个国家，如果国内没有“法家拂士”（守法的大臣和辅佐的贤士，拂通“弼”，辅佐），国外没有“敌国外患”（敌对国家和外部忧患），就会亡国。

怎样做好自己？孟子说：“人恒过，然后能改；困于心，衡于虑，而后作；征于色，发于声，而后喻。”

这句话是孟子告诉人如何面对“心志”之“苦”、“筋骨”之“劳”、“拂乱”之“行”，经过“动心忍性”，而“曾益其所不能”。“人恒过，然后能改”——面对经常的过失、挫折甚至打击，人不能退缩、逃避，而应该勇敢面对，“屡败屡战”，在错误中改进自己、改善自己、改变自己。“困于心，衡于虑，而后作”——人心里常常感到困惑，思维常常受到阻碍，然后可以振作发奋。“征于色，发于声，而后喻”——征：追究、追问。对事物的表象进行追问，而不是被其迷惑，在言语上表达出来，然后才能让自己明白人生的价值和天下大道。

“生于忧患”“死于安乐”都不是必然的，面对“忧患”与“安乐”举措不同，会产生不同的结果。消极地逃避“忧患”，可能就“死”于“忧患”了。孟子告诉我们的是，面对“忧患”需要“动心忍性”，在“涅槃”中重生自我，以担当“天”降之“大任”。这里的“天”降之“大任”就是下一卷第1、2两章说的“天”“命”，是一个人作为生命的责任和担当，也是一个人的幸运。此“大任”，不是世俗所说的高贵爵位或显赫地位，而是为天下众生行“仁义之道”的使命。作为当代圣贤，放弃优厚生活和美好前程前往非洲救助苦难中的非洲人的阿尔伯特·史怀哲，对待困难、阻挠的态度和心境与孟子息息相通。面对反对他去非洲的人，他说：“决心行善的人，不应该希望别人替他挪开绊脚石，即便别人再为他多加几块，他也应该处之泰然。内心因经历种种阻碍而得到净化与强化后所产生的力量，才能克服困难，对外在的阻碍或压迫只做反抗的人，不过是在耗损自己的力量而已。”（华姿著《史怀哲传》）

12.16 “不教”之“教”

孟子曰：“教亦多术矣，予不屑之教诲也者，是亦教诲之而已矣。”

孟子在这里讲了一种特别的教法——“不教”之“教”。他认为，教育有很多的方法，他的不屑于教诲的方式，这也是教诲了。这里的“不屑之教诲”，不一定指作为教者不肯教的人、不想教的人，也可以指不教的内容。这样的“不教”之“教”，更多的是让弟子们自己去思考、发现，即孔子说的“不愤不启，不悱不发”。“不教”之“教”是一种教育的智慧和策略，道教也有同样的思想——“圣人处无为之事，行不言之教”（《道德经》第二章），“夫知者不言，言者不知，故圣人行不言之教”（《庄子·知北游》）。这样的教育智慧对现代教育同样具有启迪。“过度教育”是当下值得反思的问题。我们当下教学内容的繁多、教学对象的统一，其实都违背了“不教”之“教”，给学生、家长、教师三者带来深深的烦恼乃至痛苦。教育，有些情况下真的不是“多多益善”。英国哲学家怀特海在《教育的目的》中说：“如果要避免思想上的僵化，就要特别注意两条戒律：（一）不要同时教授太多的科目；（二）如果要教，就一定要教得透彻。”

“不教”之“教”，值得当下教育反思。

卷十三　尽心章句上

——修“内”行“外”，唤醒“良知”

在《孟子》里，孟子表达的主导思想、核心价值从社会行为层面说是“仁义”“仁政”“王道”。劝说诸侯行“仁政”不成，欲“立功”未果，退而求“立言”，通过文字留下自己的理想和追求，以待后世。为了从理性层面证明其“仁义”“仁政”的合理性，孟子提出“人性善”的观点，并且竭力驳斥当时与“人性善”相左的“人性无善无不善”和“人性恶”的观点，始终坚持“人性善”不动摇（参读卷十一《告子章句上》）。本章孟子在“人性善”的基础上，提出“心”“性”“天”“命”“道”五个概念，进一步完善其“人性善”的思想。这五个概念成为后来程朱理学、陆王心学的滥觞。第1、2两章提出内在“心性”的思想，其后，则阐释“心性”在生活、为人、处世、治国等外在行为的运用和表现。

13.1－13.2　修养心性

13.1 孟子曰：“尽其心者，知其性也。知其性，则知天矣。存其心，养其性，所以事天也。夭寿不贰，修身以俟之，所以立命也。”

13.2 孟子曰：“莫非命也，顺受其正；是故知命者不立乎岩墙之下。尽其道而死者，正命也；桎梏死者，非正命也。”

“尽其心者，知其性也。”这里的“心”，孟子预设为“善心”“真心”“良心”，是一种“先验”的存在。凡人都有这样一颗“心”，就是孟子多次提到的“四心”（恻隐之心、羞恶之心、恭敬之心、是非之心）。“心”和“性”“性善”的关系，在卷十一里孟子已经作了充分的阐述和例证。这里的“尽其心”

其实是对前面阐述、例证的提炼和概括。尽，竭尽、全部用完。把自己“恻隐、羞恶、恭敬、是非”的本心、真心毫无保留地表现出来，呈现出的就是自己的本性，而这个本性一定是“善”的（恻隐、羞恶、恭敬、是非）。

“知其性，则知天矣。”知道了自己的本性，也就知道了自己的“天”命。这里的“天”命，不是一般意义上的“宿命”；而是，作为人你应该做什么，能做什么的责任和担当；这样的责任和担当，不是人为的，而是一种抽象的道德律令，是人作为一种生命必须接受和承担的“命”“令”。这是一种不可回避和抗拒的力量，来自人的生命本身，因此用“天”来“命”。这就是《中庸》开篇的话——“天命之谓性”。这“天”之“命”，就是天理良心，也就是孟子说的“人性善”和本卷第15章将说的“良知”。

“存其心，养其性，所以事天也。”“心”需要存，不然就放纵了；“性”需要养，否则就丧失了。（参读卷十一《告子章句上》）不受任何外界影响的“心性”是纯的、真的、善的；有外在利害因素的介入，则可能产生变数。如看到婴儿欲坠井，抽象地说，每个人恻隐之心皆生；假如是一个仇人的婴儿，虽有恻隐之心，但是未必表现出来。也就是说，人先天的“善心”肯定有，但是面对外来的诱惑，这颗“本心”未必保存得住。这就需要后天的“存”和“养”，保住了自己的“本心”，以此“事天”，也就是做符合天理良心的能做、应该做的事。

“夭寿不贰，修身以俟之，所以立命也。”人的一生，不管寿命长短，都要修身养性期待“天”“命”，这是人安身立命的途径。为什么要“修”身以“俟”之呢？因为，你不知道生命中什么时候会遇到需要你“尽”“心”去做的事。如果没有“修”好身，“养”好性，遇到事情（尤其是特殊的事情）则不能从容应对，可能就偏离“本心”而走上邪恶之路。人生是要有“准备”的，这个“准备”就是“存其心，养其性”。这样的“准备”，为的是“立命”。“立命”，就是完成“天”之“命”——肩负起为人应有的责任和担当——建立、建设自己的生命。人的“生命”包含着内外两面，外在的就是“生”“活”着的肉体，内在的就是人之为人所“生”成的应该承担的“命”

"令"。这个内在的"命"既是"上天""下达"的，又要靠自己去"建立""建设"。人生的过程就是"立"的过程，就是"建设"自己的过程——在先天"心性"的基础上，建设起自己的精神大厦和心灵大道——也就是孟子讲的"仁，人之安宅也；义，人之正路也"。如果"旷安宅而弗居，舍正路而不由。"则"哀哉"！孟子提出抽象的"心""性""天""命"，其实为的是实现人间的"仁义"大道。

这里所说的立"命"，是一种不可抗拒的力量，是人之为人必须接受的责任和担当。因此，孟子在第 2 章接着说"莫非命也，顺受其正；是故知命者不立乎岩墙之下"。没有什么不是"命"。这里的"命"，杨伯峻先生及其余大多数学者的解释都是"命运"。而一般人理解命运，即是事先注定的人生遭遇，带有迷信色彩。命，就是"顺"，就是"正道"。知道了自己的责任和担当，就不会铤而走险，做出"立乎岩墙之下"的事情。这也就是《中庸》上说的"故君子居易以俟命，小人行险以徼幸"。孔子说"君子坦荡荡，小人长戚戚"，君子按照"天""命"行"仁义之道"，内心坦荡；小人（心眼小、境界小等）修养心性不够，天性、本心未存养好有所残缺，"贪嗔痴慢"常萦绕于心，所以"长戚戚"也。

"尽其道而死者，正命也；桎梏死者，非正命也。"尽力行仁义之道而付出了生命，其生命是"正"的，也就是符合天道的；"舍生取义"，"无求生以害仁，有杀身以成仁"，说的就是这样有价值的"正""命"。因为违反仁道，犯罪受罚而死，就不是"正""命"。像现在，有的人坑蒙造假、走私贩毒、贪污受贿，就是"立乎岩墙之下"，结果往往"桎梏"而"死"。"天""命"告诉我们，做自己应该做的事，是走正道，得"正命"；相反，做非正义的事，犯罪而死，死于非命，则不得"正命"。

13.3－13.5 存心养性的路径——求、行

13.3 孟子曰："求则得之，舍则失之，是求有益于得也，求在我者也。

求之有道，得之有命，是求无益于得也，求在外者也。”

13.4 孟子曰：“万物皆备于我矣。反身而诚，乐莫大焉。强恕而行，求仁莫近焉。”

13.5 孟子曰：“行之而不著焉，习矣而不察焉，终身由之而不知其道者，众也。”

在前面两章，孟子认为，人的天性中存有“善”的种子，要让它“开花”，需要“存养”。除了“存养”，孟子认为还要发挥人的主观能动性，主动、积极地追求。孟子的策略是“求则得之”“强恕而行”。

关于“求”，孟子说了两种情况。第一，“求在我者也”，就是所求在我自身之内，即一个人的知识、智慧、思想、情感等内在修养。这样的内在修养，自己主动去追求了就会得到，不去追求便会失去。这种向内的追求，有益于收获到人生素养。第二，“求在外者也”，就是所求外在于自身，即我们通常讲的“身外之物”——金钱、名誉、地位等。这样的身外之物，追求它们需要一定的方法，得到它们有“命”，也就是有各种条件的制约，所谓“谋事在人，成事在天”，很多时候不可强求。这样的追求，不利于得到人生真正的收获。过于勉强去追求这样的“身外之物”，就是孟子前面讲的“立乎岩墙之下”的冒险行为，可能会“桎梏”而死。孔子对这样“外求”的态度是：“富而可求也，虽执鞭之士，吾亦为之。如不可求，从吾所好。”

这一章讲的“存养”心性的方法就是“求在我者也”：向“内”追寻、探求。

“万物皆备于我矣”，是孟子又一个重要的哲学命题。杨伯峻先生解释为“一切我都具备了”，网上有人解释“在我身上万物都具备了”。“一切我都具备了”，这怎么可能？孟子不会这么浅薄且不讲基本逻辑吧。“在我身上万物都具备了”，更是大而化之、空泛无依。这样解释，前后语义不连贯，一切我都具备了，还要“反身”“强恕”吗？

我从天人合一，生命互相滋养的角度来理解，“万物皆备于我矣”就是世间万物都为我而准备、储备，这里的“我”，指所有的人、人类，“矣”表示感叹。这是孟子对生命的感受，对自然万物滋养人类的感慨！一个人作为个体，离不开自然万物的滋养，离不开他人的帮助。我们应该怎么做呢？就是“反身而诚”，反省自身，真心地面对万物、感恩万物，尊重、爱护万物，在和万物的和谐共生中享受快乐；真心和他人相互合作、互相帮助。要做到“互养”“共生”，就要有“推己及人”“推己及物”的“恕道”之心。“强恕而行”，就是要求自己尽力按照恕道行事、心中有万物，也就是孟子说的“老吾老以及人之老”，孔子讲的“己所不欲，勿施于人”“己欲立而立人，己欲达而达人”。这么做了，追求仁德就没有比这更近的了，也就是说，这样做，就是走在“居仁由义”的大道上了。

这一章讲的“存养”心性的路径是，“推己及人”“推己及物”，用“恕道”对待世间万物，包括人。因为，每个人都离不开“万物”，离不开“他人”。“万物”“他人”“备于我”，才有“我”的存在；“我”同样为了“他人”“万物”而“备”，互惠共生。

第 3、4 两章，孟子提出修养心性的路径：求和行。第 5 章，孟子对“行”作为显现的行为方式，提出深层的要求——不仅要依照“本心”“天性”做自己该做的事，而且要知道自己为什么这么做；如果不注意反省，也许“好心”做了“坏事”。孟子说，做一件事不清楚自己“做什么”“为什么做”，处于懵懂之中，就像自己在行走，可并没有看清楚脚下的那条路；习惯于做事却不能审视、明察其中可能存在的问题。一辈子沿着一条“路”“行走”却不知道这条“路”的方向。这样的人，是世俗的人。孟子这样说是从反面呼应前一章的“反身而诚”，人要“尽心”“立命”，让自己生命中天性的“种子”开出善的“花朵”，不仅需要“求”“行”，还需要反思，就是曾子说的“吾日三省吾身”。为什么呢？因为，世事复杂，有好的心，未必做出的是好事。就是行仁义之道，也需要权变。如果固守“男女授受不亲”，那么“嫂溺”则不能援手也。“反省”“反身”，在苏格拉底那里就是“认识你自己”，在老子那里就是“自知者明”。

13.6－13.7 知耻之勇

13.6 孟子曰："人不可以无耻。无耻之耻，无耻矣。"

13.7 孟子曰："耻之于人大矣，为机变之巧者，无所用耻焉。不耻不若人，何若人有？"

接下来的章节绝大多数讲由内在"心性"而外现的言行举止。这两章讲"知耻"。

《管子·牧民》里说："国有四维，一维绝则倾，二维绝则危，三维绝则覆，四维绝则灭。倾可正也，危可安也，覆可起也，灭不可复错也。何谓四维？一曰礼，二曰义，三曰廉，四曰耻。"

耻，作为人面对外在评价、现象引起的内心感受，是人内省、修己的重要外力之一。所以，孟子说，人不可以没有羞耻心，没有羞耻心的那种羞耻，真是无耻啊！孟子之所以强调"无耻"之"耻"，就是因为"耻心"对人太重要了。它相当于人自己内心的"交警"，时时提醒你不要"走错了路"，不要"违规行路"。因为"耻"对校正、规范人的行为极其重要，孟子接着说，羞耻之心对于人至关重要！搞阴谋诡计的人，没有地方用得上羞耻（即不讲羞耻，没有羞耻心）。不以自己比不上别人为耻，怎么会赶得上别人呢？

孟子这里讲的"耻"，照应前面提出的"四心"之"羞恶之心"，希望人们不要丧失了"耻""心"，时时警惕自己守住"本心"。孔子说"知耻近乎勇"（《中庸》），这里的"勇"，就是勇于面对自己的问题和缺点，不回避、不推卸、不退缩，并竭力改正，而这"勇"的动力来源是"知耻"。"人非圣贤，孰能无过"，人一不小心可能就会滑向"过"，问题是如何面对"过"。以"过"为耻，尽力去改正，才是君子应有的风范。

13.8 王者的“本心”：好善而忘势

13.8 孟子曰：“古之贤王好善而忘势，古之贤士何独不然？乐其道而忘人之势，故王公不致敬尽礼，则不得亟见之。见且由不得亟，而况得而臣之乎？”

尊贤任能，是孟子对君王一贯的要求，前面多有提及。这一章孟子讲古代的贤王“好善而忘势”——喜欢听取善言而忘记自己高高在上的权势；古代的贤士也是这样。他们的“好善而忘势”，其实就是保持了自己的“本心”，让自己的“性善”充分张扬出来。之所以以“古”之“贤王”来阐释，是因为当时的君王已经丧失了这样的“本心”，他们对贤士“不致敬尽礼”，所以贤士与他们相见的机会不多，也就不能做他们的臣子。就像今天的领导，如果不把自己当领导而是以自己的人格、才能树立起威信，人们反而把他当成真正的领导，对他尊敬有加；若是以领导自居，靠权势居高临下、颐指气使，人们内心反而鄙视他，对他不以为然。

这一章是从“尊贤”这一行为，说君王保持“本心”——“好善而忘势”——的重要。

13.9－13.11 外在的“穷”“达”自己不能左右，内心的“善”则可坚守

13.9 孟子谓宋勾践曰：“子好游乎？吾语子游。人知之，亦嚣嚣；人不知，亦嚣嚣。”

曰：“何如斯可以嚣嚣矣？”

曰：“尊德乐义，则可以嚣嚣矣。故士穷不失义，达不离道。穷不失义，故士得己焉；达不离道，故民不失望焉。古之人，得志，泽加于民；不得

志，修身见于世。穷则独善其身，达则兼善天下。”

这是孟子对喜欢游说诸侯的宋勾践这个人的劝导，也可以说是孟子和诸侯打交道的切身感受。因为，孟子在周游列国时，有时得到热情接待，有时却遭到怠慢和冷遇。

孟子对宋勾践说：你喜欢游说各国诸侯吧？我告诉你怎样对待游说这件事。别人理解你，要显得悠闲自得；别人不理解，也要显得悠闲自得。孟子这样说，其实就是告诉宋勾践和自己，与诸侯打交道心态要好，得之不喜，失之不忧。因为诸侯的态度是外在于自己而不能把握的，能把握的只能是自己的心境。

不管诸侯王理解不理解、接受不接受自己，都要保持“悠闲自在”的样子。这样的“悠闲自在”只是表象，其深层是什么呢？还是照应到本卷开头的“本心”“天性”。当宋勾践问：怎样才能做到不管什么情况都能悠闲自在呢？孟子回答的一番话，道出了其真谛。

孟子答道：崇尚德、喜欢义，就可以悠闲自在。德、义就是“本心”“天性”中的“善”。为了“德义”而非私利这样的根本，面对任何情况都能坦然自在。就像根系深广的大树，狂风暴雨中，树叶飘摇，但是主干纹丝不动。

这是因为心中坚守住德义的“根”，所以孟子接着说，士人困厄不得志时不失去道义；通达得志时，不会得意忘形，偏离正道。“穷不失义”，能守住自己“本心”，所以即便“穷”也安然自得；“达不离道”，自己显达了，不忘乎所以，不忘了为天下苍生做事，所以老百姓不失望。

最后孟子以古人对待得失的态度，提炼出士人安身立命、为人处世的“法宝”——“古之人，得志，泽加于民；不得志，修身见于世。穷则独善其身，达则兼善天下”。“得志，泽加于民”，就是“达则兼善天下”；“不得志，修身见于世”，就是“穷则独善其身”。最后两句话成了流传千古的懿言箴语，成了后世士人面对人生风雨坎坷的心理“护身符”和精神支柱。意思一样的两句话，为什么后一句传下来，而前一句知道的很少？那是语义的提炼和精准，“得志”“不得志”变为“达”和“穷”，正反相对，意蕴更加丰富，留待想象的空间更大。“独善其身”“兼善天下”，文字、语义、意境相对，表达准确而富有内涵。其实，“兼善天下”里包含着“独善其身”，“独善其身”了才有机会“兼善天下”。读《孟子》不经意就读到这样文辞精美、情意丰满的话语，孟子真不愧为语言“达人”。

穷、达都是身外之事，多数情况下自身无法左右；“尊德乐义”“不失义”“不离道”“泽加于民”“修身见于世”“独善其身”“兼善天下”，这些归到根本就是“天性”的“善”，是自己“尽心”了就可以做到的。

13.10 孟子曰：“待文王而后兴者，凡民也。若夫豪杰之士，虽无文王犹兴。”

个人的修身养性不要依赖于外，而应求诸内。兴，起来、兴起，这里是指个人的奋发有为。“待文王”，其实是比喻，喻指好的外部环境。一般的人，等到社会环境好——就是孔子说的“天下有道”——才起来做事。至于豪杰之士，即便没有文王那样的人出现，也主动起来，发奋图强，开拓进取。

这样的“豪杰之士”，是孟子的“夫子自道”。孟子以此勉励自己，尽管“天下无道”，还是要自强不息，实现自己的人生理想。这其实是“穷则独善其身”的升级版，“虽无文王”喻指的是“穷”。孟子希望自己，“穷”了不仅要独善其身，还要奋发进取，砥砺前行以济天下。这也是发扬孔子的精神——“知其不可而为之”，努力把自己“天性”“本心”中“善”的光亮和能量发挥到极致，照亮人间，惠及众生。

13.11 孟子曰：“附之以韩魏之家，如其自视欿然，则过人远矣。”

孟子说，用晋国韩、魏两个大夫的家产、地位来增益（附，增益）一个人，如果他自己看着并不自满（欿音“坎”，不自满），那他就远远超过常人啊。

孟子还是在讲人要守住“本心”。韩、魏是春秋时代晋国赫赫有名的卿大夫，这样的荣耀加之于身，不自满，不炫耀，也就是“达不离道”，是因为自己的内心有坚守、有定力，知道自己在这个世上应该做什么，财富、地位这些“外者”如过眼烟云，不应该是人生的寄托。应该追求的是宽广的胸襟和远大的志向，行仁义之道，让天下太平，百姓安宁。

这三章照应本卷第 3 章孟子说的“求在我者也”则“是求有益于得也”——一个人追求品行、操守等内在的修养，是可以得到的。从个人修身的角度，通过自己的行为，去“尽心”，去“存心”“养性”，以“事天”，最终“立命”于世，实现“居仁由义”的人生理想，达到“独善其身”“兼善天下”的人生境界。

13.12－13.14 从治国教民看人性之本

13.12 孟子曰：“以佚道使民，虽劳不怨。以生道杀民，虽死不怨杀者。”

孟子说，以安逸为原则让老百姓做事，虽然劳苦，但是不会怨恨。以生存为原则杀人，（那人）即便死了，但是不怨恨杀他的人。

孟子用极端的方式表达，作为管理者从正义出发，为了民生着想，老百姓会慷慨赴义，虽死无憾。君王、管理者为善于天下，则天下人愿意“尽其道而死”，因为这是“正命”。当一个人认为自己生命的付出是有价值的，则不惜舍生取义。这个价值就是全体社会认可的“道”“义”，而这个“道”“义”指向的是众生的生命和利益。

13.13 孟子曰：“霸者之民欢虞如也，王者之民皞皞如也。杀之而不怨，利之而不庸，民日迁善而不知为之者。夫君子所过者化，所存者神，上下与天地同流，岂曰小补之哉？”

孟子说，霸主的百姓，欢喜欢乐；王者的百姓，舒畅自得。在这样的情况下，杀了他也不怨恨，给他好处也不用酬谢（庸，这里是“酬谢”之意），百姓一天天转向善却不知道是谁使他如此。君子经过的地方，人们都受到感化；其生活的地方，都有神奇的变化；如此造化，仿佛上下与天地交融，怎么能说只是很小的补益呢？

霸者、王者的百姓为什么会快乐地生活，且“杀之而不怨，利之而不庸”，一天天走向善呢？是因为霸者、王者在让天下太平、老百姓安居乐业的同时，实现了教化。以“仁义礼智信”的“天道”教化百姓，就是孟子对齐宣王讲的“谨庠序之教，申之以孝悌之义”，让人们“天性”中的“善”彰显出来，也就是王阳明说的“致良知”。天生育万物，地厚德载物。天、地是仁义、道德的最高典范。“人法地，地法天”，为人应该以“天道地德”为楷模，融入天地之道。这么做的话，对社会、对个体都不是小小的补益，而是大大的提升。

13.14 孟子曰：“仁言不如仁声之入人深也，善政不如善教之得民也。善政，民畏之；善教，民爱之。善政得民财，善教得民心。”

接着上一章的“教化”，孟子提出“善政”“善教”的“得民”路径。孟子说，仁德的话语不如仁德的声望那样深入人心（杨伯峻解释为，仁德的言语赶不上仁德的音乐入人心之深）。也就是说：停留在嘴上宣传的仁德，不如已经做出来而具有了声望那样深入人心。我认为，声，解释为“声望”或“音乐”并不重要，重要的是“入人深也”，也就是说，仁作为一种“本性”，作为人之为人的价值，作为人与人相处的根本准则，重要的是其在人“心”中是否深深地扎下了根，成为人行为的依据和舵手。孟子接着讲，“善政”不如“善教”得民，说的其实是同一个意思，“善政”只是外在的管理、管制，让百姓“畏之”，而“善教”得到的是“民心”，让百姓“爱之”。“善教”，即第 1 章中的“存其心，养其性”，彰显人“天性”中的“善”。孔子在《论语·为政》中说：“道之以政，齐之以刑，民免而无耻；道之以德，齐之以礼，有耻且格。”“道之以政，齐之以刑”就是孟子说的“善政”，“道之以德，齐之以礼”就是孟子说的“善教”。孟子思想是孔子思想的发挥和丰富，孟子“述仲尼之道”，在《孟子》一书中可以找到很多的例证。

《孟子》前面多处提到“保民”“安民”“与民同乐”，体现了孟子“民为贵，社稷次之，君为轻”（卷十四第 14 章）的民本思想。这 3 章围绕“民”与统治者管理的关系，孟子想要表达的是，君王管理国家，必须从百姓的利益出发，让老百姓衣食无忧、生活安定；在此“善政”的基础上，以“善教”教化天下，取得民心，以至天下太平，众生同乐；而这一切，都归于人的“本心”。从根本上说，孟子思想的核心是“仁义”，其对人类的期待是建立天下太平、百姓安康的“仁政”社会，“仁义”“仁政”的基础在哪里？在“恻隐、羞恶、辞让、是非”这“四心”，“四心”的根本在哪里？在人天性、本心中的“善”。而这样的天性、本心是每个人天生就有的，这就是下一章孟子提出的又一重要命题——“良知”“良能”。

13.15－13.19　“本心”在我，其为“良能”“良知”

13.15 孟子曰：“人之所不学而能者，其良能也；所不虑而知者，其良知也。孩提之童，无不知爱其亲者，及其长也，无不知敬其兄也。亲亲，仁也；敬长，义也；无他，达之天下也。”

良，有“好”“美”“善”的意思，联系孟子这段话的语境和孟子“人性善”的思想，这里的“良能”“良知”指的是人天生具有的能力和美善的心性，它们“不学而能”“不虑而知”。比如，人不用刻意学习说话，耳濡目染，自然就会说话了，有些没有接受过教育的人甚至比读过书的人能说会道；再如，有些人没有学过算术，其做小买卖的心算能力很强。这就是人作为具有情感、语言、思维特征的动物的先天禀赋。孟子用人的生命成长轨迹作了论证：小时候，不用人教没有不知道敬爱父母的，长大了不用人教没有不知道尊敬兄长的。人这样本“能”、本“知”地亲爱父母就是“仁”，尊敬兄长就是“义”。因为，这是天下的通理。在孟子看来，仁、义是不需要学的，本来就应该如此。那为什么人间还有那么多违背仁义的邪恶呢？那是因为其“本心”“天性”被外在所“遮蔽”和“放纵”了。仁义，作为本性是人先天具有的，孟子在《告子章句上》第6章说：“仁义礼智，非由外铄我也，我固有之也。”为什么会“遮蔽”“放纵”呢？孟子说：“弗思耳矣”——没有自省、反思。怎么办？孟子说“学问之道无他，求其放心而已矣”——把那颗放纵的“本心”找回来，也就是王阳明说的“致”“良知”。这一章是王阳明心学中“良知”说、“致良知”说的源头，只是王阳明的学说又联系当时的社会实践和自己的人生经验作了补充和丰富，更加具体细腻，其本质和孟子的“人性善”是一致的。

13.16 孟子曰：“舜之居深山之中，与木石居，与鹿豕游，其所以异于深山之野人者几希；及其闻一善言，见一善行，若决江河，沛然莫之能御也。”

上一章孟子以孩童的亲亲为例，证明人天性中的“良能”“良知”的存在，这一章孟子以舜为例加以证明。舜居住在深山之中，和树木、山石、鹿、野猪等生活在一起，他和深山里的人不同之处很小。但是，他听到一句好话，看见一个好事，就竭力去做，就好像江河的水决口了，汹涌澎湃地往下流而不能阻挡。这股力量来自哪里呢？来自舜天性中的“善”，来自“良能”“良知”。舜能够敞开心扉，用自己的“本心”去接纳外面的世界，充分发挥“良能”“良知”的生命能量。所谓人生的智慧，就是尽展自己的“天性”“良知”。舜的这一智慧，孟子在卷三《公孙丑章句上》第 8 章已经作了介绍——“大舜有大焉，善与人同，舍己从人，乐取于人以为善。自耕稼、陶、渔，以至为帝，无非取于人者。取诸人以为善，是与人为善者也。故君子莫大乎与人为善。”这里的关键字就是“善”，舜的伟大就在于把自己天性中的“善”表现出来，给他人以“善”。在前一卷《告子章句下》第 2 章，孟子阐述了“人皆可以为尧、舜”的命题。“人皆可以为尧、舜”难吗？孟子说：“夫道若大路然，岂难知哉？人病不求耳。”“道”像大路一样是比喻，就是说人“本心”“天性”中的“善”之“道”，本来就在那儿，而且是那样地宽敞明亮，是不难知道的，也就是可以“不学而能”“不虑而知”。就好像“路”在“脚下”，“道”在“心中”。没有成为尧、舜，是因为自身没有去“求”。“人皆可以为尧、舜”，不是说要和尧、舜做同样的事情，而是说每个人都可以充分发挥自己的天性，发出生命的光。做什么不重要，重要的是你的“本心”“天性”和“良知”是否展现出来，以完善自己，造福他人。

13.17 孟子曰：“无为其所不为，无欲其所不欲，如此而已矣。”

如何守持住自己的“本性”，孟子说，不去做那不应该做的事，不要想那不应该要的东西，这样就可以了。这里的“不为”的“为”、“不欲”的“欲”指的是违反“天道”“人性”“本心”的所为所欲，也就是胡作非为。这正如圣严法师所言“需要的才要，想要的不重要，能要、该要的才要，不能要、不该要的坚决不要”。正像“君子素位而行”一样，这里的“不为”“不欲”并不是把人生变成消极的逃避，而是在自己的“位”上，充分展现自己的“天性”，做最好的自己并惠及他人。

13.18 孟子曰：“人之有德慧术知者，恒存乎疢疾。独孤臣孽子，其操心也危，其虑患也深，故达。”

疢，音“趁”，热病，引申为灾祸。孟子说，人的道德、智慧、本领、知识，常常在灾患中存在。只有那些被疏远的大臣和非嫡妻所生的儿子，他们持有惊惧不安的心理，深深忧虑着祸患降临，所以能通达事理。就像屈原、柳宗元、苏轼等被流放的官员，都是在灾难中提升了人生的境界，成就了人生的事业。这和卷十二《告子章句下》第15章的“天将降大任于是人也”相通，都是从反面说明人的“良能”“良知”在忧患的情况下，反而能充分地彰显和发挥，因为，这样的境况让人远离了财富名利等外在的诱惑，回到了“本心”，澄明了“天性”，正如王阳明被发配到蛮荒之地，才有了“龙场悟道”。历史上这样的例子很多，司马迁在《报任安书》里说：“盖文王拘而演《周易》；仲尼厄而作《春秋》；屈原放逐，乃赋《离骚》；左丘失明，厥有《国语》；孙子膑脚，《兵法》修列；不韦迁蜀，世传《吕览》；韩非囚秦，《说难》《孤愤》；《诗》三百篇，大抵圣贤发愤之所为作也。”司马迁本人遭受残酷刑罚后写成《史记》，也是受到这些人的影响和激励。

13.19 孟子曰：“有事君人者，事是君则为容悦者也；有安社稷臣者，以安社稷为悦者也；有天民者，达可行于天下而后行之者也；有大人者，正己而物正者也。”

这里孟子从不同层次阐述“良能”“良知”的表现。第一种人臣事奉君王，为的是讨君王的欢心。显然，这违背“良知”，“事君”的目的是什么？“良知”告诉我们，“事君”为的是天下的安宁和百姓的生存。就像现在，在一个单位工作，不是为了领导而工作，领导只是为你工作搭建平台、创造环境。工作首先是为自己，要自立；同时，为了这个社会，为了他人，你做的事情、产品与社会的其他人相关，你的为善为恶影响着其他人。如果我们只是为了“事君”“讨好领导”，那就是私欲膨胀，遮蔽“良知”。

第二种大臣以“安社稷为悦”，这是为了君王的国家在做事，比第一种取悦君主的人进了一层。但是，其“良知”还在蒙蔽状态。

第三种“天民者”——顺应天理、替天行道的人。这样的人，就是按照“天性”“良知”做事，把天道行之于天下，造福众生。

最高的境界是“大人”。大人的意思很多，主要有：地位高者、王者、长者、德行高尚志趣高远者。从思维方式的角度说，大人是指“心量大、境界宽”的人，和“小人”指“眼界小、心胸窄”一样，都是形容人面对自己和外部世界的格局，并没有道德褒贬的意思。而这样的“大”“小”和“存养心性”相关，充分展示、实践自己的“天性”，格局就大，遮蔽自己的“天性”，格局就小。这里的大人，指的是胸襟远大、心怀天下、情系众生的人，可以是在位的君王，如尧、舜、禹、商汤、周文王等，可以是辅臣，如伊尹、周公等，也可以是无冕之王，如孔子。大人的行为很简单又很深刻——“正己而物正者也”——“正己”，就是“天性”的充分彰显，他的一言一行都是“本心”的流露，其人通体透亮，“吾心光明”；其“正能量”的辐射，如灿烂的阳光照亮大地的每一个角落，使天下万“物”皆“正”，也就是天下太平。这已经照应了下面第21章中的“君子所性，仁义礼智根于心，其生色也睟然，见于面，盎于背，施于四体，四体不言而喻。”因为“仁义礼智”天性的润泽，其面目、四体，浑身上下发散出“人性善”的光辉和美好气质。

四个层次，层层递进，走向人性的高峰，其实也是人性本来如此。因为，这只是“良能”“良知”的充分显现。

13.20－13.21　君子之乐

13.20 孟子曰：“君子有三乐，而王天下不与存焉。父母俱存，兄弟无故，一乐也；仰不愧于天，俯不怍于人，二乐也；得天下英才而教育之，三乐也。君子有三乐，而王天下不与存焉。”

孟子说，君子的快乐有三种，一是父母亲都在，兄弟姐妹没有灾祸；二是对上无愧于天，对下无愧于人；三是得到天下杰出的人，并教育他们。这三种快乐，说穿了就是人“天性”充分彰显和发挥的快乐。“父母俱在，兄弟无故”，乃“亲情之乐”。“仰不愧于天，俯不怍于人”，乃“人伦之乐”。“得天下英才而教育之”，乃“交友、惠人”之乐。教育人，已经是一件快乐的事了，教育“杰出的人”，和优秀的人对话、切磋、分享，更快乐。这三种快乐是孟子的人生感悟和体验，体现了他的生命价值和追求，蕴含了他始终坚持的“人性善”理念。

在孟子看来，这样的人生快乐是至高无上的，即便称王天下也无法给予和拥有。“与存”，一般解释为“在其中”。与，古汉语里的基本意思是“给予”，也有“参加”的意思。存，存在，与“亡”（不在，消亡）相对。焉，这里是兼词，“于此”的意思。如果把“与”“存”两个字坐实的话，我把“君子有三乐，而王天下不与存焉”理解为，君子有三种快乐，但是称王天下不能给予（这三种快乐）或存有（这三种快乐）。不知当否，请读者指正。

13.21 孟子曰：“广土众民，君子欲之，所乐不存焉；中天下而立，定四海之民，君子乐之，所性不存焉。君子所性，虽大行不加焉，虽穷居不损焉，分定故也。君子所性，仁义礼智根于心，其生色也睟然，见于面，盎于背，施于四体，四体不言而喻。”

接着上一章的“君子三乐”，孟子更上一层楼，阐述了君子心中超越当下、眼前、外在“快乐”的另一种境界。而这一境界还是回到“本心”“天性”。

孟子说，使土地扩大、民众增多，是君子所希望的，但是此中不存有快乐。立于天下的中央，安定天下的百姓，君子以此为乐，但是本性不在这里。君子本性的状态，即便人生大的理想抱负实现了也不增加，即便困顿而居（不能实现自己的志向）也不减少，因为本分已经固定了的缘故。君子本性呈现的状态，“仁义礼智”植根在心中，他的神色润泽光亮（睟，音

"岁"，光润的样子）。这种表现出的温润气质，显现在脸上，盈溢在肩背，散布于周身四体。整个人不用说话，其"本心""天性"也让人能知晓、感受到。

孟子这里表述的君子之乐，是一种生命本真的显现，超越现实、功利的快乐，和第19章的"有大人者，正己而物正者也"相呼应。在一般人看来，"广土众民""中天下而立，定四海之民"，已经是人生最大的成功和快乐了。可是，在孟子看来，快乐不在其中。那君子的快乐在哪里呢？孟子认为，君子的快乐不在外表，不在事功、财富、地位、荣耀等，而在"天性"，在"本心"。这个"天性"对每个人来说都是从"天"那里"分"得的，与生俱来，在君子那里更是植根、固定在"心"底不改变、不动摇的。而且，君子之所以感受到超然物外的人生快乐，是因为他们把植根于心的"仁义礼智"的天性充分彰显出来了，用"仁义礼智"的天性把自己润泽得心境澄明、通体透亮，一举一动、一言一行都能让人感受其高雅、美善的气质。

君子享受的是内在的精神快乐，享受的是作为生命本体的"天性"充分展现的快乐。这对寻求幸福和快乐的现代人来说是极大的启示。

13.22 仁政之本：老者安之

孟子曰："伯夷辟纣，居北海之滨，闻文王作，兴曰：'盍归乎来！吾闻西伯善养老者。'太公辟纣，居东海之滨，闻文王作，兴曰：'盍归乎来！吾闻西伯善养老者。'天下有善养老，则仁人以为己归矣。五亩之宅，树墙下以桑，匹妇蚕之，则老者足以衣帛矣。五母鸡，二母彘，无失其时，老者足以无失肉矣。百亩之田，匹夫耕之，八口之家足以无饥矣。所谓西伯善养老者，制其田里，教之树畜，导其妻子使养其老。五十非帛不暖，七十非肉不饱。不暖不饱，谓之冻馁。文王之民无冻馁之老者，此之谓也。"

本章前半段讲伯夷、姜太公对周文王敬老、养老的赞美，后半段介绍安民、养民的措施。文王的“善养老者”也是后来者孔子的心愿。当子路问孔子志向的时候，孔子回答：“老者安之，朋友信之，少者怀之。”在这里孟子从文王“善养老者”这一典型事例中，重申王者善待百姓的重要性。对于君王，“善待百姓”就是其“人性善”的具体表现。

13.23 衣食足而知荣辱

孟子曰：“易其田畴，薄其税敛，民可使富也。食之以时，用之以礼，财不可胜用也。民非水火不生活，昏暮叩人之门户求水火，无弗与者，至足矣。圣人治天下，使有菽粟如水火。菽粟如水火，而民焉有不仁者乎？”

接着上一章的“善养老者”，孟子这一章表达的是人首先要生“存”、生“活”下来，“仁义礼智”的种子才能种下去。吃饱穿暖是生存、生活的必需，所以孟子说“圣人治天下，使有菽粟如水火”，圣人治理天下，使老百姓拥有的粮食（菽：豆类，粟：谷子。菽粟，泛指粮食）像水火那样多。有了物质的基础和保障，才能彰显“本性”的“善”。这正如《管子》里说的“仓廪实而知礼节，衣食足而知荣辱。”因此，孟子最后说：“菽粟如水火，而民焉有不仁者乎？”这也呼应卷一《梁惠王章句上》第7章的“则无恒产，因无恒心”。从理性上讲，从人性向善的思路上说，有了物质的保障，人应该追求精神的丰富和完善。可是，现实中物质丰富了，有些人不去修养心性、兼济他人、完善人生，而是穷奢极欲、花天酒地。看来，“衣食足”而“知”“荣辱”不完全是一个自然、自觉的过程，需要教化和引导。如何让物质满足和精神修养统一起来，是当代社会文化建设和社会管理应该高度重视的问题。

13.24－13.25 孟子的“学习哲学”

13.24 孟子曰：“孔子登东山而小鲁，登泰山而小天下，故观于海者难为水，游于圣人之门者难为言。观水有术，必观其澜。日月有明，容光必照焉。流水之为物也，不盈科不行。君子之志于道也，不成章不达。”

类比和譬喻是孟子常用的表达方法。这里孟子用比喻阐述了君子为学、求道的方法。“孔子登东山而小鲁，登泰山而小天下”，从物理学的角度看是“相对论”原理。鲁国、天下的大小没有改变，而是人所在的高度变了，感觉其变小了。这是说，站在“高处”，眼界、胸襟都拓宽了，精神的境界同时提升。这是从“高”度说。接着孟子从“广”度说，“故观于海者难为水，游于圣人之门者难为言。”看过宽广无边的大海，再看小河小沟，就难以认为那也是“水”；游学过圣人之门，再听其他人说话，就难以认为那也是“言”。这是说，要博览群书、广泛涉猎；还要向圣人学习，追求学问的深度。这几句比喻，孟子要表明的是为学求道基础要深厚，境界要高远。

接着的几句比喻从细节上讲为学求道的方法和路径。“观水有术，必观其澜。”面对浩瀚的大海，除了感受其磅礴浩大的气势，更要看其掀起的浪花。这就好比读书、对话、讨论，除了注意作者、对方所表达的总的意思，更要感受其思想的浪花、智慧的火花。“日月有明，容光必照焉。”日月的光辉，只要是能容纳光线的狭小缝隙，都会照耀到里面。知识、思想等学问、道理也像光一样，只要敞开心扉，知识、思想的光就会照进心房。怎么敞开心扉？就是前面的“登高”“望远”“加深”，打好厚实的基础，静下心来，和作者、文字对话，知识、思想的光自然照亮你的心胸。这也就是孟子说过的“资之深，则取之左右逢其原”。

“流水之为物也，不盈科不行。君子之志于道也，不成章不达。”流水作为一种事物，不填满眼前的坑坑洼洼就不会向前流淌（科，坎的意思）。从这里看出孟子观察流水的细腻，水要向前流，跳跃不过去，也做不起假来，一定是连续不断地向前，如果有洼地就流进去，等洼地满了，才能继续向前。用这样的现象，孟子比喻君子求道，不达到一定的阶段，没有一定的积累，就不能通达。这是讲为学求道的路径——必须循序渐进以厚积薄发。

这一章句句是比喻，在感受到孟子语言智慧和魅力的同时，更要体会孟子自己为学求道的切身感悟，他是把自己的亲身体验和弟子们分享，既是对弟子们的谆谆教导，也是自己真情实感的表达。其实，《论语》里的孔子也是一样。孔子对弟子们的教育，更多的是用自己为人处世、学习进取的感悟和经验，去影响、熏陶他们，和自己的体验、感悟不相关的照本宣科很少。这才是真正的教师，这也是他们成为万世师表的秘诀。我经常在不同场合和书友、同行分享自己的这一感悟——好教师，一定是“先学者、善学者、博学者、好学者、乐学者”。

这一章是孟子学习哲学的总领，富有哲理，意蕴丰富，值得借鉴。

有趣的是，孔子“逢水必观”，看出了水的历史、时间内涵——“逝者如斯夫，不舍昼夜”。孟子大概受孔子的启发，也经常观水，他体会到的却是为学求道的方法和路径——“观水有术，必观其澜”“流水之为物也，不盈科不行”。

13.25 孟子曰：“鸡鸣而起，孳孳为善者，舜之徒也。鸡鸣而起，孳孳为利者，跖之徒也。欲知舜与跖之分，无他，利与善之间也。”

接着上一章的为学方法和路径，这里讲为学的源头。“鸡鸣而起”“孳孳”，不可谓不勤奋不努力，用现在流行的话说不可谓不“拼”。但是，行为一致的背后，其价值如何呢？如果是为了“善”而孜孜以求，则是走上了舜一样的光明大道；如果为了“利”而“拼”，则走上了盗跖一样的迷途邪路。立志、定向，对生命太重要了！人生没有回头路，没有彩排，定位偏差，就会南辕北辙。立志、定向的依据是什么？还是回到孟子念兹在兹的“本心”“天性”“良知”和“人性善”。以此定向、立志，则正；否则，则偏斜。孔子注重弟子的立志，“颜渊、季路侍。子曰：‘盍各言尔志？’”（《论语·公冶长》）“志”“立”在哪里？孔子说：“志于道，据于德，依于仁，游于艺。”

（《论语·述而》）这里的“道”，就是符合“天道”的人的“本性”。由“道”统领人生，不管途中是顺是逆、是穷是达，最终会成就人生的至善和圆满。至善圆满的人生呈现的状态是各不相同的，就像不同的花朵，大小不一、色泽不同，但都是鲜亮而美丽的。

13.26 “执中”的“中”在哪里

孟子曰：“杨子取为我，拔一毛而利天下，不为也。墨子兼爱，摩顶放踵利天下，为之。子莫执中。执中为近之。执中无权，犹执一也。所恶执一者，为其贼道也，举一而废百也。”

这一章孟子以杨朱“为我”、墨翟“兼爱”的思想为比照，对“执中”的思想进行了讨论。对杨朱、墨翟的思想，孟子在前面已经作了批评：“天下之言不归杨，则归墨。杨氏为我，是无君也；墨氏兼爱，是无父也。无父无君，是禽兽也。”（卷六《滕文公章句下》第 9 章）这里，孟子对两派的思想作了概括性的描述，没有作出评价。杨朱“为我”，表现为“拔一毛而利天下，不为也”，这是极端的利己主义；墨翟“兼爱”，表现为“摩顶放踵利天下，为之”，这是绝对的平均主义。由此引出子莫的“执中”和“权”。孟子的意思是，“执中无权”就会走向偏颇的“执一”，而“执一”是会伤害“道”的。因为偏于一隅，就会顾此失彼，只抓住了“一”点，其他的就会被废弃。也就是说，“道”的实施，要有全局的视野和权衡的策略。

孟子这里呈现的“为我”“兼爱”“执中”，是不同的行为方式，其背后则是哲学层面的思考。从中可以看出，孟子认可的思维方式是“执中且权”，就是根据具体情况，找到最佳的路径，这才是理想的行为方式。孔子的“因材施教”，就是要找到教和学的平衡点，防止机械、僵化和执一。因此，管理模式也好，教育模式也好，都要慎重选择。

13.27 饥渴之害

孟子曰："饥者甘食，渴者甘饮，是未得饮食之正也，饥渴害之也。岂惟口腹有饥渴之害？人心亦皆有害。人能无以饥渴之害为心害，则不及人不为忧矣。"

接着前一章的全局、权衡思维，本章阐述的是客观、理性判断的思维。还是从生活常识切入，孟子说，饥饿的人觉得食物都是甜美的，干渴的人觉得饮料都是可口的。这样的饥不择食、渴不择饮，品尝不到饮食的真正滋味，饥饿、干渴妨碍了正常的感觉和判断。

从这个生活现象，孟子引出的是他真正要表达的观点"人心亦皆有害"。这是孟子惯用的语言艺术，不知不觉把你带进他的思维路线。"人心亦皆有害"，就是人一不小心也会离开正常的轨道，走向偏斜。一个人在非正常状态下的感觉和思维，就像"饥者甘食，渴者甘饮"那样会发生偏差，就像"情人眼里出西施"一样。

从最后一句话可以看出，孟子讲这个道理为的是解决"不及人不为忧矣"，就是赶不上别人不以为忧虑。从这里反推，可能是孟子的某个或者某几个弟子常常在孟子面前因为不如别人而表现出苦恼。孟子希望他们冷静下来，正确面对自己，脚踏实地、循序渐进。如果"饥不择食"，则会迷失方向，丧失正确的判断和行为。

13.28 本立而道生

孟子曰："柳下惠不以三公易其介。"

孟子欣赏柳下惠的"不以三公易其介"——不因为处在三公的位置上而

改变自己的操守。从表面看是“执一”，其实是“守诚”。孟子批评的“执一”的“一”，是偏执、偏一。而柳下惠的“不易”，是“本心”“天道”。

这其实是一种“本”思维，“本立而道生”。在卷十《万章章句下》第1章，孟子将伯夷、伊尹、柳下惠、孔子并列为“四圣”——伯夷，圣之清者也；伊尹，圣之任者也；柳下惠，圣之和者也；孔子，圣之时者也。柳下惠的“和”，正是孔子所言的“和而不同”，无论和谁相处，无论做什么事，都守住“本心”“天性”，坚守自己的价值底线，不同流合污。

13.29 坚持就是胜利

孟子曰：“有为者辟若掘井，掘井九轫而不及泉，犹为弃井也。”

孟子说，做事情就像挖井，挖到六七丈深达不到泉眼，仍然是一口废井。不及泉，就是没有水出来。也就是说，挖井要以挖到有水冒出来为目的和终点。做一件事也一样，必须以取得预期成果为目标。这是行为方式，也是思维方式。古人语“行者常至，为者常成”，就是提醒人们坚持不懈，不要半途而废。当然，和挖井不同的是，做事情需要调整和改进。用一个简单的公式表示就是：坚持+改进=成就。

在当今纷乱、浮躁的时代，更需要坚守之心和坚持之行。关于“坚持”，孔子也有对弟子的谆谆教诲。子曰：“譬如为山，未成一篑，止，吾止也。譬如平地，虽覆一篑，进，吾往也。”（《论语·子罕》）

13.30－13.39 德行不同，其本一也

13.30 孟子曰：“尧、舜，性之也；汤、武，身之也；五霸，假之也。久假而不归，恶知其非有也。”

孟子比较“尧、舜”“汤、武”（商汤、武王）“五霸”相同的外在形式之后的不同动机，表明他的愿望：真正的贤君仁王，行仁义之道应该从“本心”的“人性善”而来，而不是虚情假意，为了自己的利益用仁义之道蒙骗天下。孟子认为，尧、舜施行仁义，是出于本性；汤、武实施仁义，是身体力行；五霸施行仁义，是借来使用。孟子的担心是“久假而不归，恶知其非有也”（我以为，“恶”后面应该句读，表示感叹）——长久假借仁义，而非真心信奉，不归仁义之本心。哎！知道他不是真有仁义之心啊！（多么令人痛心！）孟子的期待是，君主不仅用仁义之道来教民、化民，还要自己真心信奉，把“仁义”“善”的“本心”自然真诚地示现出来，以照亮整个人间。

13.31 公孙丑曰：“伊尹曰：‘予不狎于不顺。放太甲于桐，民大悦。太甲贤，又反之，民大悦。’贤者之为人臣也，其君不贤，则固可放与？”

孟子曰：“有伊尹之志，则可；无伊尹之志，则篡也。”

伊尹作为商朝的五任宰相，功高至伟。太甲初主政时，荒淫残暴，伊尹劝告无效，遂将他放逐到桐这个地方。3 年后，太甲改过自新，伊尹将其召回。伊尹这样的做法，老百姓很高兴很赞同。对这样的事情，孟子的学生公孙丑提出一个问题：“贤者之为人臣也，其君不贤，则固可放与？”孟子回答，有伊尹那样的心意，就可以；没有伊尹那样的心意，就是篡位。

那么，伊尹的“志”是什么呢？——为了百姓，而不是为了自己的私利、私欲。因此，伊尹的“放”和“反”，其实就是“权变”。这个“权变”后有“不变”，就是伊尹为了众生的“本心”和“善心”。孟子尊崇伊尹为“四圣”之一，就是因为他和上一章的尧、舜一样真心诚意地弘扬“本性”中的仁义之道。

13.32 公孙丑曰：“《诗》曰：‘不素餐兮。’君子之不耕而食，何也？”

孟子曰：“君子居是国也，其君用之，则安富尊荣；其子弟从之，则孝弟忠信。'不素餐兮'，孰大于是？"

公孙丑是孟子重要的弟子之一，正是他智慧的提问和追问，引发了孟子思想的大"爆发"，产生了流传千古的"我善养吾浩然之气"（参阅卷三《公孙丑章句上》第2章）。这一章公孙丑提出的问题是"君子之不耕而食，何也？"作为那个时代的人，提出这个问题可以理解。孟子的另一个弟子彭更曾提出过这个问题。（卷六《滕文公章句下》第4章）就这个问题，孟子和陈相进行过讨论，从社会分工的层面，孟子表达了"或劳心，或劳力；劳心者治人，劳力者治于人；治于人者食人，治人者食于人，天下之通义也"的观点。（卷五《滕文公章句上》第4章）

公孙丑质疑"君子不耕而食"，尽管老师多次陈述了社会分工的观点，也许他还是想不通；从社会层面看，那个时代的普通人认为各人要自食其力，自己种地养活自己。这种"自给自足"的"小农经济"的思维，在中国源远流长且根深蒂固。文化有它的历史合理性，但是到了社会分工细化的现代工业社会，这种思维需要改进和超越，人与人之间，各行各业之间，相互依存、相互帮助，才能促进生产力的发展。还有一个问题，那些看似没有生产出产品的行业，像教育、文化行业，他们是不是在"劳动"，他们的社会价值在哪里，他们得到报酬应该不应该理直气壮？其实，教育也好，文化建设也好，都是在"劳动"，只不过他们"劳"的是"心"。培根早就说"知识就是力量"，但在不少人眼里，那看不见的知识，似乎可有可无，更重要的是眼前的生存。当然，随着经济的发展、社会的进步，这种现象已经有了明显好转。但是，文化建设的重要价值还需要得到全社会的认同。

两千多年前的孟子早就认识到了精神建设和教化的作用。他说，君子在一个国家，君王任用他，国家就会平安、富足、尊贵、荣耀；少年子弟跟着他，就会养成孝悌忠信的品格。孟子最后反问公孙丑：不白吃饭啊，还有比这（贡献）更大的吗？

13.33 王子垫问曰："士何事？"

孟子曰："尚志。"

曰："何谓尚志？"

曰："仁义而已矣。杀一无罪非仁也，非其有而取之非义也。居恶在？仁是也；路恶在？义是也。居仁由义，大人之事备矣。"

这一章孟子为士人指明了方向和道路。王子垫问孟子："士何事？"杨伯峻先生以及一般的解释都是"士干什么事？"对这样的解释，我有疑问。首先，作为齐国王子的垫，应该不会去问"士做什么事"这样的具体问题；其次，下面孟子的回答"尚志""仁义""居仁由义"都不是具体的事情。我的理解是，"士何事"是"如何做士"或者"怎么做才成为士"的意思。孟子答："尚志。"杨伯峻先生及其他一般解释把"尚"解释为"高尚"。其实，《古汉语常用字字典》里"尚"没有"高尚"的意思。先秦文献里，说一个人高尚，也不用"尚"，而用"大""圣""杰"等等。古汉语里"尚"有"尊重"的意思。我认为，尚志即崇尚、尊重志向、意愿，也就是士要立下自己的"志"且尊重这个"志"，以这个"志"为自己的安身立命之本，终身孜孜以求。这个"志"是什么？王子垫继续问。孟子回答："仁义而已矣"。"仁义"两个字，是《孟子》开篇的关键词，是《孟子》全书的核心词，也是孟子时时放在心里，常常挂在嘴边的热词，其实，还是回到人的"本心""天性"，回到"人性善"。在孟子看来，"仁义"作为士人崇尚的"志"，是生命的"安居"之所，是人生旅途的大道正路。居住在"仁"的心灵大厦里，行走在"义"的人生大道上，（不用说是士）就是大人的事情也完备、齐全了。这里的"大人"和本卷第 19 章的"正己而物正"的"大人"相呼应。"正己"就是让自己走在"仁义"的"正"道上。

13.34 孟子曰："仲子，不义与之齐国而弗受，人皆信之，是舍箪食豆羹之义也。人莫大焉亡亲戚、君臣、上下。以其小者信其大者，奚可哉？"

陈仲子的故事见卷六《滕文公章句下》第10章。陈仲子的所谓“廉”，到了不食人间烟火的地步。他离开父母兄弟，和妻儿到偏远的地方隐居起来。陈仲子这样的人，就是把齐国送给他，他也不会接受，这一点人们肯定会相信。在孟子看来，这只是丢弃一筐饭一碗汤的小义。因为陈仲子丢弃父母，离开“君臣关系”而不服务于社会，就是抛弃了“仁义”，回避了人的社会责任。这是孟子用陈仲子这个反面的例子，提醒人们防止走上偏颇、执一的邪道而离开人应该走的仁义大道。

13.35 桃应问曰：“舜为天子，皋陶为士，瞽瞍杀人，则如之何？”

孟子曰：“执之而已矣。”

“然则舜不禁与？”

曰：“夫舜恶得而禁之？夫有所受之也。”

“然则舜如之何？”

曰：“舜视弃天下犹弃敝蹝也。窃负而逃，遵海滨而处，终身䜣然，乐而忘天下。”

孟子的学生桃应，假设了一个问题情境，问老师。这个问题是，舜做天子，皋陶做法官，如果舜的父亲瞽瞍杀了人，那么该怎么办？

可能是桃应经常听孟子讲仁义，经常盛赞舜的孝道，又提出“执中无权，尤执一也”。所以，桃应在舜身上假设了这样一个两难的问题，看老师怎么回应。作为明君贤主，一定施行仁政，对杀人的罪犯肯定要治罪；作为大孝的儿子，肯定不忍心杀了自己犯了罪的父亲。

孟子的回答很直接，把他捉拿起来。

桃应追问，那么，舜不阻止吗？

孟子回答，舜怎么能阻止呢？拘捕他是有依据的。

桃应继续追问，那么舜将怎么办？言下之意是：大孝的舜是看着自己的父亲受罚，还是庇护自己的父亲？

面对这样道德的两难，孟子想象出了一个两全其美的处理办法。孟子说，舜把抛弃天子之位看得如抛弃破鞋子一样。他会偷偷地背负父亲逃走，在海边找个地方住下来。一辈子开开心心，快乐得忘记了曾经主政天下。大孝的舜，要守住自己孝的“本心”，又要坚持自己管理天下的仁义之道。那只有用自己的天子之位作为代价，保住父亲，得到天下人的谅解。在桃应看来，如果“执一”的话，舜要么杀了父亲，要么用天子的权力庇护父亲。而孟子想象出的解决办法，充满情节感和人情味，避免了他反对的“执中无权”。在孟子看来，舜以天下为代价，守住了孝的“本心”。但是，从现代法律的角度看，那个被杀的人是无法回避的问题。

13.36 孟子自范之齐，望见齐王之子，喟然叹曰：“居移气，养移体，大哉居乎！夫非尽人之子与？”

孟子曰：“王子宫室、车马、衣服多与人同，而王子若彼者，其居使之然也；况居天下之广居者乎？鲁君之宋，呼于垤泽之门。守者曰：‘此非吾君也，何其声之似我君也？’此无他，居相似也。”

孟子从范这个地方到齐国首都，看见齐王的儿子气质非凡，大为感慨，说，居住的环境和所处的地位，影响改变人的气质，保养改变人的体质，人所处的环境真重要啊！不都是人的儿子吗？为什么显得不同呢？

孟子接着说，王子的住房、车马、衣服大多与他人相同，可是王子那样富有气质，是他所处环境使他那样的；何况是处在“仁”这个“天下之广居”的人呢？鲁国的国君到宋国去，在宋国的城门下呼喊。守门的人说：“这人不是我们的国君，为什么他的声音这样像我们的国君呢？”这没有别的原因，他们所处的环境、地位相似罢了。

环境和本性的关系，其实是辩证的，既有“近朱者赤”，也有“江山易改，本性难移”；“居相似”，人的品行、气质大不相同的现象也不少，皇家之子难道都那么有风度吗？环境地位对人的气质、气度的确具有重要的影响，但另一方面，主体自身的作用也不可忽视。

我理解孟子在这里的良苦用心，他是用物质环境对人的影响来比喻心灵环境对人的影响，从外在的“宫室”之“居”推演到内在的“心灵”之“居”。他想重申强调的是前面已经阐述的观点——“居天下之广居，立天下之正位，行天下之大道”（卷六《滕文公章句下》第2章），这个“广居”就是“仁”，“正位”就是“礼”，“大道”就是“义”。这样“居仁由义”，用“仁义”去滋养自己的“本心”，才能“居移气，养移体”，培养出真正的君子。孟子的这一理念对当下的个人修养和社会管理，仍然具有启示。

13.37 孟子曰：“食而弗爱，豕交之也；爱而不敬，兽畜之也。恭敬者，币之未将者也。恭敬而无实，君子不可虚拘。”

说到“孝”，用双音节词就是“孝顺”“孝敬”，我认为“孝敬”是“孝”的本意，谈到“孝”，我不用“孝顺”这个说法，因为就人的主体性来讲，不一定什么都得顺从父母。尊敬父母、赡养父母是子女的责任，这就是“孝敬”。

孟子在这一章强调“恭敬”的重要，他友情提醒，作为君子不能拘泥于“恭敬而无实”的虚假形式。在孟子看来，养活而不爱，等于养猪；爱而不恭敬，等于饲养家禽家畜。对人的恭敬，不是送吃的穿的等礼物，而是在送礼物之前，已经存有恭敬之心。这样的恭敬之心对父母来说太重要了。父母需要的不仅是物质的奉养，更需要子女真诚的尊敬之心。这点孔子的感触尤深。当子游问孝时，孔子说：“今之孝者，是谓能养。至于犬马，皆能有养；不敬，何以别乎？”子夏问孝，孔子说：“色难。有事，弟子服其劳；有酒食，先生馔，曾是以为孝乎？”（《论语·为政》）孝，仅仅是养活吗？仅仅是为长者做事吗？都不是，在孔子看来，没有“敬”，没有好的“脸色”，都不是真正的“孝”。说到底，人的行为还是要出自“本心”“天性”，而不是另有企图。在这一点上，孟子和孔子的想法完全一致，甚至所用比喻都相似，这又一次看出其“述仲尼之道”。

13.38 孟子曰：“形色，天性也；惟圣人然后可以践形。”

杨伯峻先生翻译：人的身体容貌是天生的（这种外表的美要靠内在的美来充实它），只有圣人才能做到（不愧于这一天赋）。这样的翻译语焉不详，似是而非。我的翻译是：人的外在形体容貌是内在天性的表现。只有先成为圣人那样（也就是内心充盈着仁义之道），之后才可以让内在的天性从形体容貌显现出来。这样呼应本卷第21章“君子所性，仁义礼智根于心。其生色也睟然，见于面，盎于背，施于四体，四体不言而喻”。当“仁义礼智”的天性根植于内心时，君子呈现于外的便是优雅、美善、温润的气质和风范。这样的气质和风范，在其容貌和整个身体上散发出来，不需要用言语表达，人们就能知晓。

在孟子看来，“存养心性”不仅成就内在的品行和道德，还滋养外在的气质和风度。用当下流行的说法就是“30岁前的相貌是父母给的，30岁后的相貌是自己修的”。这种“修”，不是靠瑜伽、美容等方式，而是靠充分展现自己的“良知”和“天性”，“中”“慧”则自然“外”“秀”。前一阵流行说“主要看气质”，如果再往前一步，应该说“主要看内修”，因为可看的“气质”来自“本心”的修养和润泽。有趣的是，王尔德的童话《星孩》表达了同样的意思。星孩原本是个英俊的孩子，可是他心肠冷酷，凶残地对待穷人和动物，甚至不愿和装扮为乞丐的母亲相认，并且无情地赶走了母亲，结果容貌变得奇丑无比。变得丑陋的他，悔过自新，历尽千辛万苦寻找母亲，帮助小兔子和麻风病人。在饱尝艰辛，“良知”苏醒之后，他重新成为美少年，和自己的父母相认，并当上了国王。

13.39 齐宣王欲短丧。公孙丑曰：“为朞之丧，犹愈于已乎？”
孟子曰：“是犹或紾其兄之臂，子谓之姑徐徐云尔，亦教之孝弟而已矣。”

王子有其母死者，其傅为之请数月之丧。公孙丑曰：“若此者何如也？”

曰：“是欲终之而不可得也。虽加一日愈于已，谓夫莫之禁而弗为者也。”

三年之丧，是先秦礼法的规定，孔子坚持三年之丧，为此与宰我进行过讨论。对此孟子也是坚持的。（参阅卷五《滕文公章句上》第 2 章）这里和公孙丑讨论“短丧”问题，其实还是在讨论对待父母态度是不是“敬”的问题。为亲人服丧守孝，不仅仅是表面上的行为，而是对亲人的尊敬和感恩，就是曾子说的“慎终追远”。正如面对宰我对三年之丧的质疑，孔子所说：“予之不仁也！子生三年，然后免于父母之怀。夫三年之丧，天下之通丧也。予也有三年之爱于其父母乎？”孔子不同意宰我改三年丧为一年丧，其理由是，父母怀抱养育的三年之恩，子女应当回报。

13.40－13.44 孟子的教育哲学：因材施教、教亦多术

13.40 孟子曰：“君子之所以教者五：有如时雨化之者，有成德者，有达财者，有答问者，有私淑艾者。此五者，君子之所以教也。”

在《孟子》里，孟子主要表达的是“仁义之道”和“本性善”，作为教育家的他，其教育之道也隐藏在其话语之中以及与弟子的对话之中。《孟子》里直接讲教育的不多，卷十二《告子章句下》第 16 章讲“教亦多术矣”只讲了“不教之教”，本章却真的讲“教亦多术”。孟子说，君子用来教育的方法有 5 种。

第 1 种：如时雨化之。这是一种理想、美好、诗意的教育境界。受教对象的灵性高，教者的教育艺术高，两者相遇，成就“春风化雨”“润物无声”的境界。因为其“根基”好，只要有雨水滋润，便茁壮成长，乃至葱茏繁

茂；而作为教者，能适时适度给予成长需要的“雨”。这也是孟子的“三乐”之一：得天下英才而教育之。

第2种：成德。这是面向“立德”的教育，因为其天赋在德行方面，便成全其德行。

第3种：达财。这是面向“立功”的教育，“财”即“才”，成就其某方面的才能。

第4种：答问。这是“解惑”的教育，解答弟子的疑惑，以提高其思维品质，增益其智慧。像《孟子》中的万章、公孙丑，主要是在和孟子的问答中接受教育。

第5种：私淑艾。这是老师不在场而自己主动接受的“教育”。淑，通“叔”，拾取之意；艾，音“义”，通“刈”，收割。淑艾，获取之意，私淑艾，即私淑，私下以自己崇敬的人为师，学习其思想，获取其知识。孟子曾说：“予未得为孔子徒也，予私淑诸人也。”（卷八《离娄章句下》第22章）

这5种教育之道，都是孟子自己学习、教育的体验和感受，虽然不是完整的体系，但是，其中的教育智慧，尤其是“时雨化之”和“私淑”，仍然值得现在借鉴。

13.41 公孙丑曰：“道则高矣，美矣，宜若登天然，似不可及也。何不使彼为可几及而日孳孳也？”

孟子曰：“大匠不为拙工改废绳墨，羿不为拙射变其彀率。君子引而不发，跃如也。中道而立，能者从之。”

公孙丑觉得孟子所教的过于“高大上”，弟子们不容易接受。于是，他向孟子提建议：您讲的道理高深且美妙，就像登天一样，似乎不可以达到。您为什么不把它变得可以触碰到，因而让大家每天去努力达到呢？公孙丑的意思是，请老师降低要求、化难为易。

孟子回应说，技艺高超的工匠不因为拙劣的工匠而改变或废弃“绳墨”

（规矩、标准），射箭高手后羿不因为拙劣的射手而改变拉弓的标准。君子张满了弓却不射出箭，做出跃跃欲试的样子。他在恰当的位置站着做示范，有能力学习的人便跟着他做。

孟子的回答有两层意思，第一是，好的教育不能降低要求和标准，因为“取法乎上，仅得其中”，如果降低标准，教育的效果就很低微。孟子的这一思想，类似于当代美国著名认知心理学家布鲁纳。布鲁纳认为，教学的主要目的是使学生掌握学科的知识结构。最佳的知识结构是由概括了的基本思想或原理构成的。知识的概括性越高，对学习者越有用。“知识的概括性”就是“道”之“高”和“美”，也就是“大匠”和“神射”的标准。有了高远、宽阔的视野，才可以统摄更多的知识。第二是，教育的方法是“自得之也”。“引而不发，跃如也”，是比喻，是指教育人像教人射箭一样，不是教者射出去显示其高水平，而是做出样子，让学的人模仿、感悟。这和我们现在提倡的“主动学习”“让学生学习”相通。“中道而立，能者从之”也是比喻。“中道”，杨伯峻先生解释为“正确道路”，有人解释为“道路的中间”，我认为是“最恰当的地方”。高明的教育者、引领者，能做出最好的示范，能处在最恰当的位置，让“能者”主动、自动跟随、学习。这也就是“时雨化之”的境界。

“大匠不为拙工改废绳墨”，也是我们现在还倡导的“工匠精神”。“工匠精神”讲究精益求精、精雕细琢，而不是粗制滥造、唯利是图，更不可能降低自己产品的标准和品位。

13.42 孟子曰：“天下有道，以道殉身；天下无道，以身殉道。未闻以道殉乎人者也。”

孟子对弟子的最高期望是，弟子们充分彰显自己的“天性”，以弘扬“天道”。在孟子看来，天下正道畅行，就要“以道殉身”——把“道”献给“身”，也就是身体力行去施行道；天下正道不通，就“以身殉道”——把自己的生命献给道；孟子不希望看到的是，舍弃道而迎合人。

13.43 公都子曰："滕更之在门也，若在所礼，而不答，何也？"

孟子曰："挟贵而问，挟贤而问，挟长而问，挟有勋劳而问，挟故而问，皆所不答也。滕更有二焉。"

第 40 章孟子讲了五种教法，"答问"是其中一种。可是，对上门求教的滕更（滕国国君的弟弟）却"不答"。弟子公都子不解，提出疑问。孟子回答：倚仗自己的尊贵而来发问，倚仗自己的贤能而来发问，倚仗自己的年长而来发问，倚仗自己有功劳而来发问，倚仗自己是老交情而来发问，都是我所不回答的。滕更有其中的两种。

作为教师，孟子希望弟子或求学者带着真心、诚意而不附加任何其他因素来和他交流、切磋。这是教师应有的尊严，也是求学者应该具备的态度。没有纯真的心，即便接受了教育，也不会走上正道。后羿被学生逄蒙所杀就是血的教训。（参读卷八《离娄章句下》第 24 章）在孟子看来，对本身品行不正的人拒绝教育，就是一种"不教"之"教"。也就是他自己说的"予不屑之教诲也者，是亦教诲之而已矣"（卷十二《告子章句下》第 16 章）。孟子非常看重人的"本心"和"天性"，厌恶"挟"这样违背诚意的求学态度，近乎"洁癖"。在卷十《公孙丑章句下》第 3 章谈交友时，孟子的态度很鲜明——"不挟长，不挟贵，不挟兄弟而友。友也者，友其德也，不可以有挟也"——没有任何含糊。

在"有教无类"上，孟子和孔子相比似乎有些差距。孟子讲究受教对象的人格和品行，孔子更宽容脾气、个性特别的学生，诸如专门和他"作对"的宰我，总是"非议"他的子路。

13.44 孟子曰："于不可已而已者，无所不已。于所厚者薄，无所不薄也。其进锐者，其退速。"

这三句话，我理解为孟子对弟子学习的建议。“于不可已而已者，无所不已”，说的是要知道什么是值得做的事、值得研究的学问，然后坚持去做，不要停止。“于所厚者薄，无所不薄也”，杨伯峻先生解释为“对于所厚待的人却去薄待他，那没有谁不可以薄待的了”。我的理解是，这里“厚薄”的对象不一定是人，可以是事情、学问。和上一句相连，对看重的事情、学问不能轻视、忽略。这也照应后面的第 46 章，要知道自己的“当务之急”。这两句说明修行、学习对象的选择很重要。不应该停的事情不能停，不应该轻视的事情不能轻视。搞错了对象，在不该用力的地方用力，则事倍功半，甚至徒劳无益。最后一句“其进锐者，其退速”，意同孔子的“欲速则不达”。当自己明确了要做的事、值得做的事后，不可急躁、急功近利，而应该遵循“不盈科不进”“不成章不达”的学习节奏，循序渐进，自然天成。

13.45 惜爱、仁爱和亲爱

孟子曰：“君子之于物也，爱之而弗仁；于民也，仁之而弗亲。亲亲而仁民，仁民而爱物。”

这里孟子讲了三种爱，也许是对墨翟“兼爱”的回应。在那个时代，孟子提出对物的惜爱，对民的仁爱，对亲人的亲爱，我以为已经很了不起。既有“民胞物与”抽象层面的“博爱”，也有具体血缘关系的“亲爱”。至于“亲亲而仁民，仁民而爱物”，倒不一定有必然的逻辑关系。亲爱父母的人，就一定仁爱百姓吗？仁爱百姓的人，就一定爱惜万物吗？真正爱心的养成，还是要彰显“本心”中的“善”，形成对万物生命价值的理解和尊重。

13.46 当务之急

孟子曰：“知者无不知也，当务之为急；仁者无不爱也，急亲贤之为务。

尧、舜之知而不遍物，急先务也；尧、舜之仁不遍爱人，急亲贤也。不能三年之丧，而缌、小功之察；放饭流歠，而问无齿决，是之谓不知务。”

孟子这是讲智者处理事情或者问题时，明白轻重缓急。“知者无不知也，当务之为急”，智者没有什么不知道，但是急于当前重要工作。接下来都是用具体的事例，阐释“当务之急”。第一，仁者。仁者没有不爱的人，但是把爱亲人、贤人看作急切的事情。第二，尧、舜。就是尧、舜的智慧也不能够遍及所有的事物，把眼前首要的事情当作最急切的事务；尧、舜的仁德不能够遍爱所有的人，把爱亲人、贤人看作最急切的事情（首先做好）。第三，礼节。这是从反面举例不知“当务之急”。不能够实行三年的丧礼，却讲究缌麻、小功这类三五个月的丧礼；大吃大喝，却讲求不用牙齿咬断干肉这类小礼节，这就叫作不知道什么是重要事务。

卷十四　尽心章句下

——照应开篇，重申“仁义”

“仁义”两个字，是《孟子》全书的核心词，卷一《梁惠王章句上》第1章，王曰：“叟！不远千里而来，亦将有以利吾国乎？”孟子对曰：“王何必曰利？亦有仁义而已矣。”开门见山，毫不含糊。孟子的“仁义之道”“仁政思想”，梁惠王、齐宣王等诸侯耳朵是听进去了，可是没有真正施行。尽管这样，孟子没有改变自己的主张。“居仁由义”成了他的崇高理想和终生追求。本卷作为全书的最后篇章，回应开篇的“仁义”主题，继续阐述“仁义”的思想。

14.1－14.16　“心居仁”，以立国安身

14.1 孟子曰：“不仁哉，梁惠王也！仁者以其所爱及其所不爱，不仁者以其所不爱及其所爱。”

公孙丑曰：“何谓也？”

“梁惠王以土地之故，糜烂其民而战之，大败，将复之，恐不能胜，故驱其所爱子弟以殉之，是之谓以其所不爱及其所爱也。”

在卷一与梁惠王的对话中，当着梁惠王的面，孟子没有直接指出他的“不仁”，而是苦口婆心地劝导、鼓励他行“仁政”。在这里，孟子直言：“不仁哉，梁惠王也！仁者以其所爱及其所不爱，不仁者以其所不爱及其所爱。”为什么呢？他的弟子公孙丑不理解。孟子用事实作了解释——梁惠王为了争夺土地而发动战争，结果大败。他准备再战，生怕再次失败，所以驱使他家族的子弟前往战场为之献身。这便是把他加给不爱的人的祸害牵扯到

他所爱的人身上。

梁惠王心不居“仁”，穷兵黩武，不仅残害了不在他爱的范围的老百姓，而且残害了他所爱的家人。

14.2 孟子曰：“春秋无义战。彼善于此，则有之矣。征者，上伐下也，敌国不相征也。”

孟子的“春秋无义战”，几乎成为评论春秋历史的定论。历史的复杂性可以研究，而处于战国时代的孟子回望之前的春秋时代，谓之“无义战”，表达了孟子坚定的“仁政”理想。在孟子看来，战争都以老百姓的生命为代价，是违背“人性”和“人道”的，都是“不义”的。孟子反战是很坚决的，在卷七《离娄章句上》第 14 章，他说：“争地以战，杀人盈野；争城以战，杀人盈城，此所谓率土地而食人肉，罪不容于死。”那么，商汤、文王、武王的战争，该怎么解释呢？商汤、文王这些仁者的战争，是为了救老百姓于“水火之中”，正如接下来的第 4 章所说“无畏！宁尔也，非敌百姓也”，老百姓盼望这样的仁者来解救他们，“若崩厥角稽首”（把额头触地叩头，像山石崩塌一样）。

孟子抨击“春秋无义战”，体现的是他的一颗“仁”心。他希望诸侯们以此为戒，实施“仁政”，以避免战争对老百姓造成伤害。

14.3 孟子曰：“尽信《书》，则不如无《书》。吾于《武成》，取二三策而已矣。仁人无敌于天下，以至仁伐至不仁，而何其血之流杵也？”

“仁者无敌”是孟子坚信的治国理念。在卷一《梁惠王章句上》第 5 章，孟子对梁惠王说：“仁者无敌。王请勿疑！”本章孟子从“仁者无敌”的思想出发，对《尚书》中《武成》的记载提出质疑。《武成》篇记载，武王伐纣时，战死的人很多，血流成河，以致把捣米的木槌都漂起来了。孟子认为，武王伐纣是“以至仁伐至不仁”，其势应该是摧枯拉朽，不会出现短兵相接的残酷搏斗场面而导致“血之流杵”的惨象。只有像梁惠王那样的“不仁”，才会导致百姓乃至其子弟成为战争的牺牲品；只有“春秋”的“无义”之“战”，才会对老百姓造成最大的伤害。

由此，孟子还引出了读书的一条重要思想：“尽信《书》，则不如无《书》。”这里的“书”，特指《尚书》。而后来，人们理解“尽信《书》，则不如无《书》”的“书”，泛指一切书籍。在那样的时代，孟子提出这样的思想，非常有胆识和见识。孔子说“信而好古”，而孟子却提出“尽信《书》，则不如无《书》”，表现了他独立思考的思维品质和坚持自己独立人格的精神。就是在近代，“唯书唯上”也还是抹不去的思想疤痕。“唯书唯上”是一种思维惰性和责任担当的推卸，给社会发展和进步造成了不少的障碍。在1990年，陈云同志还语重心长地跟官员讲“不唯书，不唯上，只唯实”。可见“唯书唯上”的流毒之深远。

孟子提出“尽信《书》，则不如无《书》”，那么，如果我们不“信”《书》，我们“信”什么？因为，《书》记载了重要的历史。孟子为什么推断“以至仁伐至不仁”，不会“血之流杵”？这源于他坚信的“本心”“良知”和“人性善”。在孟子看来，把“人”看作“人”，就是衡量一切和判断“信”的最终和根本标准。

当然，“尽信《书》，则不如无《书》”，不是要我们不相信书，以致陷入虚无主义，而是要依据人的“天性”“本心”，从人类共同的体现“仁爱”的人道主义价值出发，独立思考，作出自己的判断。

14.4 孟子曰：“有人曰：‘我善为陈，我善为战。’大罪也。国君好仁，天下无敌焉。南面而征，北狄怨；东面而征，西夷怨，曰：‘奚为后我？’武王之伐殷也，革车三百两，虎贲三千人。王曰：‘无畏！宁尔也，非敌百姓也。’若崩厥角稽首。征之为言正也，各欲正己也，焉用战？”

这一章孟子继续从“仁”的角度表达反战思想。本章的内容前面已经提及，不具体阐述。孟子的反战思想，继承并超越了孔子。当“卫灵公问陈（阵）于孔子”的时候，孔子“明日遂行”。而孟子对好战者则深恶痛绝，听到有人说“我善为陈，我善为战”，他毫不留情地表达了自己的痛恨——“大罪也”。因为战争是以老百姓为代价的，而孟子始终坚持“民为贵”“保民”“安民”的社会思想。孟子反战的背后是那颗深沉的爱民之“仁”心。孟子的希望是“征之为言正也，各欲正己也，焉用战？”——“征”的意思就是“正”，如果不得已而战，也应该是从正义出发。每个国家都匡正自己、行正道，何必要战争呢？“仁爱”满天下，各国和平相处、共同发展、天下太平、众生安乐，不正是当今世界人类的理想吗？而这样的理想，孟子在两千多年前就孜孜以求、念念不忘、终身呼号。

以上四章，从战争的角度讲君王心居“仁”对于立国安民的重要。

14.5 孟子曰：“梓匠轮舆能与人规矩，不能使人巧。”

梓匠，木匠。轮，车轮，造车轮的工匠；舆，车厢。轮舆，造车子的工匠。规，画圆形的工具；矩，画方形的工具。规矩，既指工具，也指使用工具的方法和制作器具的标准。巧，技巧，技术；这里不仅指技巧、技术，还有技巧后面体现审美品位的智慧、灵气。

孟子说的能教给人的“规矩”，是看得见摸得着的，也就是现在的信息、固定的程序等；而艺术、审美、组织力、发明创造等内在的智慧、灵气是不能教给人的。这和庄子说的“道不可教”异曲同工。庄子在《天运》里引用老子的话说：“使道而可献，则人莫不献之于其君；使道而可进，则人莫不进之于其亲；使道而可以告人，则人莫不告其兄弟；使道而可以与人，则人莫不与其子孙。”庄子认为“道”不可以像有形的物品那样拿来奉献、告诉、给予他人。假如“道”可以像东西一样移交，那么，人们首先会拿来送给自己最亲的人，而这是无法做到的。我们能够给予或者告知他人的，通常只是某种信息，而不是智慧。那么，“巧”“智慧”从哪里来？熟能“生”巧——从自己的内心感悟、生成。孟子前面提到的“引而不发”，就是让学生自己去思考、内化，以生成“巧”。以上是从作为教育家的孟子理解这句话，从中可以感受孟子“不屑教诲”“亦教诲之”的教育智慧。也可以把这句话看成比喻，比喻可以给君王外在的治理国家的方法，但是不可以给他内在的“仁”心。

14.6 孟子曰：“舜之饭糗茹草也，若将终身焉；及其为天子也，被袗衣，鼓琴，二女果，若固有之。”

糗，干粮。茹，吃。被，通“披”。袗衣，绣着文彩的衣服。果，通“婐”，侍候。舜面对“饭糗茹草”的贫寒生活，坦然视之，好像准备终身都这样；面对“被袗衣，鼓琴，二女果”的富贵生活，淡然视之，好像本来就这样。这样的心态来自“心静”，“心静”则来自“知其性，则知天矣”。无论在什么情况下，做好自己能做、应该做的事，充分展现自己的“良知”，“穷则独善其身，达则兼善天下”，“仰不愧于天，俯不怍于人”。这就是君子面对人生“素其位而行”的心态和行为方式。

14.7 孟子曰：“吾今而后知杀人亲之重也：杀人之父，人亦杀其父；杀人之兄，人亦杀其兄。然则非自杀之也，一间耳。”

这是孟子从反面告诫君王必须行仁政，不可滥杀无辜，否则自己的亲人也将受到残杀。这样的话，看起来不是自己杀了亲人，但是差不多就是自己害死了亲人。这就是曾子说的“出乎尔者，反乎尔者也”。君王你怎样对待老百姓，老百姓也怎样对待你。（参读卷二《梁惠王章句下》第12章）

14.8 孟子曰：“古之为关也，将以御暴；今之为关也，将以为暴。”

古代在边境设置关隘，是害怕外来的侵略伤害到自己的百姓，是对老百姓的保护。现在设置关隘，是用来盘剥百姓，中饱私囊。这说明为政者越来越缺乏仁心！

14.9 孟子曰："身不行道，不行于妻子；使人不以道，不能行于妻子。"

自身不能遵行正道，那么正道就不能遵行（落实）到自己妻子和儿女的身上；不以道义任用、使用别人，就是自己的妻子儿女都不能使用。

孟子只说了前半句话，重要的后半句他没有说出来，让人自己去想，自己去玩味。这种含蓄的方式，体现了孟子的说话艺术。读者可以想想这两句的后面孟子没有说出来而想要表达的意思。

14.10 孟子曰："周于利者凶年不能杀，周于德者邪世不能乱。"

周，周密，因周密则富足。孟子的意思是，善于生产、经营，有物质的资本，那么遇到灾荒之年，也不会窘困。对人格而言，有道德的深厚积累，有坚定的道德修养，面对诱惑、威胁能够坚守，在邪世也不会乱了方寸。居"仁"之广居，立"礼"之正位，行"义"之大道，则吾心安稳。

14.11 孟子曰："好名之人能让千乘之国，苟非其人，箪食豆羹见于色。"

这是通过"名"讲"辞让之心"。

好（第四声），喜欢，喜爱。名，杨伯峻先生未解释，有的解释为"名声"。"让千乘之国"为了名声，说不通。这里的名，可以理解为"名义、名分"，即"名位及其应守的职分"。好名，即喜爱、爱惜自己的名分，也就是遵循道义。

孟子说，喜爱、珍惜自己名分的人可以让出千乘之国的君王位置（比喻巨大的利益）（因为他得到的“千乘之国”并非其“名分”所有，所以他愿意让出来）；如果不是这样的人，就是让出一筐饭、一碗汤（比喻微小的利益）也会在脸色上表现出不愿意。这里的“好名之人”就是知道自己名分的君子，所谓知道自己的名分，并不是因循守旧、裹足不前，而是“素位而行”，坚持道义，做好自己当下的事，自然发展、进阶，在每一个平台上，都坚守岗位，做好本职工作。而不知道自己“名分”的，就是眼界、心境“小”的人，就是投机取巧，喜欢少劳多获的投机分子，就是锱铢必较，喜欢贪人便宜的吝啬鬼。就像《中庸》上讲的——“正己而不求于人，则无怨。上不怨天，下不尤人。故君子居易以俟命，小人行险以徼幸。”“好名之人能让千乘之国”的例子就是“尧让舜”“舜让禹”的故事。尧生前就让位于舜，尧去世了，舜并没有去登位，而是躲避到偏远的南河的南边。这就是“能让千乘之国”啊，本来尧已经给他天下了，他不要，因为他知道自己的“名分”。等到众望所归，才回来“践天子位”。（参读卷九《万章章句上》第5、6章）喜欢、珍惜自己的“名分”，就是坚守“仁义之道”，也就是坚守“良知”，做自己应该做的；而不应该做的，坚决不做。

14.12 孟子曰：“不信仁贤，则国空虚；无礼义，则上下乱；无政事，则财用不足。”

这是孟子从反面陈述自己的治国之策——国君不相信、不任用德才兼备的人才，国力就会空虚；管理没有礼义法度，国家就会陷入混乱；放任自流，不用心于政事，财力就不足以维持国家的运转。

用现在的话说，第一是吸引、用好高层次人才。第二是社会秩序，没有安定团结的稳定秩序，社会发展无从谈起。第三是勤政、良政，既要勤于政事，又要政治清明，否则国家就会陷入危机和衰败。关于“良政”，孟子在卷三《公孙丑章句上》第5章有具体阐述，可参读。

这三点都取决于社会管理者的理念和品格。政府有仁爱之心，而且能尽“心”知“命”，就会重用仁德和贤能的人，就会讲究规则和法度，营造公平、公正的社会环境，国家就日益安定、富足、强大。

14.13 孟子曰：“不仁而得国者，有之矣；不仁而得天下者，未之有也。”

这是孟子陈述的一个事实——不仁爱却得到一个国家，有这样的情况；不仁爱却得到整个天下，没有这种事情。

孟子一向坚持“仁政”，要求君主行“仁义”之道。可是，“不仁”为什么还能得国呢？这是那个时代世袭制的结果。但如果不爱民太过分了，人民亦会产生怨气甚至推翻统治者。而要得到全天下的拥护，一定要有博大深厚的仁爱之心。

14.14 孟子曰：“民为贵，社稷次之，君为轻。是故得乎丘民而为天子，得乎天子为诸侯，得乎诸侯为大夫。诸侯危社稷，则变置。牺牲既成，粢盛既洁，祭祀以时，然而旱干水溢，则变置社稷。”

“民为贵，社稷次之，君为轻”成为千古名言，是孟子“仁政”思想、“民本”思想集中凝练的表达。“民”为贵，其实是“人”为贵，也就是康德说的“人是最高目的”。“社稷”“君”作为管理者，都是为“人”这个最高目的服务的。所以，《尚书》说：“民惟邦本，本固邦宁。”

孟子接着说：“是故得乎丘民而为天子，得乎天子为诸侯，得乎诸侯为大夫。”所以，得到民众的认可和拥护可以做天子；得到天子的认可，可以做诸侯国的国君；得到诸侯国国君的认可，可以做大夫。“得乎”杨伯峻先生解释为“得到欢心”。我认为不是得到欢心，而是得到“认可”。百姓、天子、诸侯认可的应该都是“仁爱之心”和坚持道义的品行。因为只有具备了“仁爱之心”，民之“贵”才能得到保障，而不至于只落在口头上、文字上。所以，最后孟子讲——“诸侯危社稷，则变置。牺牲既成，粢盛既洁，祭祀以时，然而旱干水溢，则变置社稷”——诸侯危害国家了，就要改立。祭祀用的牲畜已经养成，祭祀用的谷物已经很洁净，还能够按时祭祀，这样做了仍然遭受旱灾水灾，那就改立土神谷神。

以上诸章主要从治国理政的角度阐述“仁”的意义和价值。

14.15 孟子曰：“圣人，百世之师也，伯夷、柳下惠是也。故闻伯夷之风者，顽夫廉，懦夫有立志；闻柳下惠之风者，薄夫敦，鄙夫宽。奋乎百世之上，百世之下，闻者莫不兴起也。非圣人而能若是乎？——而况于亲炙之者乎？”

圣的本初之义与“道德”无关，是“通达事理”的意思。圣人，就是聪慧明智的人，没有被外欲遮蔽“良知”，其“本心”永远澄明透亮。“圣”“人”是为“人”而“圣”，为了“他人”而通达事理，也就是具有那颗本来就有的“善”心、“仁”心。“善”心、“仁”心，每个人都有，但是一般人没有唤醒它；而圣人不忘内省，让“善”心、“仁”心始终活跃，使其成为生命的“向导”。因而，圣人生命发出的光，可以照耀千秋万代，永不熄灭。所以，孟子说“圣人，百世之师也。”

伯夷、柳下惠作为圣人的代表，对他人的影响，孟子在卷十《万章章句下》第1章已经作了详细的介绍。在这里，孟子再次强调榜样的力量，表达了他深厚的情怀和强烈的理想。这种情怀和理想的力量不时在他心中抬头，其实是一种期待和梦想，希望人类好起来、人性善起来。如果冷静下来，孟子也知道，榜样的示范有力量，但是榜样的影响也是有条件的、有限的，否则，天下就都是圣人了。因为这种强烈的梦想，我们能感受到的是他那份强烈的情怀。他希望更多的人尽心养性，成为圣人，成为后世的示范、标杆，促进整个人类社会走向和平美好。

其实，“圣人，百世之师”，就是文化的传承。圣人是怎么来的？学习、效法前贤而来。成为圣人后，又作为后世的榜样。这就是——“奋乎百世之上，百世之下，闻者莫不兴起也。非圣人而能若是乎？”——在百世之前奋发有为成为圣人，百世之后听到他们高风亮节的人没有不为之感动奋起的。这样的影响只有圣人才能做到。

孟子讲圣人的流风遗韵，一是希望弟子们以上古的圣人为榜样，“存心养性”，做品格高尚的人。二是孟子已经暗示自己是圣人了，因为他最后说，“而况于亲炙之者乎？”意思就是你们直接受到熏陶，难道不能被感化而奋发吗？这里的“亲炙”，如果不是指弟子们接受他的直接影响，这句话的意思就没有着落。其实，圣人并非人们想象中那么遥不可及，就是前面说的“通达事理”之人。卷三《公孙丑章句上》第 2 章中，公孙丑已经说“然则夫子既圣矣乎？”但是，孟子没有承认。因为，孔子在世都没有敢承认自己是圣人。

孟子在卷十《万章章句下》第 1 章，称伯夷、伊尹、柳下惠、孔子分别为“圣之清者”“圣之任者”“圣之和者”“圣之时者”。孟子这样重视圣人，为的是把人的“本心”“天性”和“人性善”不断传承和放大，提高人类的整体修养和品格。

14.16 孟子曰：“仁也者，人也。合而言之，道也。”

上面孟子讲“圣人，百世之师也”，为什么呢？因为圣人所行乃“仁义之道”，而“仁义”是人类的最终理想和终极目标。所以，孟子说：“仁也者，人也。合而言之，道也。”具有“仁”心的人，就是把“人”当“人”看，心中有他人，关心、帮助、爱护他人；这样的人，才是“人”（参读卷八《离娄章句下》第 28 章“仁者爱人”）。圣人对这样的事理很通达，知道怎样对待人。因此，“圣人”一定是“仁者”。每个人都彰显自己的“本心”“良知”，把他人当作“人”看待，都能正确处理好人与人的关系，那么，人类社会就走在正道上，和睦相处，天下太平。

14.17－14.18 “圣之时者”的坚守

14.17 孟子曰：“孔子之去鲁，曰：‘迟迟吾行也，去父母国之道也。’去齐，接淅而行——去他国之道也。”

14.18 孟子曰：“君子之厄于陈蔡之间，无上下之交也。”

孔子“去鲁”“去齐”的不同行为表现，孟子在卷十《万章章句下》第1章已经介绍，为的是说明孔子的“权变”。为此，孟子称孔子为“圣之时者”。而下一章——“君子之厄于陈蔡之间，无上下之交也”——则是孔子“变”背后之“不变”的佐证。孔子之所以“厄于陈蔡”，就是因为没有曲意逢迎陈蔡等国的君主和大臣，在孔子看来那些君臣都不值得交往，因为，他们的为政、为人都与孔子不同道。比如，卫灵公问孔子怎么布阵打仗，而不是问怎样实施仁政，孔子第二天就离开了卫国。由此可见孔子作为“圣之时者”的坚守。

14.19 身正不怕影子歪

貉稽曰：“稽大不理于口。”

孟子曰：“无伤也。士憎兹多口。《诗》云：‘忧心悄悄，愠于群小。’孔子也。‘肆不殄厥愠，亦不殒厥问。’文王也。”

貉稽向孟子诉说，他被别人狠狠地议论、挖苦。孟子回答，没有关系。士人讨厌这样七嘴八舌乱议论别人。孟子还举例，就是孔子、文王这样的人也有人不满，也遭人怨恨。俗话说，天老爷只合一半人缘，实际生活中，没有一个人能让所有人满意。孟子劝慰貉稽，不要太在意他人的议论，要看他议论的是什么。君子坦荡荡，自己从“本心”“良知”出发做人做事，堂堂正正、问心无愧，何必在乎闲言乱语。

14.20 教育须有敬畏之心

孟子曰：“贤者以其昭昭使人昭昭，今以其昏昏使人昭昭。”

“以其昏昏使人昭昭”，已经成为一句俗语，经常为人引用，批评那些自己不懂却稀里糊涂去教导别人的人。这种行为害人不浅，就是不“义”。这样的所谓“教者”是没有责任心和敬畏心的。自己“昏昏”然，怎么可以去教别人呢？孟子告诉我们，教育的正路是“以其昭昭使人昭昭”，这样做的人是“贤者”，是由“义”而行。无论做人做事做学问，教者应该永远是个“明白人”，像晴朗的天空那样澄明，像干净的泉水那样清澈。自己成竹在胸了，才可以去教导他人。作为教者的“昭昭”从哪里来？答案在孔子那里，“学而不厌，诲人不倦”，“知之者不如好之者，好之者不如乐之者”。孔子成为万世师表的原因就是他自己勤学、好学、乐学。因为“勤学、好学、乐学”，才能先让自己“昭昭”，再去“使人昭昭”。此为教者之道。

14.21 茅塞之心

孟子谓高子曰：“山径之蹊，间介然用之而成路；为间不用，则茅塞之矣。今茅塞子之心矣。”

间，本义间隙、空隙，这里指时间短。介然，专心致志，坚持不懈。孟子对弟子高子说，山间的小道，短时间里天天去走的话就成了一条路。隔一段时间不去走了，那么茅草就堵塞了路。现在啊，茅草堵塞你的心了。

显然，孟子是用比喻教育高子。大概是在某个事情上，高子陷入了“昏昏”之中，离开了“义”之“正路”，偏离了“仁”之“安居”，走入旁门左道而不能自返。人的心“路”和山间的小路一样，废弃不用了，就会长满“茅草”。流水不腐，户枢不蠹，要保持“本心”“良知”“天性”的澄明，必须“吾日三省吾身”，时时刻刻“存心养性”。从学习的角度看，“茅塞”之喻和“掘井”之喻（卷十三《尽心章句上》第 29 章）一样，都是讲锲而不舍、持之以恒的道理。

孟子指出高子“茅塞子之心”，但是，并没有教他如何去掉“茅草”。教者不直接给出答案，而是旁敲侧击，引起学生的思考，让学生自己去寻找答案。这就是孟子“不教”之“教”的艺术和方法，呼应前面说的“引而不发，跃如也”。这也是对孔子教育艺术的继承和发扬。孔子说：“不愤不启，不悱不发。举一隅不以三隅反，则不复也。”可见，孟子不仅在思想上“述仲尼之道”，还在教法上“效仲尼之法”。

14.22 引而不发

高子曰：“禹之声尚文王之声。”

孟子曰：“何以言之？”

曰：“以追蠡。”

曰：“是奚足哉？城门之轨，两马之力与？”

尚，超过，高出。追，音“堆”，钟钮。蠡，欲绝之貌。轨，车辙。

接着上一章，通过一件具体的事，说明高子被“茅塞”了。高子对孟子说，大禹的音乐超过周文王的音乐。孟子说，为什么这么说啊？高子回答，因为禹传下来的钟钮快要断了（可见人们喜欢演奏它）。孟子说，这个现象怎么足以证明（这个结论）呢？城门下的车辙，难道是两匹马留下的吗？孟子的言外之意是，那是长年累月车马不断经过造成的。禹传下来的钟钮快要断了，也正是年代久远的缘故。

历史上大禹的音乐和文王的音乐，谁的更美好，我们不知道。从对话的语境看，高子不清楚历史，而从“追蠡”这一表面现象判断音乐本身的高低。这是典型的以其“昏昏”使人“昭昭”。而孟子没有直接给出答案，继续采用“引而不发”的方法，让高子自己去打开自己的“茅塞之心”。

14.23 再作冯妇

齐饥。陈臻曰：“国人皆以夫子将复为发棠，殆不可复。”

孟子曰：“是为冯妇也。晋人有冯妇者，善搏虎，卒为善士。则之野，有众逐虎。虎负嵎，莫之敢撄。望见冯妇，趋而迎之。冯妇攘臂下车。众皆悦之，其为士者笑之。”

再作冯妇，已成为成语，比喻重操旧业。这个故事是孟子讲的，用来回答弟子陈臻的提问。和上一章回答高子以及再上一章指出高子“茅塞”一样，孟子没有直接回答陈臻的问题，而是用冯妇搏虎的故事，隐喻自己的想法。孟子讲述，晋国有个人叫冯妇，善于打虎，后来成为善士，不再打虎了。有一次，他去野外，看见很多人正在追逐一只老虎。那老虎背靠着山势弯曲的地方，没有人敢靠近它。他们远远看到冯妇，快步跑上前迎接他。冯妇捋起袖子走下车（打死了老虎）。众人都很高兴，他却被士人讥笑。

齐国发生饥荒，陈臻对孟子说：大家都以为老师您将会再次劝齐王打开棠地的粮仓赈济灾民，您大概不会再这样做吧。这里的背景是，孟子曾经劝说齐王用棠地粮仓的粮食赈济灾民。而这次，虽然大家以为孟子还要这样，但陈臻理解孟子的处境，猜测老师大概不会再这样了。孟子认可陈臻的想法，回答陈臻说，如果还这样去劝说齐王，就是去做冯妇了，让人笑话。按理说，赈灾是仁义之举，孟子应该当仁不让。这次，他为什么退避三舍呢？因为孟子已经决定离开齐国，再去劝齐王，不是暗示自己放弃离开齐国的打算吗？而且，齐王大概不会接受他的建议了。（孟子离开齐国的经历和故事，参读卷四《公孙丑章句下》。）

孟子不想“再作冯妇”，就是审时度势，避免“茅塞”己心，坚守自己的“正路”。

14.24 “性”和“命”的博弈

孟子曰：“口之于味也，目之于色也，耳之于声也，鼻之于臭也，四肢之于安佚也，性也，有命焉，君子不谓性也。仁之于父子也，义之于君臣也，礼之于宾主也，知之于贤者也，圣人之于天道也，命也，有性焉，君子不谓命也。”

孟子这段话，对生命中不可回避的问题——性与命的相互关系作了阐述。性，是天性，是上天赋予的。命，是人必须面对的不可抗拒的力量，但在孔子、孟子那里，不是指我们通常意义上说的“不可测”的宿命，而是指作为社会的人（“角色”）的责任和担当。比如，是父母，就要教养好自己的子女；是儿女，就要孝敬好自己的父母。从旁观的视角看，“命”是不可抗拒的力量；从主体的视角看，“命”是自己应该承担的责任，是上帝给你的“恩赐”。《论语》最后一章孔子说“不知命，无以为君子”，这里的“知命”，就是知道自己能干什么，应该干什么。卷十三《尽心章句上》第 1 章，孟子说“修身以俟之，所以立命也”。“立命”，就是承担起自己生命应该承担的责任和担当。而这样的责任担当，就是回到“本心”和“良知”。

理解了“性”与“命”的意义，才能明白孟子这段话的含义和用心。孟子这段话，其实就是两句话，或者是两层意思，这两层意思又是相辅相成的，必须联系起来去理解、体会。

上一句，从人的感官天性出发，讲“性”和“命”的关系。结论是，君子不认为“性”能完全决定人感官享受的一切。当感官的天性享受不能完全实现或满足时，应当顺从天命，淡然处之。下一句和上一句对应，从人的社会角色和责任出发，讲“性”与“命”的关系。结论是，君子不认为“命”能完全左右人的自我作为。孟子的观点是——父子之间的仁爱，君臣之间的公正，宾主之间的礼节等，这些人伦之理和应尽的责任，是“命”的，是作为社会人必须承担的不可推卸的责任。君子不认为是“命”定的，就只是机械遵守、消极应付甚至无所作为，而是把自己的“天性”充分彰显出来。

孟子这里说的对外在的东西“不谓性也”，对内在的东西“不谓命也”，和前面的“求则得之，舍则失之，是求有益于得也，求在我者也。求之有道，得之有命，是求无益于得也，求在外者也”相呼应（参读卷十三《尽心章句上》第3章），都是强调人可以主动地去“存心养性”以“居仁由义”。

14.25 发出“天性”的光

浩生不害问曰：“乐正子何人也？”

孟子曰：“善人也，信人也。”

“何谓善？何谓信？”

曰：“可欲之谓善，有诸己之谓信，充实之谓美，充实而有光辉之谓大，大而化之之谓圣，圣而不可知之之谓神。乐正子，二之中，四之下也。”

本章孟子出了一个谜语——“可欲之谓善”，“可欲”的是“什么”呢？孟子没有交代。古代的赵岐、朱熹他们都没有猜到，近代的杨伯峻等人也没有猜到。“豆丁网”的一篇论文《论“可欲之谓善”》对此作了详细的解释。作者认为这里的“欲”是“求”的意思，一个人自己“可欲”（可以求到的，能够要到的）的是什么呢？天性的情欲（无贬义，人天然的需求，就如上一章孟子说的“口之于味也”等）和现实功利的需求，人人都想得到，但是由于“命”的制约，不能完全得到。但是，做个好人，“众善奉行、诸恶莫作”，只要想做，一定能做到，这也是孔子讲的“我欲仁，斯仁至矣”，这不受外在“命”的控制。从此出发，作者认同南宋张栻的观点——孟子“可欲”的谜底就是他自己说的“四心”：仁义礼智。这“四心”存于人的“天性”之中，正如孟子所说：“仁义礼智，非由外铄我也，我固有之也，弗思耳矣。故曰：‘求则得之，舍则失之。’”怎样才能得到这“四心”？孟子的答案是“思”“求”。所以，“仁义礼智”是“可欲”的，是“想要”就能“要”到的。

解开了这个谜底，下面的语义就迎刃而解了。自己可以求到的“仁义礼智”等本性就称为善，自身拥有了这些“善”，生命就是真实、实在的，这叫作“信”，把这些本性的“善”用来充实自己就叫作“美”，内心充满“美”“善”又散发光辉（扩大了“美”“善”）就叫作“大”，“美”“善”发扬光大，感化众生、万物就叫作“圣”，这种“智慧化人”的“圣”到了如空气、阳光、雨露滋养万物而“无声”（不可知）的境界就叫作“神”，这“神”不是神秘莫测，而是特别高超，几乎达到天地万物创造者的地步。

乐正子做到了“善、信”，在我们看来已经很了不起了。孟子以此为话题，引导弟子们追求更高的人生境界。追求“美、大、圣、神”，就是建构自己的精神大厦，让自己成为发出精神光芒的人，以照亮自己和他人，让这个世界更光明和温暖。

14.26 儒者的自信

孟子曰：“逃墨必归于杨，逃杨必归于儒。归，斯受之而已矣。今之与杨、墨辩者，如追放豚，既入其苙，又从而招之。”

孟子对墨子“兼爱”、杨朱“为我”的理论已经作了评论（参读卷六《滕文公章句下》第 9 章、卷十三《尽心章句上》第 26 章）。孟子认为相信“墨、杨”的人，最终一定会逃离而归于“儒”。其原因是孟子在卷十三《尽心章句上》第 26 章中阐述的，墨、杨的理论都是偏于一隅的“执一”，而儒家的思想是取符合人性和社会的“执中”。所以，孟子很自信地说“逃墨必归于杨，逃杨必归于儒”。这样的“归儒”，有的是自觉自愿；有的则是相互辩论后，心悦诚服。作为坚持儒家思想的辩论者，像追走失的猪回到猪圈一样，把他们（杨、墨）追回到儒者的队伍。“又从而招之”，还要把它的脚束缚住。孟子又是在打比方，意思是用儒家的思想，“拴”住归者的“心”，让他们真正“居仁由义”，成为信服“仁义礼智”的儒者。

14.27 爱民的举措：薄赋轻徭

孟子曰：“有布缕之征，粟米之征，力役之征。君子用其一，缓其二。用其二而民有殍，用其三而父子离。”

前面孟子讲“民为贵”，作为君主不应该当作一句空话只是挂在嘴边。孟子告诫他们，布缕、粟米、力役这 3 种赋税，真正爱老百姓的君子只用其中的一种，其他两种暂缓使用。因为，如果同时用两种，老百姓就会有饿死的；如果同时用三种，父子就要分离，一家人不能生活在一起。

孟子把老百姓的甘苦冷暖时刻放在心上，具有深沉的“仁”心和诚挚的情“义”。现在的社会管理也一样。

14.28 玩物丧志

孟子曰：“诸侯之宝三：土地，人民，政事。宝珠玉者，殃必及身。”

孟子说，诸侯的“宝贝”有三样：土地，人民，政事。把珍珠美玉当成宝贝的，灾祸一定到他身上来。

孟子用比喻的方法警告诸侯国的君主，像珍惜“宝贝”一样，用心去爱护土地、人民、政事，不能有半点苟且、马虎。因为土地是国家存在的物质基础，人民是国家的主体，政事关系国家的发展和稳定。

从反面说，如果贪恋财物，沉溺于物欲，则“玩物丧志”“财聚人散”，会导致国家和个人都陷入灾难。“假途伐虢”的故事生动地说明了这一点。虞国的当政者虞公贪图财宝，接受晋国送来的宝马和宝玉后，借道给晋国来攻打虢国。晋国灭了虢国后在返回的路上突然袭击，轻而易举地拿下了虞国，活捉了虞公。当今中国重拳反腐，那些腐败者都应验了“宝珠玉者，殃必及身”的警示，结果身败名裂，悔恨终身。

以“土地、人民、政事”为“宝贝”，就是“居仁由义”的“得道者”；以“珠玉”为“宝贝”，就是“舍仁去义”的“失道者”。“得道者多助，失道者寡助。寡助之至，亲戚畔之。多助之至，天下顺之。”

14.29 聪明反被聪明误

盆成括仕于齐。孟子曰：“死矣盆成括！”

盆成括见杀。门人问曰：“夫子何以知其将见杀？”

曰：“其为人也小有才，未闻君子之大道也，则足以杀其躯而已矣。”

这是讲人的格局大小决定人的命运。这是一个极端的例子，盆成括这个人因为“小有才”，招致杀身之祸。“小聪明”式的“有才”真的能把人引向不归路。前面已多次提到：“小”人，就是格局小，眼界小，心胸小。如果仅仅是“小”也就罢了，至多做不成大事。问题是这样的“小”格局，加上了“有才”，往往就不知天高地厚，甚至狂妄不羁，导致引火烧身。这就是俗话说的“聪明反被聪明误”。这种聪明一般说是“小聪明”，也就是孟子说的“小有才”，其实是“大糊涂”。要避免这样的“大糊涂”，就要“存心养性”，修养自己的大格局，行“君子之大道”，“躬自厚而薄责于人”，则“远怨矣”。

14.30 为教花絮：来者不拒

孟子之滕，馆于上宫。有业屦于牖上，馆人求之弗得。或问之曰："若是乎从者之廋也？"

曰："子以是为窃屦来与？"

曰："殆非也。夫子之设科也，往者不追，来者不拒。苟以是心至，斯受之而已矣。"

《论语》里孔子和个性鲜明的弟子们之间有趣的故事很多，小花絮也很多，让我们感受到孔子是一位很有生活情趣的人。《孟子》里，孟子和弟子们的故事不多，更多的是理性的对话，小花絮就更少。本章记录的是《孟子》里唯一一篇富有生活情趣的故事。

这个故事发生在滕国。滕文公很尊崇孟子（参读卷五《滕文公章句上》第1－3章），孟子到了滕国，被安排住在"上宫"（相当于现在的国宾馆）。有一双未做完的鞋子放在窗户上不见了，馆舍的人找来找去没有找到。有个人便去问孟子：跟随你的人像这样隐藏（廋，隐藏、藏匿）东西吗？这个问的人，不是用的"偷、窃"，而是用的"廋"。说明这是一个文化修养比较高的人，他是用开玩笑的口吻来询问孟子，没有说孟子的从者偷鞋子，而是说大概是他们开玩笑似的藏了起来。而孟子大概是没注意问者戏谑的口吻，于是反问道：你认为他们是为了偷鞋子才跟着我来的吗？

问者继续开玩笑回答：恐怕不是。你老人家开设课程，招收的弟子，离开的不去追问，投奔来的不拒绝。只要愿意来，便接受罢了。这位问者的意思是，孟子你对上门求学的人不经过严格的考核、筛选，难免良莠不齐，出现"藏鞋子"的事也就不奇怪了。

孟子没有接着回答。其实，这位问者的猜测是误会了孟子。从《孟子》文本内容可以看出，像子路那样经常跟孔子翻脸的弟子，宰我那样专门为难孔子的弟子，孟子的门下是没有的。孟子“得天下英才而教育之”，还认为后羿被其弟子逢蒙所杀，后羿自己有责任；滕更登门求教，孟子“不答”（卷十三《尽心章句上》第43章）。从这些信息看，孟子对学生是不会“来者不拒”的。

14.31 “仁义”之道的路径：达、充

孟子曰：“人皆有所不忍，达之于其所忍，仁也；人皆有所不为，达之于其所为，义也。人能充无欲害人之心，而仁不可胜用也；人能充无穿逾之心，而义不可胜用也；人能充无受尔汝之实，无所往而不为义也。士未可以言而言，是以言话之也；可以言而不言，是以不言话之也，是皆穿逾之类也。”

仁义，在孟子的思想里是最高的道德规范和行为准则。在孟子看来，仁义来自人的“本心”“天性”“良知”，如何把内心的“仁义”外化为行为，前面说到了多种方法——“扩而充之”“求则得之”“求其放心”“尽其心”“存其心，养其性”，等等。孟子不厌其烦、孜孜矻矻，希望人们释放、彰显“天性”中的“善”，“居仁由义”，走上“仁义”之大道、正途。本章孟子提出的方法是“达”“充”。“达”，到达；“充”，充实、扩充。这里的“达”就是推己及人，把自己的“不忍”之心推及到“所忍”，这就是“仁”。这就呼应了前面的“仁者，人也”，“仁”就是由己及人，就是像关心、爱护自己一样关心、爱护他人，“己所不欲，勿施于人”，己所“不忍”，对人亦“不忍”。

从“不忍”“不为”“达”之于“所忍”“所为”，“由己及人”“推而广之”，是孟子在这里指出的行“仁义”之“道”；“充”“无欲害人之心”，“充”“无穿逾之心”，“充”“无受尔汝之实”，“推己及人”“扩而充之”亦是孟子指出的行“仁义”之“道”。这里的“穿逾之心”，就是投机取巧，走歪门邪道以获取私利。“尔汝之实”，即被人瞧不起的事实，也就是“羞恶之

心”。“无欲害人之心”，“无穿逾之心”，“无受尔汝之实”，都是在“仁”心指导下的“义”举，也就是“居”“仁”“由”“义”。“达”和“充”，与卷三《公孙丑章句上》第6章的“四心”相呼应——“凡有四端于我者，知皆扩而充之矣，若火之始然，泉之始达”——当我们把“仁”送“达”于彼物、彼人，当我们的内心“充”盈了“仁”，则“仁不可胜用”“义不可胜用”，天下皆仁义。

最后，孟子警示“士人”不要做“穿逾”之人。作为士人，不可以说的话而去说，就是用语言诱骗他人（餂，音“舔”，诱取）；应该说的话而不说，就是用不说话诱骗他人。这里孟子斥责的是战国时代所谓的合纵连横的游说之士，他们摇唇鼓舌、夸夸其谈，诱骗君主争地夺城以称王称霸，为的是谋取私利，而不是为了天下众生的安宁。这是孟子深恶痛绝的。在卷六《滕文公章句下》第2章，景春称公孙衍、张仪之类的人为“大丈夫”，而孟子则斥之为“妾妇之道”。孟子认为的“大丈夫”是：“居天下之广居，立天下之正位，行天下之大道；得志，与民由之；不得志，独行其道。富贵不能淫，贫贱不能移，威武不能屈。此之谓大丈夫。”

这位满怀“仁义之道”的“大丈夫”，从此屹立于华夏文化的天地之间。

14.32 深入浅出，言近旨远

孟子曰：“言近而指远者，善言也；守约而施博者，善道也。君子之言也，不下带而道存焉；君子之守，修其身而天下平。人病舍其田而芸人之田——所求于人者重，而所以自任者轻。”

指，通“旨”，意义，意图。守，保持，保有；约，约束或约定。守约，保持住对自己的规定、约束，不放纵自己，正如前文“性也，有命焉。君子不谓性也”所言，不放纵物欲的“天性”，也就是“躬自厚”“严于律己”。

施博，施与广博，心怀天下。不下带，带：束腰的带子。朱熹注："古人视不下于带，则带之上乃目前常见至近之处也。举目前之近事，而至理存焉。"不下带，比喻眼前常见的事情。病，毛病、弊病。任，担负、担任，引申为承担。

这是孟子作为思想家和语言大师的切身体验和感受。有的人为了表达自己的思想故弄玄虚，不顾及他人的理解和感受，可能佶屈聱牙、晦涩难懂；有的人不仅要表达出自己的丰富思想，还会考虑别人甚至是更多普通人的接受，这就需要"深入浅出"。孟子孜孜不倦、不厌其烦、千言万语地讲述、传扬其仁义之道，希望人们彰显"本心""天性"中的"善"，其采取的表达方式就是"言近旨远"——用浅近、贴近生活的语言，表达深邃的道理。在孟子看来，这样的语言是"善言"，这样的语言讲的是眼前常见的事情、现象，"道"却在其中。君子除了这样的"善言"，还要"善道"，也就是不仅要会说，还要按照说的做起来。怎么做呢？从自身做起，而惠及他人——"守约""修其身"，即是严于律己、独善其身；"施博""天下平"，即是"兼善天下"。真正的君子，不追求豪言壮语、惊天动地，而是于平凡的言行中体现大道。

本章的最后一句话就是孟子"现场"为他"言近旨远"的语言艺术做的示范。这句话就是"人病舍其田而芸人之田，所求于人者重，而所以自任者轻。"这句话以"芸田"来说明他的意图，可谓"言近"。这里的"芸人之田"，不是去帮助别人做好事，而是去找别人的"茬"。有些人的毛病就是自己田里的草不除而去除别人田里的草，也就是自己的问题不解决而去找别人的问题。孟子这样说的意图是，自己的事情做不好却去指手画脚评价、指责别人，自己家里的事做不好却去指手画脚评价、指责别人家里的事，自己国家的事管不好却去指手画脚评价、指责别的国家。也就是孟子最后说的"所求于人者重，而所以自任者轻。"要求别人的承担的责任很重，而自己承担的负担很轻。这就违反了"严于律己，宽以待人""躬自厚而薄责于人"的君子为人之道，可谓"旨远"。在一个多元、变革的时代，人如何看待他人和社会环境、如何看待自己，体现一个人境界和人品的高低。当今时代，虽然物质条件和春秋战国早已不可同日而语，但是社会思想的多元与变革却有相同之处。孟子批评的“所求于人者重，而所以自任者轻”这样的思维方式和行为方式仍然存在。孟子的话“言近”却“旨远”，启示我们，改变世界最短的距离就是先做好自己，而不是指责别人、抱怨社会。

为什么说“言近旨远”是孟子的切身体验呢？在《孟子》里“言近旨远”的例子比比皆是，不胜枚举。试举几例：“五十步笑百步”，指出梁惠王“仁政”只是表象而不到位，老百姓并没有真正得到实惠；“缘木求鱼”，警示齐宣王不以仁政王天下，则后患无穷；“揠苗助长”，暗示养浩然之气不可急于求成、一蹴而就；“指不若人，则知恶之；心不若人，则不知恶”，感叹人们只关心自己身体的外在之美，不关注自己灵魂的内在之美；“人有鸡犬放，则知求之；有放心而不知求”，痛心人们不知道“尽心”“存心”；“掘井九轫而不及泉，尤为弃井也”，喻指做事半途而废、不见成效……“言近旨远”可谓孟子语言艺术的鲜明特色。绝大多数“高深”的道理，孟子都是用这样“浅近”的话语表达出来，让听者、读者感到亲切，易于接受，从中获得启示和力量。这样的表达方式，固然是出自语言的天赋和后天的研习，但更多的是为了大众而真诚表达的情怀。用现在的话说，就是有“读者”意识，为了传播有益的思想、启迪众生，殚精竭虑，千方百计，宁愿自己“吟安一个字，捻断数茎须”，也要尽量让读者容易理解、感受、吸收自己的思想。阅读《孟子》，不仅要学习孟子的语言，更要感受孟子的精神境界和伟大理想。

14.33 “天性”“道德”与“仁义”

孟子曰：“尧、舜，性者也；汤、武，反之也。动容周旋中礼者，盛德之至也。哭死而哀，非为生者也。经德不回，非以干禄也。言语必信，非以正行也。君子行法，以俟命而已矣。”

动容，心里感动而流露于表情。周旋，打交道，应酬。经，经过，引申为遵循。回，掉转，引申为违背。道，本义引路、道路；德，甲骨文=（行，四通大道）+（直，不曲折，不犹豫），表示大道直行，引申为符合标准的思想品质。道德的基本意思是，指衡量行为是否正当的规范准则。道德的关键词是“公正”“规范”，没有那么多抽象的所谓高尚品质。这样理解，道德和仁义是相通的，而它们都来自人的“本心”“天性”“良知”。如果，“仁义礼智”的良知自然充实于人的心灵和思想，其外在的行为必然符合“道德”。尧、舜，是能完全、充分彰显天性的人，孔子说“大哉，尧之为君也。巍巍乎，唯天为大，唯尧则之”。汤、武，经过修炼返回到天性。为人处世、待人接物（动容周旋）符合礼节，品德就是最好了。下面三句，前半句讲人的行为，下半句以“非”判断，表示前面的“行”之所“为”，出自真诚的内心和天性，而非另有所图或者做给别人看。哀悼死者而哭泣，是对生命的敬畏，不是做给活人看；遵循规范不违背，就是现在的遵纪守法，不是为了谋求官职、俸禄；说话一定诚信，不是用来使人知道自己行为正派。上面这些按社会道德规范去做，就是最后说的“行法”。而这些外在的“行法”，应该源自“本心”“天性”“良知”，是天之所“命”，君子这样去做就是等待“天”之“命”，做人之为人应该做的事。俟“命”等待的不是“宿命”意思上的“命运”，好像被动不可抗拒一样；而是“天性”的自然流露、真诚释放。这里的“俟命”照应前面的“修身以俟之，所以立命也”。俟之，俟的是“本心”“天性”“良知”赋予的“仁义”，就是作为人应该行走的大道。

14.34 不义富且贵，于我如浮云

孟子曰：“说大人，则藐之，勿视其巍巍然。堂高数仞，榱题数尺，我得志，弗为也。食前方丈，侍妾数百人，我得志，弗为也。般乐饮酒，驱骋田猎，后车千乘，我得志，弗为也。在彼者，皆我所不为也；在我者，皆古之

制也，吾何畏彼哉？”

孟子之所以敢于藐视“大人”，不把高高在上的大人放在眼里，不是因为他目中无人、自视甚高，而是因为大人的“巍巍然”为的是自己的享受，没有把百姓的死活放在心上；他们的“巍巍然”是建立在百姓穷困潦倒基础上的。孟子看不起的是他们丢弃“仁义”，穷奢极欲的行为。孟子看着这些为了自己花天酒地而搜刮民脂民膏的所谓大人，痛心之至。

孟子之所以藐视大人的另一个原因是“我得志，弗为也”。在这个语境里，“我得志”就是假设自己做了大人。孟子的意思是：如果我像他们一样居于高位，那么我也不会像他们那样——讲究居住：堂高数仞，榱题（屋檐）数尺；讲究饮食：食前方丈（菜肴满桌，一丈见方），侍妾数百人；讲究游乐：般乐（大肆作乐）饮酒，驱骋畋猎，后车千乘。孟子用排比的句式，一气呵成，表达了对大人的愤懑。三句话都以“我得志，弗为也”结尾，最后再次表态——“在彼者，皆我所不为也”，掷地有声、铿锵有力。

那么，孟子“为”的是什么呢？——“在我者，皆古之制也”——学习尧、舜等古代圣贤，为“仁义之道”，“施博”天下众生。因为心中装着“仁义”大道，所以“吾何畏彼哉？”

当然，上面所言只是孟子的“神游”，他不会成为“巍巍然”的“大人”。但是，孟子坚守仁义，不受物质诱惑是肯定的，其看淡富贵正如孔子所说的“不义而富且贵，于我如浮云”。孟子离开齐国前，齐王允诺孟子，在国都给孟子住房，用万钟之粟供养他的弟子，可是，孟子毅然离开了。

孟子“藐视”大人，在《孟子》一书里就有例证。孟子见梁襄王后，评价梁襄王“望之不似人君”（卷一《梁惠王章句上》第 6 章）。齐王因病未能到孟子的住处见孟子，孟子就拒绝上朝（卷四《公孙丑章句下》第 2 章）。但是，孟子对胸中装着“仁义”，心里怀着百姓的“大人”是非常尊敬和崇拜的。他称赞舜“大舜有大焉”，因为舜“与人为善”。因此，孟子藐视大人，是为了坚持推行他的“仁义之道”，坚守自己的独立精神不动摇。

14.35 寡欲清心

孟子曰："养心莫善于寡欲。其为人也寡欲，虽有不存焉者，寡矣；其为人也多欲，虽有存焉者，寡矣。"

上一章的"大人"就是孟子这里说的"多欲"之人，这里的"欲"指外在的物质欲望，不是前面"可欲之为善"的"欲"。那些"大人"因为穷奢极欲，心就"放"了。因此，孟子说，修养心性最好的办法就是减少物质欲望。一个人物质享受的欲望少，虽然有不善，但不会多；一个人物质享受的欲望多，虽然有些善心，但很少。

这是讲外在的物欲对人"本心""天性""良知"的遮蔽。清心寡欲的人，不会坏到哪里去；纵情享受的人，不会好到哪里去。这样的现象，在当今社会仍然存在。

14.36 孝子曾参

曾皙嗜羊枣，而曾子不忍食羊枣。公孙丑问曰："脍炙与羊枣孰美？"

孟子曰："脍炙哉！"

公孙丑曰："然则曾子何为食脍炙而不食羊枣？"

曰："脍炙所同也，羊枣所独也。讳名不讳姓，姓所同也，名所独也。"

曾皙，是曾子（曾参）的父亲，父子俩都是孔子的学生。公孙丑奇怪的是，曾子作为孝子，不忍吃正常的水果羊枣，却吃美味的炒肉、烤肉。孟子解释说，因为羊枣是父亲单独喜欢的。就像避讳父母之名而不避讳姓，姓是大家共同的，而名是个人独有的。

14.37 尧、舜之道，天下“中道”

万章问曰：“孔子在陈曰：‘盍归乎来！吾党之小子狂简，进取，不忘其初。’孔子在陈，何思鲁之狂士？”

孟子曰：“孔子‘不得中道而与之，必也狂狷乎！狂者进取，狷者有所不为也。’孔子岂不欲中道哉？不可必得，故思其次也。”

“敢问何如斯可谓狂矣？”

曰：“如琴张、曾皙、牧皮者，孔子之所谓狂矣。”

“何以谓之狂也？”

曰：“其志嘐嘐然，曰‘古之人，古之人。’夷考其行，而不掩焉者也。狂者又不可得，欲得不屑不洁之士而与之，是狷也，是又其次也。孔子曰：‘过我门而不入我室，我不憾焉者，其惟乡原乎！乡原，德之贼也。’”

曰：“何如斯可谓之乡原矣？”

曰：“‘何以是嘐嘐也？言不顾行，行不顾言，则曰，古之人，古之人。行何为踽踽凉凉？生斯世也，为斯世也，善斯可矣。’阉然媚于世也者，是乡原也。”

万子曰：“一乡皆称原人焉，无所往而不为原人，孔子以为德之贼，何哉？”

曰：“非之无举也，刺之无刺也，同乎流俗，合乎污世，居之似忠信，行之似廉洁，众皆悦之，自以为是，而不可与入尧、舜之道，故曰‘德之贼’也。孔子曰：恶似而非者：恶莠，恐其乱苗也；恶佞，恐其乱义也；恶利口，恐其乱信也；恶郑声，恐其乱乐也；恶紫，恐其乱朱也；恶乡原，恐其乱德也。君子反经而已矣。经正，则庶民兴；庶民兴，斯无邪慝矣。”

孟子有自己独立的思想，于天地间唱响了“仁义”之歌。但是他的很多观点、理念是对孔子思想的阐发和丰富，正如司马迁所说，孟子“退而与万章之徒序《诗》《书》，述仲尼之意，作《孟子》七篇”。本章作为《孟子》全书临近结束的一章，堪为“述仲尼之意”的代表作。此处所述“仲尼之意”，是对三种人——狂者、狷者、乡愿（原同“愿”）性格和行为的阐释。我们先来看孔子的原“意”，再看孟子是如何阐述其“意”的。

子在陈，曰：“归与！归与！吾党之小子狂简，斐然成章，不知所以裁之。”（《论语·公冶长》）

子曰：“不得中行而与之，必也狂狷乎！狂者进取，狷者有所不为也。”（《论语·子路》）

子曰：“乡原，德之贼也。”（《论语·阳货》）

孟子的阐释从弟子万章的疑问展开。万章问，孔子在陈国，为什么想起鲁国的狂士呢？

孟子回答，孔子最欣赏的当然不是狂士，但是他心目中理想的“中行”者“中道”者，不一定能得到、遇到，所以只能求其次了。

刚才提到本章主要分析“狂者，狷者，乡愿”三种人的性格和表现，其实，这三种人后面还有个背景人物，即“中道”者，《论语》原文里称“中行”。“中行”“中道”，一般都解释为“奉行中庸之道”，或者不解释。根据《中庸》里的描述和《孟子》里的相关内容，“中行”“中道”的“中”，都是“适合、符合”的意思。“中行”“中道”，即符合“人性”“良知”，符合“仁义礼智信”的人间正道。

大多数人不在或不能在“中道”之列，而是行走在它的边侧，但是也不会走进“歪门邪道”。这就是“狂者”“狷者”。作为普通人，做一个“狂狷”者已经不错了。为什么呢？在孔子眼里，“狂者进取，狷者有所不为”。进取，就是想干一番事业，做一点有益于社会、大众的事，用古人的话说就是“立功”；有所不为，就是坚守底线，不做违背“本心”“天性”“良知”的事。狂狷者不是完美之人，但是个性鲜明、光明磊落，没有装模作样、曲意逢迎。

孟子怎么阐释“狂狷”呢？

狂者——“其志嘐嘐然，曰‘古之人，古之人。’夷考其行，而不掩焉者也。”其志向远大，总是把自己的理想挂在嘴上。常常说的话是，古代的人啊，古代的人啊。但是，考究他们的行为，与所说的不完全相同。这样的人，心志高远，喜欢表现自己，尽管自己也竭力奋斗，但是行动与理想总有差距，容易给人夸夸其谈的感觉；但是，他们都为社会做了贡献，是很可爱的人。

狷者——“狂者又不可得，欲得不屑不洁之士而与之，是狷也，是又其次也。”如果这样可爱的狂者不可得，就想和“狷者”交往（与，结交）。孔子解释狷者“有所不为”，孟子解释为“不屑不洁”——不屑于做坏事，也就是“洁身自好”。这样的人，也许没有高远的追求，没有惊天动地的功绩，但，是普通的好人，是“良民”，用现在的话说，是好的公民。

接下来，超过一半的篇幅是孟子对“乡愿”的阐释。“乡愿”，就是乡里的老实人。关于“乡愿”，孔子只说了四个字：德之贼也。意思是看上去老实，但是心里有鬼主意，只维护自己的小利益，不分是非，不敢担当，用现在的话说就是“和稀泥”的“老好人”。

孟子对“乡愿”的表现进行了语言描写。乡愿指责“狂者”：“何以是嘐嘐也？言不顾行，行不顾言，则曰，古之人，古之人。”凭什么这样言大志大的样子呢？言语不能顾及行为，行为不能顾及言语，就只会说古人呀！古人呀！乡愿批评“狷者”：“行何为踽踽凉凉？生斯世也，为斯世也，善斯可矣。”为什么这样落落寡合、与众不同呢？生在这个世界上，在这个世界上做事，只要过得去就行了。

从乡愿的语言，孟子提炼出乡愿的性格：“阉然媚于世”——曲意逢迎、四处讨好，隐藏自己的真心、本义而博取他人的欢心。

这样的人，“一乡皆称原人焉，无所往而不为原人”。因此，万章不解，这样得到大家认可的老实人，孔子为什么认为是“德之贼”呢？

孟子解释道：“非之无举也，刺之无刺也，同乎流俗，合乎污世，居之似忠信，行之似廉洁，众皆悦之，自以为是，而不可与入尧、舜之道，故曰

‘德之贼’也。”找不到他的缺点，他自以为是，也博得众人的高兴。但是，遇到实质性的事，面对人的本性，他们就“不可与入尧、舜之道”：不能和他们一起进入尧、舜之道，也就是回到人的“本心”“天性”“良知”的“仁义之道”。

最后，孟子引用孔子的话——“恶似而非者”，讨厌看上去正确实际上不正确的人——进一步揭示“乡愿”的本质：这些乡愿之人，就像狗尾草看上去像稻谷，其实不是稻谷；巧舌谄媚者，看上去美言美语，其实扰乱了道义；夸夸其谈者，看似能说会道，其实是坑蒙拐骗，误导他人；郑国的音乐，听起来美轮美奂，但是意味邪淫；紫色醒目，却扰乱了大红；乡愿，看似处处讨人喜欢，但是没有道德的担当。这些都是君子所讨厌和远离的。君子要做的是“反经”——回归常理、常规、常识、常态——就是人的“本心”“天性”“良知”，也就是“人间正道”。如此，则“庶民兴，斯无邪慝（音‘特’，邪恶）矣”。

回顾全章，孟子用大半文字指出“乡愿”的不义之处，揭示其“德之贼”的实质，目的是去除遮蔽“人性善”的负能量。“狂狷”者，尽管有缺点，不是尽善尽美之人，但是，他们身上都是正能量，激发人们“向善”，朝着“为善去恶”的方向迈进。这正是孟子终身的愿景和梦想。

14.38 旗手的责任

孟子曰：“由尧、舜至于汤，五百有余岁；若禹、皋陶，则见而知之；若汤，则闻而知之。由汤至于文王，五百有余岁，若伊尹、莱朱，则见而知之；若文王，则闻而知之。由文王至于孔子，五百有余岁，若太公望、散宜生，则见而知之；若孔子，则闻而知之。由孔子而来至于今，百有余岁，去圣人之世若此其未远也，近圣人之居若此其甚也，然而无有乎尔，则亦无有乎尔。”

作为全书的结束语，本章表明，作为“仁义”大旗的旗手和传递者，孟子思前想后，自觉担负起了传好“接力棒”的责任。

孟子回望过去，高度概括了三个“五百年”历史，与前文的“五百年必有王者兴”（参读卷四《公孙丑章句下》第 13 章）相呼应。这三个“五百年”，尧、舜的“仁义之道”薪火相传、不绝于世——从尧、舜到商汤，从文王到孔子。在传递过程中，有亲眼所见而“知之”的，有未亲眼所见但耳闻“知之”的，他们“知之”的是什么？

从文献记载不难看出，尧、舜作为古代的贤君明主，是“仁义”的象征，是“天道”的象征。从尧、舜开始传承下来，一路见而“知之”、闻而“知之”的就是尧、舜的“天下情怀”“仁义之道”。所不同的是，孔子之前的“见道”“闻道”者，都是君主或者大臣，他们“见道”“闻道”后即“行道”，因此“尧、舜之道”得以代代相传。到了孔子，虽然“闻道”了，但是没有“行道”的机会和舞台。据记载，孔子到 50 岁才做了鲁国的司寇，5 年后又被迫离开鲁国而周游列国。因此，孔子只能把古代优秀的传统讲述、记录下来，以流传于后世。

由孔子再到孟子，一百多年间，孟子没有发现“见而知之”者和“闻而知之”者。孟子展望未来，发出感慨和忧思：“由孔子而来至于今，百有余岁，去圣人之世若此其未远也，近圣人之居若此其甚也，然而无有乎尔，则亦无有乎尔。”从孔子以来到现在，有一百多年了，距离圣人的年代如此不远，靠圣人的家乡如此之近，但是却没有“见而知之”者、“闻而知之”者，那么也就没有“见而知之”者、“闻而知之”了吧！

孟子担心“道统”，亦即尧、舜之道与仁义之道的传统丢失，发出如此的感叹和担忧！作为全书的结尾，意味无穷。其实，孟子很自信，孔子后继承“道统”的就是他自己。孟子不好明说自己继承了圣人之道，而是反说“然而无有乎耳”。前一章阐释“狂狷者”“乡愿”的个性，孟子把自己放在了“中行”“中道”的位置上，不以“狂狷”的形象出现。前面他敢说“如欲平治天下，当今之世，舍我其谁也”（卷四《公孙丑章句下》第 13 章），自信满满，这显然是“狂”者的“进取”之心。但是，到了书的最后，没有点明自己就是继承孔子的人。“圣人”是至高的荣誉和头衔，是不敢自己封的，就是孔子在世，也未承认自己是“圣人”。

“王何必曰利？亦有仁义而已矣。”《孟子》从“仁义”开篇，以“尧、舜”收尾，“仁义之道”贯穿全书。孟子作为继承“仁义之道”的旗手，终身坚守，不屈不挠，高举“仁义”大旗，唱响“仁义”之歌，承古代文化“道统”之“远源”，使之“长流”，在中华文化历史的天空留下永远璀璨的光辉。

后记　经典向我走来

接着《大学》《中庸》《论语》的阅读，《孟子》的阅读承接着书缘。近 10 年，为了解中国传统文化，形成自己对中国传统文化的理解和判断，为传承中华传统文化尽教育人的微薄之力，我开启了古代经典的阅读学习之旅。

说实话，10 年前，能够把《大学》《中庸》《论语》《孟子》读下来，写出阅读笔记，对我而言真是不敢想象。再往前说，30 年前，“四书五经”对我而言，真的是高不可攀，遥不可及，而且在那个时代，那是落后、僵化的东西，根本想不到也不愿意去看它。从 2007 年开始，到 2008 年，我把《大学》和《中庸》慢慢地读了下来，不懂的字查阅工具书，不了解的东西到网上搜索，查找资料，慢慢地读懂了，有了一些自己的理解，写了 3 万多字的笔记。从 2009 年开始到 2013 年，花了 5 年时间，我读《论语》。《论语》20 篇共一万多字，平均每年只读几千字，就这样慢慢读，联系生活和涉猎的其他书籍，细细地琢磨思考，有了自己的想法就用文字写下来；其间，为老师们作了 20 次讲座，每次讲《论语》的一篇。2014 年我整理了讲稿，于 2015 年 2 月由广西师范大学出版社出版了专著《论语里住着的孔子》。该书被评为《中国教育报》2015 年教师喜欢的 100 本书之一。《孟子》的阅读从 2015 年年底开始，经过 2016 年整整一年，加上今年的一、二两个月。古代经典的学习，我采用主读加辅读的方式。主读以杨伯峻先生的《孟子译注》(中华书局)为主，辅读就是阅读与《孟子》相关的书籍，南怀瑾的《孟子旁通》、傅佩荣《孟子的智慧》等(所有辅读书目见参考书目)。主读的书细细地读，慢慢地读，反复咀嚼，一定要读出自己的感受和理解。

《孟子译注》共十四卷 260 章，先全书整体浏览一遍，然后分卷一章一章地读。每一章先一字一句地读下来，不理解的字，除了看注释外，经常查看《古汉语常用字字典》和相关书籍，弄清字的古义和本义，避免望文生义，有些字的读音、字义记在原文旁边。理解大意后，再反复读几遍，边读边思考。有了一点想法和感受，及时记到书的页眉页脚或者两侧空白处。这样边读、边想、边记的过程，就像走路看风景一样，看到一处引人注目的风景，就停下来欣赏、品味、咀嚼。用这样的方法，一卷或者几卷读下来后，再一章一章地撰写相对完整的阅读笔记。尽管在写之前，脑子里只有零星的碎片，但是，坐到电脑面前，写下章节的标题后，想说的话却好似雨丝绵绵飘落，自然流到心头和指尖。整本书读下来，每一卷每一章整合、勾联起来想想，两个字在我心里由模糊逐渐清晰，由飘忽不定到深深地扎根在我心里，这两个字就是“仁义”；一个思想在我的心里像幼苗一样长成大树，“仁义”是全人类共有的价值，是人类现在、未来永远离不开的价值；一种情感在我心里不断浓厚，这就是对孟子“众生情怀”“天地情怀”的敬佩和感动。孟子唱响的“仁义”之歌，惊天动地，永世不绝。

用一年多时间把《孟子》读下来，为老师们作了 4 次《孟子》讲座，写出了 30 万字的心得体会，回顾 10 年阅读经典的历程，我感慨多多：经典在向我走来。孟子就在我身边、我心里，我想说的话，好像早就存放在心里，我只是自然地将它表达出来。这样的阅读发现和享受，是经典给我的回馈，让我更加敬畏经典、感恩经典，期待走向更多的经典。这 10 年阅读“四书”的经历，让我明白，读经典不要有畏难情绪，可以先慢后快，当你静下心来，慢慢地细细地把一两本经典读通了，读透了，功底、基础打下去了，再去读其他的经典，就没有想象的那么难。经典阅读的历程，让我对斋藤孝先生的一段话，有了切身的体会：“多阅读经典，必然使得我们咀嚼理解文章的能力得到锤炼。换言之，可以获得一副‘啃得动硬骨头的下巴颏’。有了这样一副给力的‘阅读下巴’，哪怕文章多少有些艰深难解或者枯燥干巴，我们都可以读下去。”（《经典的魅力》）

是的，阅读经典，我们往往觉得很难，其实，只要打开这扇门，敢于走进去，把它捧起来，肯定能走进经典的世界。这是我的体验，把这个感受和书友们分享，希望更多人提前走出阅读经典的困境和误区。相信自己，当你走进经典，经典就一定会向你走来！

感谢广西师范大学出版社，感谢刘广汉总经理的关心和指导，感谢刘美文女士的关心和帮助；感谢老师们、书友们聆听我的讲座、提出修改建议；感谢我的家人，为我专心致志读书、写作提供支持和保障。感恩所有关心、帮助、鼓励我的朋友！

本人学识浅陋，书中存在的问题敬请广大读者批评指正。

主要参考书目

《孟子讲座》（夏传才，清华大学出版社）

《寂寞圣哲》（鲍鹏山，东方出版中心）

《由巫到礼，释礼归仁》（李泽厚，生活·读书·新知三联书店）

《孟子公开课》（牟钟鉴　王志民，商务印书馆）

《仁心与仁政：孟子》（袁晓晶，中州古籍出版社）

《孟子和他的弟子》（邵泽水，亚洲出版社）

《孟子传》（孟祥才，齐鲁书社）

《孟子的智慧》（傅佩荣，中华书局）

《孟子诠释思想研究》（李凯，人民出版社）

图书在版编目(CIP)数据

孟子的理想国/何伟俊著.—桂林:广西师范大学出版社,2017.11
ISBN 978-7-5598-0305-4

Ⅰ.①孟… Ⅱ.①何… Ⅲ.①儒家 ②《孟子》-研究
Ⅳ.①B222.55

中国版本图书馆 CIP 数据核字(2017)第 225884 号

出 品 人:刘广汉
责任编辑:刘美文
装帧设计:梁业礼

广西师范大学出版社出版发行
(广西桂林市中华路 22 号 邮政编码:541001
网址:http://www.bbtpress.com)
出版人:张艺兵
全国新华书店经销
销售热线:021-31260822-882/883
山东临沂新华印刷物流集团印刷
(山东省临沂市高新技术开发区新华路东段 邮政编码:276017)
开本:720mm×1 000mm 1/16
印张:21.75 字数:360 千字
2017 年 11 月第 1 版 2017 年 11 月第 1 次印刷
定价:45.00 元
